Thomas Fritz, Susanna Gratzl-Ploteny (Hg.)

bestandsaufnahmen

Kulturen in Bewegung Band 3

ISBN 3-900 799-296

Internationales Zentrum
für Kulturen und Sprachen

1. Auflage 1999

Medieninhaber, Herausgeber und Verleger:
Verband Wiener Volksbildung – Edition Volkshochschule
1150 Wien, Hollergasse 22

Mit Unterstützung der Stadt Wien (Magistratsabteilung 13 – Abteilung für Erwachsenenbildung und außerschulische Jugendbetreuung)

Umschlagbild: Michael Schneider, Ding O.T. (1994)

Umschlaggestaltung: Manfred Domschitz
Layout: Franz Draxler
Druck: MANZ, 1050 Wien

Thomas Fritz, Susanna Gratzl-Ploteny (Hg.)

bestandsaufnahmen

rassismus, menschenrechte, sprache, politik

EDITION VOLKSHOCHSCHULE

Inhalt

Vorwort

Integration und Interkulturelles Lernen sind zwei Begriffe, die mittlerweile sehr oft missverständlich und ungenau verwendet, und manchmal sogar mit dem Begriff „Assimilation“ assoziiert werden.

Integration wird oft nur als Leistung derer verstanden, die zu „uns“ gekommen sind, um hier zu leben. Die „Einheimischen“ fühlen sich gestört und sehen keine Notwendigkeit der Veränderung, unter dem Motto: „Wer mit uns leben will, soll halt so leben wie wir, dann fallen sie nicht auf, machen keine Probleme und wir haben wieder unsere Ruhe.“ Interkulturelles Lernen wird oft leichtfertig mit dem „Konsum“ ausländischer Folklore, Speis und Trank abgehakt.

Wir an den Wiener Volkshochschulen sehen dies aber keineswegs so. Integration bedeutet das Teilen der Wegstrecke in beiden Richtungen. Die Zuwanderung von Menschen aus anderen Ländern und Kulturen ist immer auch eine Bereicherung für die sogenannte Mehrheitsgesellschaft – und eben auch eine Lernchance. Integration bedeutet auch das Wissen um die Differenz und das Verstehen und Akzeptieren, dass einige Elemente des Lebens immer anders und eventuell auch unverständlich bleiben. Zuwanderer sind aber nicht nur deswegen positiv, weil sie uns als „Bereicherung“ und Lernchance dienen können, sie haben auch ein Recht auf ein gutes und chancenreiches Leben. Wir sind aufgefordert, aktiv dazu beizutragen und auch weiterzulernen.

Sowohl Integration als auch Interkulturelles Lernen sind Hauptanliegen der Erwachsenenbildung und des Verbandes Wiener Volksbildung. Informationen zu sichten und in Lernchancen umzuwandeln, ist eine unserer wichtigsten Aufgaben. Mit dem Internationalen Studienzentrum haben wir eine Einrichtung geschaffen, die dabei eine wichtige Rolle spielt. Das Zentrum gibt verschiedenen Teilen unserer Bevölkerung die Möglichkeit, am Diskurs über Integration und Interkulturelles Lernen teilzunehmen und im Rahmen von unterschiedlichen Projekten weiter zu lernen. Ein Ausbildungslehrgang für Personen, die in ihrer Arbeit mit MigrantInnen und AsylwerberInnen zu tun haben, bietet praxisnahe Erfahrungen und Theorieaspekte an. Besonders wichtig ist es uns aber auch, dass sowohl MitarbeiterInnen der Stadtverwaltung als auch Mitarbeiter-

Innen der Exekutive an eigens konzipierten Lehrgängen teilnehmen und ihre Rolle in Beziehung auf MigrantInnen und AsylwerberInnen reflektieren.

Integration kann nur dann funktionieren, wenn alle Beteiligten, also die Mehrheitsgesellschaft und die Zuwanderer, nachdenken und lernen. Denn im Zusammenleben entstehen neue gesellschaftliche Modelle, die auf den Prinzipien der Gleichwertigkeit, Gleichberechtigung und Toleranz aufbauen, und gleichzeitig Unterschiede respektieren und akzeptieren lehren.

Oswald Bazant
Landesgeschäftsführer des
Verbandes Wiener Volksbildung

Einleitung

Dieses Buch ist vor allem eine Dokumentation jener Seminare und Workshops, die im Rahmen des Weiterbildungsangebotes des Offenen Kollegs „Arbeiten und Leben – Interkulturell" der Abteilung Interkulturelle Bewegungen im Internationalen Studienzentrum für wissenschaftliche Erwachsenenbildung und Demokratieforschung in Wien zwischen Sommer 1997 und Winter 1998 stattgefunden haben.

Es ist eine Fortsetzung des 1997 erschienenen Buches „Kulturen in Bewegung", das von Hans Barkowski und Maria Hirtenlehner herausgegeben wurde. Die Inhalte der Veranstaltungen – Bestandsaufnahmen des derzeitig stattfindenden Diskurses zu Interkulturellem Lernen, Rassismus bzw. Antirassismus, zu Sprache und Sprachpolitik sowie zu Menschenrechten – sollen durch diese Publikation einem breiteren Forum zugänglich gemacht werden. Außerdem wird den TeilnehmerInnen des Offenen Kollegs damit die Möglichkeit der Nachlese geboten.

Neben dem oben erwähnten Seminarangebot entstand, basierend auf den Erfahrungen der vergangenen Jahre, der zweijährige Zertifikatslehrgang Interkulturalität und Kommunikation, der seit Jänner 1999 vom Internationalen Studienzentrum, Interkulturelle Bewegungen durchgeführt wird.

Es handelt sich dabei um ein wissenschaftlich vielfältiges Weiterbildungsangebot für Personen, die in interkulturellen Kontexten arbeiten. Den TeilnehmerInnen aus verschiedenen Bereichen und Institutionen (Universitäten, Pädagogische Institute, Sozialakademien, kommunale und karitative Einrichtungen, private Vereine und Institutionen) wird damit die Möglichkeit geboten, ihre Erfahrungen und ihr Wissen in Theorie und Praxis zu vertiefen und dieses zertifizieren zu lassen.

Die ReferentInnen, teilweise MitautorInnen dieses Buches, sind ExpertInnen aus verschiedenen Fachgebieten, die in Theorie und Praxis in den Bereichen Antirassismus und Interkulturalität tätig sind.

Mit dem Offen Kolleg und dem Lehrgang Interkulturalität und Kommunikation soll sowohl ein Beitrag zur Sensibilisierung gegenüber dem „Fremden“ geleistet als auch den TeilnehmerInnen Unterstützung bei den vielfältigen Herausforderungen ihrer Arbeit geboten werden.

In einer Welt, die sich im Spannungsfeld zwischen Globalisierung und Regionalismen, zwischen der sogenannten Neuen Freiheit seit dem Fall der Mauer und dem einengenden Korsett verschiedener Fundamentalismen befindet, in einer Welt also, die sich ungeachtet der Entwicklungen der Menschenrechte und des Postulats der Gleichwertigkeit der Sprachen und Kulturen wiederfindet in Rassismus als Träger von Wahlpropaganda und sich Bomben als Mittel der Konfliktlösung ausgeliefert sieht, erscheint es umso wichtiger, weiterhin an interkulturellen Konzepten und Theorien zu arbeiten.

Mit dem vorliegenden Buch haben wir versucht, einige Ebenen der Debatte anzusprechen und wollen sie in ihrer Gesamtheit wirken lassen, als mehrschichtiges, multiperspektivisches Konstrukt, das umfassend ist, aber dennoch auch wiederum unvollständig bleiben muss.

Im Abschnitt Lernen im Kulturkontakt beschäftigen sich einige AutorInnen mit Aspekten und grundlegenden Theorien des interkulturellen Lernens. Sie tun dies aus einer innereuropäischen und einer außereuropäischen Sicht, beziehungsweise einer europäisch geprägten Sicht, die aber durch die Erfahrungen in China und Japan gespiegelt werden.

Rassismus, Biologismus geht den Wurzeln des Rassismus auf die Spur und zeigt aktuelle Entwicklungen beziehungsweise Modelle der Arbeit gegen Rassismen auf. Arbeit mit Jugendlichen und Theater gegen Rassismus, zwei sehr interessante Konzepte, die unsere Aufmerksamkeit verdienen.

Sprache und Sprachpolitik versammelt Beiträge zu Sprachimperialismus und der Geschichte der Herrschaft einiger Sprachen über andere, die Verwendung von Sprache als Vehikel des Rassismus wird ebenso aufgezeigt wie die Rolle von Mehrsprachigkeit und Sprachenpolitik an den zwei aktuellen Beispielen Madagaskar und Südafrika, wo nicht nur Apartheid, die auf Hautfarbe begründet war, überwunden werden muss, sondern auch die, die sich auf Sprachenausschluss und Herrschaft über Sprachkontrolle begründete.

Im Abschnitt Menschenrechte, Politik, Geschichte finden Sie

Beiträge zu den Themen Menschenrechte, Polizei und ihre Rolle als Hüter und Verletzer der Menschenrechte, die Relevanz des Nationalsozialismus, für unsere heutige Situation und abschließend einen Beitrag zu Aspekten des Lebens von Frauen in Afrika.

Wir hoffen, mit diesem Buch einen Beitrag zur Diskussion um Interkulturelles Lernen und antirassistische Arbeit geleistet zu haben.

Thomas Fritz
Susanna Gratzl-Ploteny

Lernen im Kulturkontakt

Manfred Fraunlob

INTERKULTURELLES LERNEN – EINBLICKE IN DIE THEORIE

Einleitende Erläuterungen

Der Akzent der hier schriftlich fixierten Lehrveranstaltung liegt auf *Theorie*, und sie ist so konzipiert, daß wir uns nicht an Themen, sondern *an Problemen orientieren.*

Mit jenem Akzent kündigt sich in Form einer Aporie auch schon das erste Problem an. Denn „Theorie", – das scheint zunächst ein ziemlich spezifisches Phänomen europäischer Kultur zu sein, zwar nicht der Sache, aber doch der Gewichtung nach. Somit besteht die Gefahr, andere Kulturen, die andere Schwerpunkte setzen und andere Erkenntnis- und Ausdrucksformen favorisieren, nicht wirklich zu erreichen, sondern bloß innerhalb eigener Formen zu vereinnahmen.

Verstärkt wird diese Gefahr insbesondere dadurch, daß Theorie in der vorherrschenden Art und Weise die Konstruktion von abstrakten Modellen bedeutet und dementsprechend in der Hauptsache mit formal-operationalem Denken identisch ist. Und letzteres steht – wie sich an den entwicklungspsychologischen Modellen, den Intelligenztests und Bildungssystemen leicht ablesen läßt – in der westlichen Welt hoch im Kurs. Demgegenüber läßt sich mit guten Gründen geltend machen, daß jede wie auch immer akzentuierte, also auch eine genuin theoretische Bemühung um *Interkulturelles Lernen* dem eigenen Anspruch gemäß nur *interkulturell lernend* vor sich gehen kann. Oder mit anderen Worten, daß es gerade beim Interkulturellen Lernen darauf ankommt, Erkenntnis- und Ausdrucksformen anderer Kulturen prinzipiell als gleichwertig zu betrachten und zu versuchen, sie so adäquat wie möglich aufzunehmen. Freilich hat eine derartige Forderung ihre Grenzen, deshalb sollten wir sie als ein aus der Sache selbst resultierendes *Regulativ* beachten, das uns anleitet, sowohl uns der Grenzen eingedenk zu sein, als auch diese soweit wie möglich hinauszuschieben.

Schon an dem bisher relativ allgemein gehaltenen ersten Problem wird ersichtlich, wie wichtig es ist, von „Problemen“ anstatt von „Themen“ auszugehen. Wenn wir von Theorie im Zusammenhang mit Interkulturellem Lernen sprechen, so befinden wir uns auf der Ebene humanwissenschaftlicher Forschung. Hierauf bezogene Theorie existiert nicht für sich, entsteht nicht im luftleeren Raum der Erkenntnis, sondern entspringt praktischen Problemen, die Menschen miteinander haben. Der Ausgang bzw. der Rückgang auf die zugrunde liegenden Probleme lassen uns erst wirklich nachvollziehen, worum es geht, und verstehen, was eher für diesen als für jenen theoretischen Gesichtspunkt spricht. Anders ausgedrückt: ein angemessenes Verständnis von Theorie ist ohne Kenntnis ihrer Genese nicht möglich. Diese Einsicht gehört heute zum Grundbestand der Wissenschaften. Und was für den wissenschaftlichen Diskurs billig ist, wie sollte das nicht recht für dessen Aneignung im Rahmen der Erwachsenenbildung sein? Die Frage, die sich in diesem Zusammenhang sogleich stellt, ist die nach der didaktischen Umsetzung. Im vorliegenden Fall ist diese nicht allzu schwierig. Es kommt darauf an, *exemplarische Texte* zu finden, anhand deren *gemeinsamer kritischer Lektüre* Theorie im Hinblick auf den gegebenen Gegenstandsbereich nachvollzogen, eingeübt und schließlich, wenn es gut geht, selbständig ausgeübt werden kann. Dabei gilt es zweierlei festzuhalten: daß die Betonung auf „exemplarisch“ und „kritisch“ liegt, und daß, wenn von Theorie die Rede ist, dies stets im Singular geschieht.

Der modernen und insofern landläufigen Auffassung zufolge redet kaum jemand von „Theorie“, sondern vielmehr von „Theorien“, und meint damit Erklärungsmodelle, die bezüglich ein und desselben Gegenstandsbereiches ganz unterschiedlich sein können. Je nach Modell spricht man dann auch von verschiedenen theoretischen „Ansätzen“. Relativ bekannt sind die Unterscheidungen, die beispielsweise innerhalb der Psychologie gemacht werden, wenn von behavioristischen, psychoanalytischen, gestaltpsychologischen und anderen Ansätzen die Rede ist, oder wenn bezüglich der Soziologie von einem interpretativen im Unterschied zu einem systemtheoretischen Ansatz gesprochen wird. Die Beispiele ließen sich um ein Vielfaches vermehren. In allen Fällen wird in gängiger Weise Theorie mit Erklärungsmodell gleichgesetzt, und diejenigen, die ein solches oder mehrere davon produzieren, sind die Theoretiker.

Diese Auffassung stellt eine pragmatische, aber nichtsdestoweniger ziemlich reduzierte dar. Vor allem wird man sie kaum als bildend ansprechen können.

Doch der Begriff der Theorie umfaßt noch zwei weitere Bedeutungen, von denen die eine in der griechischen Antike, die andere im europäischen Mittelalter hervorgehoben wurde: *Schau* und *Kontemplation*. Mit Schau ist das Sehen der Zusammenhänge gemeint, der Überblick und der Durchblick bezüglich eines Realitätsbereichs. Sie beinhaltet eine ästhetische wie ethische und damit bildende Komponente. Im besonderen ist diese mit dem Begriff der Kontemplation ausgedrückt. Es geht um die entsprechend betrachtende Haltung, die eingenommen werden muß, um Theorie zu ermöglichen. Modern formuliert könnte man sagen, Kontemplation läuft darauf hinaus, sich in die rechte Mitte von Distanz und Engagement zu begeben, um – in Anlehnung an ein altbekanntes Sprichwort – sowohl den Wald als auch die (oder wenigstens einige) Bäume zu sehen. Engagement steht hier für die Nähe zu den Problemen, für das Involviertsein in diese, um vielleicht sogar auf eigener Haut deren Dringlichkeit zu spüren, jedenfalls aber, um in Erfahrung zu bringen, worum es geht. Allzu große Nähe jedoch macht oft blind für die Zusammenhänge, vor allem für die eigene Rolle, die wir spielen. Daher ist es ratsam, Abstand zu gewinnen. Distanz meint den nötigen Abstand, das Zurücktreten, das notwendig ist, um deutlicher und klarer sehen und überblicken zu können. Man kann auch sagen: um reflektieren zu können.

Nimmt man Theorie in dieser vollen Bedeutung, so wird klar, daß sie nicht allein dem Personenkreis der professionellen Wissenschaftsbetriebe vorbehalten bleibt, sondern eine Möglichkeit aller Menschen ist. Erklärungsmodelle können dabei eine wichtige Rolle spielen, um Realitätsbereiche zu erkunden. Sie erweisen sich in diesem Kontext als ein Medium, aber nicht als das einzige. Andere sind die Künste und die Literatur, womit aber nicht gesagt sein soll, daß sie sich darin erschöpfen. Jeder Roman, jedes Drama kann uns in die Haltung der Kontemplation versetzen, die Schau eines komplexen Zusammenhangs gewähren und ein Modell der Realität bieten. Die Künste und die Literatur haben den wissenschaftlichen Erklärungsmodellen gegenüber sogar einige passable Vorteile. Einer ist, daß sie uns auf dem Weg verdichteter Erfahrung in das dargestellte Geschehen gleichsam ebenso involvieren wie zugleich als Betrachter distanzieren, während die wissenschaftliche Abstraktheit uns von der gemeinten Realität oft zu weit entfernt. Ein anderer besteht darin, daß sie uns durch ihre fiktive Gestalt nicht so leicht dazu verleiten, die mit den Modellen beanspruchten Wahrheitsgehalte mit der Realität, auf die sich jene Gehalte beziehen, zu verwechseln. Gerade in den Humanwissenschaften und insbesondere im Kontext Interkulturellen Lernens ist diese Möglichkeit ständig virulent. Dort, wo sie aktualisiert wird, gerät Wissenschaft zur puren Ideologie. Die Auswirkungen können monströs sein: nämlich Ansprüche totaler Erkenntnis, nicht selten im Dienste der Rechtfertigung kolonialer, rassistischer oder sonstiger grausamer Herrschaftsformen. Dagegen ist in poetischen Darstellungen eine Grunderfahrung vergegenwärtigt, die sehr gut mit einer aus der Zeit der Scholastik stammenden Formulierung ausgedrückt werden kann: individuum est ineffabile! Das bedeutet, daß jeder und jede einzelne so unendlich facettenreich ist, daß er oder sie nicht auf eine Formel gebracht werden kann, ja letztlich überhaupt „unaussprechbar" bleibt.

Schließlich ist noch ein Vorteil zu erwähnen, er folgt aus dem bisher Gesagten und es handelt sich wahrscheinlich um den wichtigsten für den interkulturellen Kontext: Künste und Literatur sind ein Beleg dafür, daß Theorie nicht ein Privileg der Menschen jener Kulturen ist, die Wissenschaften im europäischen Sinn entweder hervorgebracht oder sich zu eigen gemacht haben. Das gilt prinzipiell auch für die schriftlosen Kulturen. Es ist für die Weitung des Reflexionsraumes und damit für die Ermöglichung von Theorie nicht entscheidend, daß Mythen, Sagen, Erzählungen, daß Wechselgesänge, dramatische Darstellungen, rituelle Handlungen u.s.f. schriftlich fixiert werden. Entscheidend allein ist, daß Menschen ihre Probleme in irgendeiner Weise für sich und für einander zur Darstellung bringen, und das ist geradezu ein Signum menschlicher Kultur.

Wir können nun feststellen, daß wir durch die Erweiterung des Theoriebegriffs um zwei ihrer wesentlichen historischen Komponenten, die heutzutage eher in den Hintergrund gedrängt sind, das eingangs erwähnte erste Problem, nämlich die Gefahr der Vereinnahmung anderer Kulturen gerade und im besonderen durch theoretische Mittel, etwas entschärft, ja dialektisch im dreifachen Sinn des Wortes „aufgehoben" haben: das Problem in seiner ursprünglichen Schärfe wurde „beseitigt", da Theorie im umfassenden Sinn nicht ein Spezifikum der europäischen, sondern aller Kulturen ist; dennoch bleibt das Problem, was seine wissenschaftliche Komponente betrifft, „bewahrt“, ist aber damit auf ein anderes Niveau der Diskussion „gehoben“, zumal jetzt die wissenschaftliche Betrachtungsweise relativiert worden ist, und die Künste und die Literatur als gleichwertige kulturelle Institutionen anzusehen sind.

Diese Dialektik läßt sich sogleich noch ein Stück weiter treiben, indem man zwei naheliegende Konsequenzen zieht. Wenn sich vom erweiterten Begriff der Theorie her *die wissenschaftlichen Erklärungsmodelle* als ein Medium unter anderen erweisen, dann scheint es sinnvoll, sie explizit *als Werkzeuge* zu handhaben. Als solche kommt ihnen je nach Lage der anstehenden Probleme unterschiedlicher Gebrauchswert zu, und es ist nicht ausgeschlossen, daß man bezüglich ein und derselben Problemstellung mehrere auf einmal gebrauchen kann. Damit sei nicht der Willkür das Wort geredet, sondern nur für den vorliegenden Zusammenhang als folgerichtig und relevant betont, was in der Praxis wissenschaftlicher Forschung ohnedies der Fall ist. Es sind die Probleme, die quer zu den Disziplinen und den jeweils bevorzugten Modellen weitgehend die Richtung vorgeben bzw. vorgeben sollten. Zugleich resultiert eine Einschränkung bezüglich des erweiterten Theoriebegriffs selbst. Um deutlich zu machen, worauf es ankommt, bedienten wir uns eingangs der Metapher vom Wald, der samt seinen Bäumen, oder wenigstens einigen davon, zu sehen sein sollte. Bleiben wir bei diesem Bild, so ist klar, daß, wann immer wir den „Wald“ überblicken, wir es stets nur von einem bestimmten Blickpunkt aus tun können. Dieser legt die Perspektive fest, unter der wir schauen, und wenn wir imstande sind, uns auf andere und neue einzulassen, dann wechseln auch die Perspektiven. Alles Schauen ist also perspektivisches Schauen. Auf die Theorie angewandt, steht der jeweilige Blickpunkt nun für die Kultur, aus der heraus man die Welt und andere Kulturen betrachtet. Und in der Art und Weise wie die Blickpunkte die Perspektiven des natürlichen Sehens bestimmen, so auch die Kulturen die Perspektiven von Theorie! Vielleicht ein Beispiel zur sinnfälligen Demonstration.

Nach einer innerhalb der europäischen Kultur weitverbreiteten Auffassung ist jeder Mensch eine „Persönlichkeit“ bzw. auf dem Weg, sich zu einer solchen zu entwickeln. Es wird als eines jeden Menschen ureigenste Aufgabe angesehen, aus dem, was er an Anlagen mitbringt, und dem, was seine geschichtliche Epoche ihm beschert, etwas zu „machen", aus jener Vielheit eine Ganzheit, eine Einheit, kurz: „seine" Persönlichkeit zu formen. Das Leben wird gleichsam als Stoff aufgefaßt, dem eine eigene und unverwechselbare Form, und damit erst Sinn zu geben sei. Das ist eine Auffassung, die ihren Niederschlag in den bekannten Erziehungs- und Entwicklungsromanen gefunden hat, und die ebenso in pädagogischen Konzeptionen wie in den theoretischen Ansätzen humanistischer Psychologie gegenwärtig ist. Was aber, wenn wir mit unserer europäischen Auffassung auf Leute träfen, deren Menschenbild und dementsprechendes Verhalten ein ganz anderes wäre? „Die religiösen Vorstellungen und Praktiken auch des Durchschnittsjapaners sind äußerst komplex. Er bringt es mühelos fertig, Shintoist als Angehöriger seiner Nation zu sein, Buddhist als Grübler und Leidender, Konfuzianer als Gebildeter, persönlich oft Christ und als Naturwissenschaftler eine Art von Materialist nach berühmten westlichen Vorbildern. (...) Es ist indes charakteristisch, daß für den Japaner kein Konflikt zu bestehen scheint, wo der Europäer durch das Nebeneinander antagonistischer Elemente höchst beunruhigt wäre." (Singer, 1991, S. 126) Freilich ist zu konzedieren, daß man auch in Europa ähnliche Menschen wird finden können. „Man sieht dies jedoch in der Regel als einen Zustand an, der nicht sein sollte. Der Mensch des Westens empfindet sich als Schnittpunkt, wenn nicht als Opfer widerstreitender Pflichten, Ideen, kosmischer Kräfte. Er versucht ihre Ansprüche zu versöhnen oder endet im Eingeständnis tragischer Niederlage. Nicht so der Japaner. (...) Widerstreitende Kräfte werden hier zu zeremoniellen Formen, die verschiedenen Orten, Zeiten und Gelegenheiten zugeordnet sind." (ebenda) Demgemäß spricht viel dafür, daß auch der Seelenhaushalt wie das Selbstverständnis japanischer Menschen im Durchschnitt anders organisiert sind als bei europäischen Menschen. „Der Mahayana-Buddhismus hat ihn gelehrt (oder zumindest in seiner Neigung bestärkt), die Existenz der Einzelseele radikal zu leugnen. Wie soll er da seine Innerlichkeit als ein klar gegliedertes, wohlgebautes, selbstschöpferisches Gefüge auffassen können?" (ebenda S. 130) Menschen anderer Kultur haben daher auch eine andere Psychologie, eine andere Wissenschaft vom Menschen. Wir wollen hier dieses Beispiel nicht mehr weiter verfolgen, nur soviel sei noch erwähnt, daß der geschilderten Verschiedenheit japanischer Menschen auch ein anderes Verhältnis zur Natur korrespondiert, daß auch in der japanischen Gesellschaft das europäische Persönlichkeitsideal nicht unbekannt ist, und schließlich, daß auch innerhalb Europas zu unterschiedlichen Zeiten die Menschen sich selbst anders empfunden und erlebt haben, zum Beispiel ziemlich anders zu homerischen Zeiten. Wichtig jedoch bei all dem ist: „anders" heißt „anders", nicht schlechter oder besser!

Faßt man zusammen, was sich aus unserem Beispiel ergibt, so läßt sich sagen: *es gibt keine kulturfreie Theorie*! Wenn man andere Kulturen betrachtet, ist zunächst die Bedingung der Projektion eigener Maßstäbe gegeben! Will man andere Kulturen verstehen, so muß man nach Kräften versuchen, deren kulturelle Blickwinkel einzunehmen. Mit diesem Ergebnis wird oft die Ausweglosigkeit eines Kulturrelativismus verbunden, demzufolge es keine überkulturell gültigen Maßstäbe und insofern auch nicht mehr die Möglichkeit von Kritik gäbe. Das Gegenteil dürfte der Fall sein. Relativität im angedeuteten Sinn bedeutet weder Verzicht auf Kritik, noch auch auf die Suche nach allgemeinmenschlichen Konstanten. Die Kritik beginnt erst genau dort, wo man sich dessen bewußt wird, daß sowohl allgemein akzeptierte Normen wie auch allgemeine Erkenntnis nur auf dem mühsamen Weg interkultureller Kommunikation möglich sind. Dadurch hätte man begriffen, daß man die Menschen anderer Kulturen nicht einfach in dem, was sie für sich sind, übergehen, ungefragt und monologisch nach eigenen Mustern deuten und ihnen etwas vorschreiben darf, sondern auf sie hören muß, wie sie von sich aus sich und die Welt verstehen. Eine solche Kommunikation impliziert in höchstem Maße die Fähigkeit interkulturellen Lernens!

Annäherung: die Geschichte vom verlorenen Gesicht

Getreu der formulierten Einsicht, daß es angebracht ist, von Problemen und nicht von Themen auszugehen, werden wir auch keine Definitionen an den Anfang stellen. Denn wenn wir versuchen wollten, den Begriff der Kultur festzulegen – welchen sollten wir zugrunde legen? Es gibt keine einheitliche Vorstellung von Kultur. Gerade dieser Begriff ist im besonderen kulturbedingt, spielen doch hierbei Werte und Normen eine große Rolle. Die Menschen verschiedener Kultur schätzen einander ganz verschieden ein, man denke nur an die immer noch allgemein gebräuchliche Einteilung in höhere und sogenannte primitive Kulturen! Man kann natürlich mit einer allgemeinen Definition beginnen, etwa derart, daß man Kultur als „ein universelles, für eine Gesellschaft, Organisation und Gruppe aber sehr typisches Orientierungssystem" zusammenfaßt, das aus „spezifischen Symbolen gebildet (...) das Wahrnehmen, Denken, Werten und Handeln aller ihrer Mitglieder" beeinflußt (Thomas, 1993, S.380). Aber was wäre damit gewonnen? In ihrer Allgemeinheit ist diese Definition zwar sicher nicht falsch, sagt aber auch kaum etwas aus. Ähnlich verhält es sich mit Lernen. Dem Titel nach findet es zwischen (= inter) den Kulturen statt. Und es scheint relativ leicht, das Ziel anzugeben, nämlich „zum interkulturellen Verstehen zu kommen und eine interkulturelle Handlungskompetenz zu entwickeln" (ebenda S. 377). Doch was bedeutet „Verstehen" und was „Handlungskompetenz", wenn niemand a priori behaupten kann, daß in allen menschlichen Kulturen in gleicher Weise gelernt wird, noch daß alle möglichen Formen des Lernens und Verstehens in einer Kultur ausgeschöpft sind? Es fehlt auch hier der Maßstab, aus dem Allgemeinverbindliches abgeleitet werden könnte. Mögliche Definitionen könnten höchstens am Ende, kaum aber am Anfang stehen. Deshalb kommt es im folgenden darauf an, auf Grundprobleme zu rekurrieren. Den Weg dahin können geschichtliche Zusammenhänge weisen.

Die Idee Interkulturellen Lernens entstand im Zusammenhang mit pädagogischen Bemühungen um die sozialen Folgen der Arbeitsmigration und war zunächst eine pädagogische Antwort auf eine zunehmend multi-ethnische Situation in den Schulen, bevor sie zu einem eigenen Forschungsfeld erweitert wurde. Also gilt es, einen geeigneten Text zu Hilfe zu nehmen, in welchem die Probleme in Klassen mit Kindern verschiedener kultureller Herkunft möglichst repräsentativ dargestellt sind. Die Wahl fiel auf die authentische Geschichte eines türkisch-kurdischen Mädchens (Denizeri,1983), das man Mitte der siebziger Jahre irgendwo in der BRD als sechsjährige in eine deutsche Schule steckt. Das Kind erleidet einen ziemlichen Schock, insofern es sich plötzlich in eine fremde Welt versetzt findet, in der es kein Wort versteht und sich auch nicht verständlich machen kann und – was das Schlimmste ist – von Mitschülern, Lehrerin und Direktor Diskriminierung erfährt. Um die versagte Anerkennung als gleichwertige Schülerin zu erreichen, bemüht sich das

Mädchen all die Jahre ihrer Schulzeit hindurch mit aller Kraft, sich zu assimilieren. Das gelingt ihr auch, doch schlittert sie dadurch nach und nach in die prekäre Situation einer Doppelrolle. Zu Hause bei den Eltern und Brüdern kommt sie den Erwartungen einer relativ traditionellen patriarchalischen Gesellschaft nach, außerhalb ist sie nicht von den deutschen Teenagern zu unterscheiden. Der Preis dafür ist hoch. Denn begleitet wird ihre zumindest nach außen hin erfolgreiche Assimilation von einem stets wiederkehrenden Alptraum, in welchem ihr von Händen ohne Körper Stück für Stück das Gesicht weggerissen wird. Der schreckliche Traum endet, als kein Stück vom Gesicht mehr übrig bleibt, es ist genau jener Zeitpunkt, an dem die Assimilation vollendet ist.

Für den Einstieg in die Probleme ist die Geschichte in mehrerer Hinsicht exemplarisch. Erstens wird aus der Perspektive der leidenden Person erzählt. Zweitens ist die Person weiblichen Geschlechts, wodurch ihr ein erweitertes Spektrum von Leiden vorbehalten bleibt. Dann geht die Geschichte unter die Haut. Schließlich handelt sie nicht vom schulischen Versagen, das sonst so oft in den Mittelpunkt um Probleme ausländischer Schüler gestellt wird. Unter jenem Aspekt liegt eine Erfolgsgeschichte vor, schafft es das Mädchen doch, ins Gymnasium aufgenommen und dort eine gute Schülerin zu werden. Nein, es geht um ein tiefer anzusiedelndes und schwerwiegenderes Problem, um ein ganzes *Problemgefüge*, das auch bei Erfolg virulent bleibt: *der leidvolle Zusammenhang von Diskriminierung, dem Kampf um Anerkennung und Identitätsverlust unter dem Druck zur Assimilation.*

Eine genaue Lektüre des Textes weist auf die gesellschaftlich indizierten Bedingungen, denen Minderheiten in westlichen Gesellschaften von Kindesbeinen an ausgesetzt sind. Da ist einmal der Assimilationszwang, der unbarmherzig ausgeübt und zugleich als Integration angeboten wird. Dieser Zwang erscheint denjenigen, von denen er ausgeht, als so berechtigt und so selbstverständlich, daß niemand von ihnen auf den Gedanken kommt, daß sie damit Diskriminierung betreiben. Die hat verheerende Folgen. Sie treibt die Angehörigen von Minderheiten entweder ins Ghetto oder sie mobilisiert ihre Kräfte zur Überanpassung. Diskriminierung ist ein interessantes Wort. Es enthält in seiner wörtlichen Bedeutung sehr exakt den Begriff für den es steht, meint doch „discriminare" (lat.) unterscheiden, aber ein Spezielles: aussondern oder aussortieren desjenigen, das von geringerem Wert und insofern gesondert zu behandeln ist. Das genau ist der springende Punkt. Die Diskriminierten erleben sich nicht bloß als die anderen, sondern als diejenigen anderen, die weniger gelten, die man daher auch geringschätzig behandeln kann und darf. Diskriminierung schafft so gesellschaftliche Ungleichheit bzw. diese bedeutet jene. Die Diskriminierten werden um ihre Anerkennung als gleichwertige Menschen gebracht. Sie müssen darum kämpfen. Das kann auf verschiedene Weise geschehen, auf welche hängt auch sehr stark von den gesellschaft-lichen Bedingungen ab. Der Zwang zur Assimilation gibt eine Richtung vor, die aber nicht selten in eine Sackgasse führt. Die über die Assimilation erlangte Anerkennung bleibt unvollständig, ist mit Vorbehalten versehen und kann bei geänderten Verhältnissen jederzeit aufgehoben werden. Zugleich geht damit eine teilweise oder totale Entfremdung gegenüber der Herkunftskultur einher. Die Folge ist Zerrissenheit, Gesichtsverlust und das Gefühl mangelnder Identität.

Die genannte Geschichte wirft im Detail noch eine Menge Fragen auf. Entscheidend ist, daß sie uns die Grundprobleme, die zur Entwicklung der Idee Interkulturellen Lernens den Anstoß gegeben haben, auf bewegende Weise nahe bringt, und daß die Analyse des in ihr dargestellten Problemgefüges die Richtung anzeigt, in welche die Betrachtung weitergeführt werden soll. Das Phänomen der *Diskriminierung* stellt sich als *das Problem* heraus. Es zeigt sich als *die Barriere, die gesellschaftlicher Integration von Minderheiten entgegensteht.*

Diskriminierung als „Barriere" Interkulturellen Lernens? Ursachen und Zusammenhänge

Wie kommt es zu gesellschaftlicher Ungleichheit und Diskriminierung? Von welcher Art sind die Zwangsläufigkeiten, die zu solchen Verhältnissen führen? Zunächst ist es lohnend, auf die populären Argumentationen, wie sie in der Öffentlichkeit im Zusammenhang mit ethnischen Minderheiten geläufig sind, einzugehen.

Eine gängige Antwort insistiert auf die kulturellen Unterschiede. Daran ist wahr, daß derartige Unterschiede leicht zu Mißverständnissen führen können, welche ihrerseits Konflikte begünstigen und/ oder Diskriminierungen verstärken. Doch das sind nicht die Ursachen für diskriminierendes Verhalten. Ein solches ist ja nicht auf das Verhältnis von Menschen verschiedener kultureller Herkunft beschränkt, sondern spielt sich zwischen sämtlichen gesellschaftlichen Gruppen ab. Eine zweite, sehr populäre Antwort lautet, daß einfach das Verhältnis der Mehrheit zu einer Minderheit den Ausschlag gibt. Dagegen sprechen zwei Tatsachen. Erstens jene Minderheiten, die nie diskriminiert werden – nämlich Menschen aus den Oberschichten aller Kulturen und Menschen, die aus nordwestlicher Richtung stammen –, zweitens diejenigen, die, obzwar sie kulturell der Mehrheit angehören, dennoch der Diskriminierung zum Opfer fallen: die sog. Aussiedler, die bezeichnender Weise aus dem Osten kommen. Die dritte Antwort ist die geläufigste und wohl beliebteste, wahrscheinlich, weil sie am plausibelsten klingt. Es ist dies das Argument von der Überforderung durch die Anzahl. Zu viele Fremde seien im Land, sie würden sich hier breit machen, ungewohnte Sitten einführen und den Einheimischen die Arbeitsplätze wegnehmen. Aus dieser Überforderung heraus sei es verständlich, daß es Ausländern gegenüber zu ablehnenden und bedrohlichen Handlungen komme. Daß es dabei besonders die Migranten aus den östlichen und südlichen Ländern betrifft, sei kein Wunder, denn eben von dort her würden wir in Westeuropa von Migranten „überschwemmt". In Wahrheit liegt auch hier alles andere als Plausibilität vor. Denn würde es zutreffen, daß immer dann, wenn Menschen in größerer Anzahl in die Gebiete anderer Menschen einwandern, sich dort häuslich niederlassen und Erwerbsmöglichkeiten in Anspruch nehmen, diskriminiert werden, dann hätte die Geschichte des europäischen Kolonialismus andersherum verlaufen müssen. Es waren mitnichten die westeuropäischen Kolonialherren, die diskriminiert wurden, obwohl sie weit mehr als Wohnstätten und Erwerbsmöglichkeiten beanspruchten, sondern umgekehrt: sie waren es, welche die autochthonen Völker dafür noch herabwürdigten.

Den Beispielen populärer Argumentationen und deren Widerlegung können wir den Hinweis entnehmen, daß die Frage, warum wer wen diskriminiert, letztlich eine Frage von Machtverhältnissen sein dürfte. *Die Bereitschaft, jemanden zu diskriminieren, hängt aller Wahrscheinlichkeit nach mit dem Gefühl der Macht und Überlegenheit über andere zusammen, wobei die Machtquellen sehr verschieden sein können.* Diese These bedarf einer näheren Überprüfung.

Im folgenden wenden wir uns deshalb der kritischen Rekonstruktion verschiedener Erklärungsmodelle auf verschiedenen wissenschaftlichen Ebenen zu. Die unübersichtliche Fülle der Möglichkeiten scheint zunächst eine diesbezügliche Auswahl unmöglich zu machen. Dennoch gibt es einen gangbaren Weg, wenn man erst gar nicht beansprucht, was tatsächlich nicht einmal annähernd möglich ist, nämlich Vollständigkeit zu erlangen, wenn man sich an der Einteilung der humanwissenschaftlichen Disziplinen orientiert, was die wissenschaftlichen Ebenen anlangt, und sich den Untersuchungsgegenstand betreffend an die Ausgangsthese als Leitfaden hält. Sodann empfehlen sich mindestens vier Ebenen: die psychologische, die soziologische, die ethnologische und die der politischen und moralischen Kritik. Und der Gegenstandsbereich, auf den wir rekurrieren, ergibt sich als das Feld, auf dem Machtbeziehungen und Diskriminierungen stattfinden: das der Verhältnisse gesellschaftlicher Gruppen zueinander bzw. das des Verhältnisses der einzelnen Mitglieder zur eigenen wie zur Gruppe der anderen.

Auf der psychologischen Ebene, die im vorliegenden Kontext – zumal es ja um den Zusammenhang von Erleben und sozialem Verhalten geht – genauer besehen eine sozialpsychologische ist, spricht man vom „Ingroup-Outgroup-Verhältnis". Im Mittelpunkt der entsprechenden Erklärungsmodelle steht das Phänomen des Gruppenzentrismus, das im allgemeinen darin besteht, daß für viele Menschen – entwicklungspsychologisch gesehen zunächst für alle Menschen – die eigene Gruppe das Zentrum bildet und den Maßstab für die Einstufung aller Außenstehenden abgibt. Hier gibt es einige gut bewährte Hypothesen, die zumindest erwähnt werden sollten. (Zusammenfassung im Hinblick auf den vorliegenden Kontext bei: Bergmann, 1994; für einen erweiterten Überblick siehe: Hofstätter, 1986). Da ist einmal die Funktion, welche die Zugehörigkeit zu einer Gruppe für das Selbstkonzept hat, so daß Menschen mit schwacher persönlicher Identität über die Aufwertung der eigenen Gruppe bei gleichzeitiger Abwertung anderer Halt suchen und finden. Dann die Bedeutung, die soziale Vergleichsprozesse für das persönliche wie kollektive Selbstwertgefühl haben, wonach Menschen, die sich benachteiligt fühlen, dazu neigen, die Schuld dafür auf andere Gruppen zu schieben. Schließlich die Ergebnisse bezüglich der sozialen Kategorisierung. Damit ist gemeint, daß Menschen dazu neigen, sich von anderen Gruppen und deren Mitgliedern ein eher typisiertes, von den eigenen Leuten ein eher differenziertes Bild zu machen. Und da ein fataler Zusammenhang zwischen Bewertung und Typus besteht, derart daß je typischer ein Bild von einem Menschen ausfällt, desto eindimensionaler er bewertet wird, fallen die Züge bei den anderen dementsprechend extremer aus, im guten wie im bösen. Analog dazu das Phänomen der unterschiedlichen sozialen Attribuierung, wonach die Ursachen für die Handlungen der eigenen Gruppenmitglieder mit Rücksicht auf den Kontext erklärt, während sie bei den anderen eher in deren innere Disposition verlegt werden, kurz: die anderen sind einfach so, wir haben je nach Umständen verständliche Gründe.

So wichtig alle diese Ergebnisse der Psychologie sind, nichtsdestoweniger bilden sie einen relativ abstrakten Rahmen, in dem sämtliche Faktoren größerer gesellschaftlicher und politischer wie moralischer Zusammenhänge ausgespart bleiben. Man könnte leicht den Eindruck gewinnen, als bewegten sich die Menschen in ihren sozialen Handlungen wie Automaten. Die wechselnden historischen Situationen und die einzelnen Menschen fallen inhaltlich nicht ins Gewicht, erscheinen gleichsam als Variabeln ein und derselben streng gesetzlich determinierten Beziehungsmuster. Spätestens hier brechen die Fragen auf, wieweit psychologisch konstatierte Gesetzmäßigkeiten notwendig und allgemeingültig unser Handeln steuern, und wieweit wir dafür selbst verantwortlich sind bzw. sein können. Ohne hier ins Detail zu gehen, läßt sich soviel sagen, daß es bezüglich der geschichtlichen und gesellschaftlichen Welt höchst mißverständlich ist, von Gesetzen (außer es geht um juridische Zusammenhänge) zu reden, statt dessen sollte man von *Zwangsläufigkeiten* sprechen. Gesetzmäßigkeiten suggerieren Naturnotwendigkeit und Allgemeingültigkeit, ihnen kann man nicht entkommen; nichts aber, was gesellschaftlich konstituiert wird, trägt diese Züge. Lebensformen, Institutionen, Sitten, Mythen, Kunstfertigkeiten – all das hat zwar seine Ursachen, nichts davon tritt aber mit naturgesetzlicher Notwendigkeit und überkulturell gültig auf. Als Resultat einer Verallgemeinerung mag es Allgemeines geben, das man aber nicht ohne Gewalt als immanent wirksames Gesetz unterstellen kann. Mit dem Terminus „Zwangsläufigkeiten“ dagegen wollen wir nicht verschweigen, daß die Menschen sich in Abhängigkeiten verstricken und so Zwänge aufeinander ausüben, die zuweilen nahezu naturgesetzlichen Charakter annehmen können, dennoch aber darauf insistieren, daß es hier um Beziehungen zwischen Menschen geht, die prinzipiell veränderbar sind, und denen man, insbesondere dann, wenn man in sie Einsicht gewinnt, nicht unbedingt erliegen muß. Vielleicht sollte man so sagen, daß auch innerhalb der sozialen Welt alles *natürlich* geschieht, aber *nichts notwendig*. Daran zu erinnern, ist im vorliegenden Kontext von äußerster Wichtigkeit, da deterministische Interpretationen nur allzu oft zur Rechtfertigung feindlicher Handlungen gegenüber Minderheiten herhalten müssen.

Die soziologische Ebene, auf die wir uns nun begeben wollen, betreten wir, indem wir uns auf die Studie über „Etablierte und Außenseiter" von N. Elias und J. L. Scotson (Elias/Scotson, 1990) konzentrieren. Für die gemeinsame Lektüre ist diese weniger geeignet, das ist aber auch nicht nötig, weil sich das Wesentliche des Inhalts gut zusammenfassen und veranschaulichen läßt. Es handelt sich um eine Untersuchung um 1960 in der kleinen Vorortgemeinde einer englischen Industriestadt. Diese Gemeinde gliederte sich in einen älteren und zwei jüngere Bezirke. Das ursprüngliche Motiv der Untersuchung war eine höhere Delinquenzrate in einem der beiden letzteren. Allmählich verschob sich das Forschungsinteresse auf das Problem der Beziehungen zwischen den Nachbarschaften, denn die beiden Autoren machten eine eigentümliche Entdeckung. Von den drei Bezirken, die sich auch deutlich als drei Zonen voneinander abhoben, war der ältere eine Mittelklassegegend, die beiden anderen waren Arbeiterviertel. Und obwohl die Menschen jener beiden Viertel sich in gesellschaftlicher Hinsicht in nichts voneinander unterschieden, was auf einen Vorteil der einen über die anderen hindeutete, dominierten die einen Bewohner des Arbeiterviertels deutlich die des anderen. Sie kontrollierten den Gemeinderat, sämtliche kulturelle Betätigungen, richteten eindeutige Klassenschranken auf und fühlten sich auch dementsprechend überlegen, während die anderen das alles als selbstverständlich zu akzeptieren schienen. Die Frage, die sich stellte, lautete: „Was waren die Machtquellen, die sie dazu befähigten?" (Elias/Scotson, 1990, S. 64)

Das Erstaunliche war, daß zwischen beiden Gruppen in allem, womit man sonst Herrschaft zu erklären pflegt – also was soziale Klasse, Nationalität, ethnische Herkunft, Religion und schließlich auch Ausbildung und ökonomischen Status betraf – kein Unterschied bestand. Und dennoch lag hier ein eindeutig soziales Gefälle vor.

Der einzige Unterschied, der sich im Laufe der Untersuchung dann doch herausstellte, zeigte sich als unterschiedliche Wohndauer am Ort. Die einen waren alteingesessene Arbeiter, die anderen nach dem Zweiten Weltkrieg nach und nach Zugewanderte. „Soziologisch hieß das vor allem, daß der jeweilige Grad ihrer Kohäsion sehr verschieden war: die eine Gruppe war eng integriert, die andere noch nicht. Kohäsions- und Integrationsdifferentiale als Aspekte von Machtdifferentialen haben bisher wohl nicht die Aufmerksamkeit gefunden, die sie verdienen." (Elias/Scotson, 1990, S. 15) Es läge nahe, die Einsicht, die in dem zitierten Satz ausgedrückt ist, geradewegs auf das Verhältnis von etablierten Gesellschaften zu ihren Migranten zu beziehen, aber das wäre zu kurz gegriffen. Denn was hiermit gesagt wird, ist, daß für die *Macht einer Gesellschaft oder einer Gruppe* über eine andere der *Grad ihrer Organisation und ihres Zusammenhaltes* gegenüber dieser anderen entscheidend ist. Die *Machtquellen können dabei sehr verschieden sein*, im Falle der beiden Arbeiterbezirke war es der längere Aufenthalt, der den Alteingesessenen den Vorteil verschaffte, sich fester zusammenzuschließen. Wenn der Machtunterschied sehr groß ist, dann – das konzedieren die beiden Autoren – ist die ökonomische Überlegenheit ausschlaggebend für die Macht. Die Hauptsache aber stellt das Modell der „Etablierten-Außenseiter-Figuration" dar, das die Autoren in ihrer Studie entwickelt haben und das sie sowohl als ein empirisches Paradigma als auch als ein universales menschliches Beziehungsmuster verstehen. Dessen Kern bildet die von den Autoren so genannte „Soziodynamik der Stigmatisierung". Und diese ist aus der Sicht Interkulturellen Lernens von besonderem Interesse.

Die „Etablierten-Außenseiter-Figuration" besagt, daß überall dort, wo aufgrund des höheren Grades an Organisation und des Zusammenhalts einer gesellschaftlichen Gruppe ein Machtverhältnis zu einer anderen besteht, die *Machtdifferenz* von den Mitgliedern beider Gruppen als *eine Differenz des Wertes* empfunden wird. Diese Gleichung von Macht und Wert *funktioniert und wird aufrecht erhalten über die soziale Dynamik der Stigmatisierung.* Die Mächtigeren betrachten die Machtschwächeren als Außenseiter, gegenüber denen sie damit zwangsläufig die Position von Etablierten einnehmen. Sie schreiben sich selbst ein Gruppencharisma zu, dessen Bild sie den Angesehensten ihrer Mitglieder entnehmen, und komplementär dazu den Außenseitern eine Gruppenschande, für welche die Eigenschaften der sog. Schlechtesten unter den Außenseitern Pate stehen. Die Gruppenschande geht in das Selbstbildnis der Außenseiter ein, wodurch diese ihre Rolle zu akzeptieren lernen und wodurch das Machtverhältnis bestätigt wird. Je nach der Größe des Machtgefälles werden die Außenseiter als mehr oder weniger schlecht angesehen und entsprechend behandelt. Ist es sehr groß, dann werden sie als schmutzig, schließlich als kaum mehr menschlich betrachtet. Letzteres insbesondere dann, wenn sie mit niedrigen Arbeiten beschäftigt sind. Eine Änderung in solch einem Verhältnis deutet immer auf eine Machtverschiebung hin. Plötzlich wirken die Stigmata nicht mehr oder nicht mehr so sehr, und es kommt zu Gegenstigmatisierungen.

Das Phänomen, das hier als Stigmatisierung bezeichnet wird, meint dasselbe, das wir Diskriminierung nennen, und das Modell des „Etablierten-Außenseiter-Verhältnisses" erklärt den verhängnisvollen Mechanismus, der es konstituiert. Grundlegend ist die Gleichung: Macht ist gleich Wert! Zunächst ist festzustellen, daß diese uns nicht die Natur vorschreibt, sondern daß sie ein Produkt der Sozialisation ist, das durch Tradition am Leben erhalten wird. Niemand muß danach empfinden und schon gar nicht handeln. Wenn irgendwo, dann gilt bezüglich dieser Gleichung der obige Satz, daß sie zwar natürlich, nicht aber notwendig ist. Wer Belege dafür möchte, wie aktuell die Gleichung von Macht und Wert ist und wie hartnäckig sie sich fortsetzt, dem schlagen wir folgendes vor: er oder sie soll versuchen, einen gesellschaftlichen Bereich zu finden, in dem nicht diejenigen, die einen Machtvorsprung vor anderen haben, wenn auch nur einen kleinen, daraus Privilegien ableiten. Denn diese – sie mögen klein, ja geradezu lächerlich sein – sind ein Zeichen, daß der Anspruch vorliegt, ein klein wenig mehr wert zu sein als andere. Die Autoren exemplifizieren ihr Modell an einigen historischen Beispielen, auf die wir hier nicht näher eingehen können. Einleuchtend ist ihr Hinweis auf den Sprachgebrauch, daß die Namen für herrschende Schichten immer eine Wertung implizieren. So bedeuten beispielsweise die „Eliten" und die „Aristokraten" wörtlich die „Besten" und die „Adeligen" sind die „Edlen". Bei genauerer Analyse springt einem über die Studie von Elias und Scotson hinaus ein sehr wichtiger Zusammenhang ins Auge, nämlich daß mit der besagten Gleichung schon die Grundvoraussetzung für die zahllosen Rechtfertigungen von Macht gegeben ist. Denn aus der reflexartigen Konstitution von Macht als Wert beziehen die Menschen in einem Umkehrschluß den Glauben, daß, wo Wert besteht, auch das Recht auf Macht gegeben ist: Die Mächtigen sind die Besten, und die Mächtigen herrschen zu Recht, weil sie die Besten sind!

Es dürfte nicht übertrieben sein zu behaupten, daß mit der Etablierten-Außenseiter-Figuration ein brauchbares Modell vorliegt, das uns hilft, Licht in fundamentale Zusammenhänge bezüglich gesellschaftlicher Diskriminierung zu bringen. Die Studie bietet weit mehr als das hier referierte Modell. Elias versteht es außerdem als einen Teilaspekt seiner umfassenden Arbeiten, die jenseits des nicht unüblichen Dualismus von Mikro- und Makrosoziologie eine umfassende Synthese von Soziogenese und Psychogenese (siehe Elias, 1976) bieten, und die noch vieles für die Klärung unserer Problemstellungen enthalten. Wir aber lassen es dabei bewenden und richten unsere Aufmerksamkeit auf die ethnologische Ebene.

Den Text, den wir hier zur Lektüre vorschlagen, ist von Claude Lévi-Strauss und trägt den Titel „Rasse und Geschichte", eine Auftragsarbeit für die UNO, geschrieben 1952 (in: Lévi-Strauss, 1992, S. 363-407). Nicht dem Titel, aber der Sache nach handelt diese Schrift von Interkulturellen Problemen, und zwar sehr grundsätzlich, und sie hat deshalb nichts von ihrer Aktualität verloren. Lévi-Strauss hebt mit einer Kritik der Rassismus-Kritik an. Die „Widerlegung" des Rassismus schaffe diesen nicht aus der Welt. Entzieht man dem Rassismus die argumentative Basis, so wird sich die Rede auf die Überlegenheit der westlichen Kultur und Zivilisation, mit welcher der Rassebegriff ja genuin verbunden ist, verlagern. Daher kommt es darauf an, die Frage nach der Verschiedenheit der Kulturen und nach den Beiträgen der Kulturen zur Zivilisation zu stellen!

Die Verschiedenheit der Kulturen rührt laut Lévi-Strauss, mit Ausnahme der seltenen Fälle, wo es zu Isolierungen kommt, aus den gegenseitigen Beziehungen der Gruppen untereinander her, „dem Wunsch, sich gegeneinander abzusetzen, sich zu unterscheiden, etwas Eigenes zu sein". (Lévi-Strauss, 1992, S. 368) Diesen Wunsch sieht Lévi-Strauss in der „ältesten Haltung" der Menschen begründet, die er für ein natürliches und universelles Phänomen hält, im „Ethnozentrismus". Lévi-Strauss beschreibt damit dasselbe Phänomen (Lévi-Strauss, 1992. S.369) aus ethnologischem Blickwinkel, das wir psychologisch gesehen als Gruppenzentrismus und auf soziologischer Ebene als Soziodynamik der Stigmatisierung kennengelernt haben. Er gibt dem aber eine ganz andere Richtung. Für ihn wird der Ethnozentrismus zur Funktion von Verschiedenheit der Kulturen. Die Menschen bestimmen aus der Haltung des Ethnozentrismus ihr Verhältnis zueinander und setzen damit ihre kulturellen Unterschiede. Was wir als Barriere Interkulturellen Lernens apostrophiert haben, wird hier als Prinzip der Ausdifferenzierung der Kulturen verstanden. Schließen sich diese beiden Interpretationen aus? Diese Sicht der Dinge von Lévi-Strauss scheint nicht unvereinbar mit den Einsichten von Elias und Scotson. Nach ihnen kann eine starke Machtdifferenz innerhalb einer Etablierten-Außenseiter-Beziehung mit der Zeit bei den Außenseitern durch Erzeugung von Defiziten Merkmale ausprägen, die mit rassischen und ethnischen Differenzen zusammengebracht werden (vergl. Elias/ Scotson, 1990, S. 25). Doch der Schein trügt. Was sich bei den beiden Autoren aufgrund von „Defiziten" ausprägen kann, wird nicht als Erklärung für die Ausbildung kultureller Unterschiede verstanden. Auffallend ist, daß Lévi-Strauss sich bezüglich der sozialen Dynamik von Machtverhältnissen zurückhält, die ja immer, wenn es zu Beziehungen zwischen verschieden Gruppen kommt, eine Rolle spielt, sondern er konzentriert sich allein auf das gruppenzentrische Bedürfnis von Menschen, sich zusammenzutun und von anderen zu unterscheiden. Aber die Unterscheidung setzt eben die anderen schon voraus, impliziert eine Beziehung zu ihnen, und die ist nach der Beschreibung des Ethnozentrismus, wie Lévi-Strauss sie gibt, mit der drastischen Diskriminierung der anderen verbunden. Tatsächlich muß sich ja nicht nur nicht ausschließen, daß ein und dieselbe Dynamik, welche die kulturelle Vielfalt bedingt, die egalitäre und friedliche Kommunikation eben jener Vielfalt erschwert, behindert, in extremen Ausformungen zerstört. Denn würde jene Dynamik die Kommunikation begünstigen, würde sie ihre Funktion verlieren. Es ist daher möglich, daß hier der Ursprung oder ein Ursprung für die Verschiedenheit der Kulturen liegt.

Nicht weniger bedeutend ist ein anderer Aspekt, den Lévi-Strauss einführt. Jede Gesellschaft kann von ihrem eigenen Gesichtspunkt aus die anderen Kulturen nach drei Kategorien einteilen: in die zeitgenössischen, aber an anderen Orten sich befindlichen, die am gleichen Ort, aber zeitlich vorangegangenen, und die, die früher und an anderen Orten existierten. Diese Einteilung gestattet, wie wir gleich sehen werden, eine schlüssige Kritik am europäischen Überlegenheitsdünkel in Sachen Kultur. Denn je nach dem, wie die Kategorien in bezug auf die anderen Kulturen zur Anwendung kommen, werden die Widersprüche, Ungereimtheiten und Befangenheiten der eigenen Vorstellungen deutlich. Innerhalb der ersten Kategorie verfällt die typische Auffassung des europäischen Humanismus der Versuchung des „falschen Evolutionismus". Die zeitgenössischen, aber räumlich und kulturell entfernteren Gesellschaften werden als Stadien und Etappen einer einzigen fortschrittlichen Entwicklung interpretiert, an deren Spitze die europäische steht. Damit leugnet man einerseits die Verschiedenheit – die Menschen sind ja in bezug auf die Idee der Menschheit alle gleichwertig –, während man andererseits so tut, als ob man die Unterschiede anerkennen würde – als Stadien, die noch nicht die volle Höhe der Entwicklung erreicht haben. Diese Auffassung findet sich nicht nur in den traditionellen Geschichtsphilosophien von der Renaissance bis zum Marxismus, sondern ist gegenwärtig in der Rede von „entwickelteren" und „weniger entwickelten" Gesellschaften und nach wie vor auch aktuell in der populären Kulturbetrachtung. „Gefällt sich der westliche Tourist nicht darin, im Orient das Mittelalter, in Peking der Zeit vor dem 1. Weltkrieg das Zeitalter Ludwigs XIV und bei den Eingeborenen Australiens oder Neuguineas die Steinzeit wiederzufinden" (Lévi-Strauss, 1992, S. 374). Die Menschen der „zivilisierten" Welt, die so denken und empfinden, betreiben genau den Ethnozentrismus, den sie bei den „Wilden" konstatieren, denen gegenüber sie sich ihres Humanismus wegen überlegen fühlen.

Bezüglich der zweiten und dritten Kategorie jedoch scheint der sog. Fortschritt schwieriger anzweifelbar und keine Widersprüche zu enthalten. Doch auch hier gelingt es Lévi-Strauss, okzidentale Selbstverständlichkeiten zu erschüttern. Fortschritt beruht auf der Vorstellung kumulativer Geschichtsepochen im Unterschied zu stationären. Lévi-Strauss macht nun an Hand von Beispielen aus der Urgeschichtsforschung einsichtig, daß ein Fortschritt in der Geschichte weder notwendig, noch kontinuierlich ist, dann, daß kumulative Geschichte kein Privileg einer bestimmten Zivilisation ist, und führt als plausibles Beispiel die Errungenschaften des präkolumbianischen Amerika an (ebenda S. 379 f.). Schließlich gibt er zu bedenken, daß die Unterscheidung zweier Arten von Geschichte, einer kumulativen und einer stationären, aus unserem „ethnozentrischen Standpunkt" folgt. „Die Geschichtlichkeit oder, besser noch, der Ereignisreichtum einer Kultur oder eines kulturellen Prozesses ist also eine Funktion, nicht ihrer objektiven Eigenschaften, sondern des Standorts, an dem wir uns ihnen gegenüber befinden, und der Zahl und Verschiedenheit der Interessen, die wir mit ihnen verknüpfen" (ebenda Seite 382). Diese These exemplifiziert Lévi-Strauss, indem er das offensichtlichste Kriterium der westlichen Zivilisation für die Beurteilung und Einschätzung anderer Kulturen auf den Punkt bringt: die verfügbare Energiemenge pro Kopf, und dann zeigt, daß je nach den unterschiedlichen Kriterien, die man verwendet, man zu ganz verschiedenen Klassifizierungen und damit auch Beiträgen der Kulturen gelangt. Lévi-Strauss entwirft diesbezüglich zwar nur eine Skizze, aber eine umfassende, was Kriterien, Völker und Länder betrifft. Um einen Eindruck davon zu vermitteln, wollen wir den Anfang zitieren: „Ist das Kriterium der Grad der Fähigkeit, mit den ungünstigen Umweltbedingungen fertig zu werden, dann dürften zweifellos auf der einen Seite die Eskimos, auf der anderen Seite die Beduinen die Palme davontragen. Indien dagegen hat es besser als jede andere Zivilisation verstanden, ein philosophisch-religiöses System zu entwickeln, und China eine Lebensweise, die in der Lage ist, die psychologischen Folgen eines demographischen Ungleichgewichts zu verringern. Vor dreizehn Jahrhunderten hat der Islam bereits eine Theorie des Zusammenhangs aller Lebensformen aufgestellt, der ..." (ebenda S. 384) usw. Es wird die Organgymnastik der Maoris ebenso erwähnt wie der erdlose Pflanzenbau, die Kunst der Navigation der polynesischen Völker, die sozialen Fähigkeiten der australischen Ureinwohner und vieles andere mehr. Es ist hier nicht der Ort, über die inhaltliche Richtigkeit im Detail zu urteilen, aber was man sagen kann, ist: Lévi-Strauss' Skizze läßt sich als ein beispielgebender Entwurf lesen, welchen Weg die Theorie Interkulturellen Lernens zu gehen hat.

Ein herausragendes Problem, das sich angesichts der Rede von der Vielfalt der Kulturen sofort stellt, ist das gegenläufige Phänomen der Universalisierung der westlichen Zivilisation. Lévi-Strauss nennt es den „empfindlichsten Punkt" (ebenda S. 387). Zu einer adäquaten Einschätzung desselben holt er in seiner Argumentation weit aus und kommt schließlich zu dem Ergebnis, daß es neben der unübersehbaren, jedoch auf einem ungleichen Kräfteverhältnis beruhenden weltweiten Option für die westliche Lebensweise in allen Gesellschaften eine eigenständige Tendenz in die Richtung gibt, welche die westliche Zivilisation eingeschlagen hat. Aber, und das ist entscheidend, er führt den Nachweis, daß, wo immer es einen „Fortschritt" bzw. „Kumulation" in diese Richtung gegeben hat, dieser die Funktion einer Koalition mehrerer, wenn nicht vieler Kulturen war. Lévi-Strauss exemplifiziert seine Thesen an den Beispielen der neolithischen und der industriellen Revolution. Dabei wird klar, daß die Koalitionen von Kulturen, die im Spiel waren, auf Herrschafts- und Ausbeutungsverhältnissen beruhten. An dieser Stelle wird eine gewisse Ambivalenz fühlbar. Man fragt sich, kann eine solche Interpretation nicht allzu leicht zur Rechtfertigung von Gewalt und Ausbeutung geraten, etwa nach dem Motto „kein Fortschritt ohne Opfer", oder liegt hier einfach eine illusionslose Betrachtung vor. Es wäre falsch, Lévi-Strauss eine derartige Rechtfertigung unterstellen zu wollen. Im Gegenteil, er will darauf hinweisen, daß der sog. Fortschritt nie das Produkt nur einer Kultur ist, wenn auch nachträglich, nach einem gewissen Homogenisierungsprozeß, eine Zivilisation den Erfolg auf ihre Fahnen schreibt. Auch und gerade angesichts der Vereinheitlichung der Welt werden in Zukunft die Menschen, um leben und überleben zu können, Koalitionen bilden müssen, und dazu bedarf es kultureller und gesellschaftlicher Differenzierungen derart, wie sie über die Dynamik des Ethnozentrismus sich konstituieren. Lévi-Strauss hofft und hält es für möglich, daß dies einst ohne Herrschaft und Ausbeutung geschehen kann, eine Hoffnung, die auf eine andere Ebene der Untersuchung verweist, auf die der politischen und moralischen Kritik. In dieser Angelegenheit wollen wir uns der Lektüre von Texten Albert Memmis widmen. Für die Wahl gerade seiner Texte spricht außer deren Qualität, daß sie die Stimme eines Menschen von nordafrikanischer Herkunft repräsentieren.

Memmi ist tunesischer Jude, Romancier und Soziologe in Frankreich, der sich im besonderen mit der Erforschung sämtlicher Spielarten des Rassismus beschäftigt. Er kennt den Rassismus als „gesellschaftlich vermittelte" Erfahrung in der Form des Kolonialismus und Antisemitismus, er kennt ihn als „gemeinsame" Erfahrung, die nicht nur das Leben der Kolonisierten zerstört, sondern letztlich auch das der Kolonisatoren ruiniert, und schließlich als „gelebte" Erfahrung, deren Versuchung niemand so leicht entkommt. Zu diesen persönlichen Erfahrungen gesellen sich die Lehren der

Geschichte – das sind der christliche und arabische Antisemitismus und der Nationalsozialismus –, das Zeugnis aktueller Opfer, zu denen Memmi vor allem nordamerikanische Schwarze und Frauen in aller Welt zählt, und die Bestätigung durch eine empirische Untersuchung, die er in Frankreich durchgeführt hat.

Behutsam und umsichtig nähert sich Memmi seinem Untersuchungsgegenstand. Zunächst macht er sich daran, die Argumentationsreihe der rassistischen Pseudotheorie zu identifizieren. Sie lautet: es gibt reine Rassen; die reinen Rassen sind den anderen überlegen; ihre Überlegenheit privilegiert sie zur Herrschaft. Punkt für Punkt widerlegt Memmi diese Argumentationsreihe. Am Ende der Widerlegung, die vollkommen schlüssig ist, – denn es gibt keine reinen Rassen, und selbst wenn es sie gäbe, gibt es kein Argument dafür, daß sie – worin? – überlegen wären, und selbst wenn sie es irgend worin wären, gibt es kein Argument, das sie deshalb zur Herrschaft privilegiert, stellt er sich die Frage: „Wie kommt es, daß so viel wissenschaftlicher Geist und guter Wille nichts gegen den Rassismus ausrichten können?“ (Memmi, 1992, S. 29), und zieht daraus zwei „wichtige Lehren“: „der Rassismus gehört nicht zur Ordnung der Vernunft“ und „man muß die Gesamtheit der Gefühle und Überzeugungen freilegen, von der seine Argumente und seine Verhaltensweisen diktiert werden“ (ebenda, S. 29 u. 30). Die erste Lehre führt zur politischen und moralischen Kritik, auf die im speziellen einzugehen ist, die zweite zu einer soziologischen Beschreibung und Erklärung des Rassismus, der zuerst unsere Aufmerksamkeit gilt.

Nach Memmis deskriptivem Resultat beginnt der Rassismus mit einer herabwürdigenden Interpretation von Unterschieden zwischen den Menschen, wobei diese Herabwürdigung zugleich eine Beschuldigung bedeutet, die eine Rechtfertigung der Anschuldiger impliziert. „Der Rassismus besteht in einer Hervorhebung von Unterschieden, in einer Wertung dieser Unterschiede und schließlich im Gebrauch dieser Wertung im Interesse und zugunsten des Anklägers“ (ebenda, S. 45). Memmi weiß in diesem Zusammenhang Erhellendes zur Mythenbildung und zur Funktion von Vorwänden, zum Verlangen nach Reinheit und zur Funktion des Sündenbocks, kurz: zu sämtlichen Denk- und Handlungsmustern des Rassismus zu sagen. Die Diskussion all dieser höchst lehrreichen Details würde den vorliegenden Rahmen bei weitem sprengen. Wichtig für uns ist, daß der Rassismus, wie er hier gekennzeichnet wird, sich genau mit dem deckt, was wir als Diskriminierung beschrieben haben. Memmi geht zwar vom Rassismus im Sinne der Wortbedeutung aus, insofern er mit der Widerlegung der Pseudotheorie von den überlegenen und zur Herrschaft privilegierten reinen Rassen beginnt, erkennt aber nach und nach, daß der spezifische Rassismus nur eine Variante eines universellen anthropologischen Phänomens darstellt, das in verschiedenen Formen auftritt. Andere, nicht weniger drastische Varianten sind die Unterdrückung der Frauen oder die abweisenden Haltungen gegenüber Behinderten oder Homosexuellen oder spezifische Ethnozentrismen, bei denen die biologische Beschuldigung keine Rolle spielt. Memmi erkennt, daß in allen diesen Erscheinungen ein und derselbe Mechanismus am Werk ist und überlegt, ob er für das allgemeine Phänomen nicht eine andere Bezeichnung wählen sollte.

Je weiter Memmi seine Untersuchung vorantreibt, desto klarer kommen Herrschaftsverhältnisse ins Spiel. Es ist vor allem die koloniale Situation, die ihm deutlich macht, „daß *Sinn und Zweck des Rassismus in der Vorherrschaft liegt.* (…) *Der Rassismus veranschaulicht und symbolisiert die Unterdrückung*“ (ebenda, S. 60, Hervorh. i. O.). Memmi kommt auf seine Weise im Grunde zu der nämlichen Einsicht, wie sie in der Studie über „Etablierte und Außenseiter“ bei Elias und Scotson vorliegt. Auch die verhängnisvolle Tatsache, daß die Opfer – die Diskriminierten oder Stigmatisierten – dazu neigen, ihr negatives Bild anzunehmen und zu verinnerlichen und damit ihre Rolle zu bestätigen, fehlt nicht (ebenda, S. 62). Am Schluß steht der Versuch einer Definition, in der die Grundeinsichten zusammengefaßt sind und die in der Encyclopaedia Universalis Aufnahme gefunden hat: *Der Rassismus ist die verallgemeinerte und verabsolutierte Wertung tatsächlicher oder fiktiver Unterschiede zum Vorteil des Anklägers und zum Nachteil seines Opfers, mit der seine Privilegien oder seine Aggressionen gerechtfertigt werden sollen* (ebenda, S. 103, Hervorh. i. O.).

Wenn, wie Memmi seine erste Lehre zieht, der Rassismus nicht der Ordnung der Vernunft angehört, welcher Ordnung dann? Memmi sieht im Rassismus einerseits das Gegenphänomen zur Moral und andererseits beide als „zwei Lösungen desselben Überlebensproblems“ (ebenda, S.137). In beiden Fällen geht es um Selbsterhaltung und um die damit verbundenen Ängste vor den anderen.

Nur, im ersten Fall waltet die Logik der Emotionen und der Angst und darauf „läßt sich keine Gesetzgebung und schon gar keine Moral begründen. Denn der Rassismus bedeutet den Ausschluß des anderen und seine Unterwerfung durch Gewalt und Herrschaft“ (ebenda, S. 137 u. 138). Wir haben aber „ein Interesse daran, Ungerechtigkeiten zu beseitigen, da Unrecht Gewalt und Tod zur Folge hat“ (ebenda, S.138). Die rassistische Lösung zielt auf Privilegien, also *Vor*rechte und nicht Gleichheitsrechte. Für Vorrechte gibt es aber keine vernünftigen Gründe, wie die Widerlegung des Rassimus zeigt. Sie beruhen allein auf Herrschaft und Gewalt. Bei der Moral dagegen geht es um Gleichheit, um allgemeingültige Normen, deren Einhaltung im gegenseitigen Verkehr die Unantastbarkeit und Unversehrtheit eines jeden Menschen ermöglicht. Allgemeingültige moralische Normen sind argumentativ begründet, während Vorrechte auf Gewalt beruhen. Deshalb ist Memmi Recht zu geben, wenn er sagt, daß man mit dem Kampf gegen den Rassismus „die grundsätzlichen Moraldebatten wieder“ aufgreift (ebenda, S. 148), und besonders als deren wichtigste Voraussetzung hervorzuheben, daß Moral und Vernunft zusammengehören. Wenn weiters Rassismus auf Herrschaft beruht, dann ist es folgerichtig zu sagen: „Um den Rassismus einzudämmen, muß die Herrschaft bekämpft werden“ (ebenda, S. 145). Insofern beide Folgerungen, das Aufgreifen der „grundsätzlichen Moraldebatten“ wie der „Kampf gegen die Herrschaft“, sich aus dem Grundproblem innerhalb der Beziehungen zwischen den Menschen, nämlich des Mechanismus der Diskriminierung, ergeben, gilt es im besonderen, sich deren Bedeutung für den interkulturellen Kontext bewußt zu werden.

Das Problem diskriminierender Verhaltens- und Erziehungsstile

Um den Rassismus wirksam zu bekämpfen, meint Memmi, sei „*eine fortwährende pädagogische Anstrengung* von der Kindheit bis zum Tod“ erforderlich (ebenda, S.140, Hervorh. i. O.). Politisch gälte es, auf zwei Ebenen zu arbeiten, auf den Ebenen der Meinungen und der Verhaltensweisen, wobei einer Meinung stets nur eine Meinung entgegenzusetzen wäre und erst dann gehandelt werden müsse, „wenn sich die Meinung als Vorbereitung der Aggression entpuppt“ (ebenda, S. 143). Wir greifen diese Anregungen auf und wollen sie im folgenden unter einem bestimmten Aspekt auf ihre Voraussetzungen hin überprüfen, weil wir vermuten, daß dies für die Entwicklung von Sensibilität im interkulturellen Kontext einiges beitragen könnte.

Fragen wir, ob und inwieweit es überhaupt sinnvoll ist, Meinungen von Verhaltensweisen zu unterscheiden. *Sind* nicht Meinungen schon Verhaltensweisen? Gerade dann, wenn man diese Frage im Hinblick auf die Möglichkeiten „fortwährend pädagogischer Anstrengung" stellt, wird man dazu neigen, sie eher mit ja zu beantworten. Um das zu demonstrieren, bedienen wir uns der Analyse eines Mediendiskurses den „Orient" betreffend (Gerhard/Link, 1992). Es handelt sich um eine Materialanalyse von renommierten deutschsprachigen Zeitungen. Analysiert wird die Art und Weise, wie während der achtziger Jahre hindurch die Handlungen dreier orientalischer politischer Führer, Khomeini, Ghaddafi und Saddam Hussein, diskutiert und kommentiert und dabei Feindbilder produziert werden. Wir fassen das Ergebnis kurz zusammen. Die Autoren der Zeitungen hielten sich durchwegs an das Freund-Feind-Schema. Sie bedienten sich dabei gemeinverständlicher Kollektivsymbole zuungunsten des Orients und zum Vorteil der eigenen Welt. Der Orient erscheint als „außersystemisches Chaos", d.h., es wird den Menschen dort der Subjektstatus abgesprochen und entsprechend Fanatismus, Gefahr und Wahnsinn geortet, was sich bereits in den Schlagzeilen niederschlägt. Eine derartige Welt legitimiert eine „technische Behandlung". Die Erste Welt tritt als „Feuerwehr" auf, die Bombardements im Golfkrieg werden als „chirurgische Eingriffe" gesehen. Man versichert sich der eigenen Souveränität, sprich: Vernünftigkeit, während gegenüber dem Feind die gesamte negative, gegen den Orient gerichtete Kulturtypologie zum Tragen kommt.

Es sind „Meinungen", die in dem eben referierten Mediendiskurs artikuliert wurden. Und es springt ins Auge, daß hierbei der Mechanismus der Diskriminierung, der Stigmatisierung oder des Rassismus wirksam ist, und nicht rationale Berichterstattung. Diskriminierung setzt, wie unsere bisherigen Betrachtungen nahelegen, eine ungleiche Machtbalance voraus, und eine solche besteht zwischen der 1. Welt und dem Orient. (Erwähnenswert in diesem Zusammenhang: wenn die Machtbalance halbwegs ausgeglichen ist – wie gegenüber dem Ostblock im Fall des Kalten Krieges –, dann wird der Gegenseite trotz aller Beschuldigungen der Subjektstatus nicht abgesprochen – vergl. Gerhard/Link, 1992, S. 282). Also geschieht die Meinungsbildung schon im Kontext einer Behandlung des Orients. Kommt dann im gesamten Komplex der Behandlung nicht jenen referierten Meinungen die Funktion von Teilhandlungen und insofern von „Verhaltensweisen" zu? Wie dem auch sei, eine klare Grenze zwischen Meinungen und Verhaltensweisen zu ziehen, wird schwer, wenn nicht unmöglich sein. Und wozu auch, denn zumindest schaffen die Meinungen bestimmte Verhaltensdispositionen und/oder üben sie ein und damit ist es nur eine Frage der Zeit und Umstände, bis die Meinungen als Verhaltensweisen zur Geltung kommen.

Wenn man davon ausgehen kann, insbesondere in einem Zeitalter, in dem die Medien omnipräsent sind, daß Meinungen von einer gewissen kollektiven Breite sich auf die Verhaltensdispositionen der Menschen auswirken, dann wird man ihnen einen nicht unbeträchtlichen erzieherischen Einfluß auf die Gesellschaft zuschreiben müssen. Um bei dem Beispiel vom Orient im Mediendiskurs zu bleiben, welche Chance hätte eine „pädagogische Anstrengung" gegen den Einfluß derartiger Meinungen, zumal diese noch dazu der Struktur eines aller Wahrscheinlichkeit nach universalen anthropologischen Mechanismus bestätigend entgegenkommen? Sie wäre tatsächlich „fortwährend" „von der Kindheit bis zum Tod", wie Memmi postuliert, erforderlich. Verhaltensdispositionen sind Einstellungen. Sie werden erworben, die meisten erfahrungsgemäß in der frühen Kindheit, und sie sind später schwer zu ändern. Also liegt da die Chance der pädagogischen Anstrengung. Wenn die Disposition zu diskriminierendem Verhalten in der Kindheit ausgebildet wird, dann sind vor allem hier die Möglichkeiten Interkulturellen Lernens anzusiedeln, jener Disposition entgegenzuwirken und eine alternative zu fördern. Diese Möglichkeiten stehen im folgenden zur Debatte.

Möglichkeiten und Ebenen Interkulturellen Lernens

Es ist relativ leicht zu sagen, worum es beim Interkulturellen Lernen im allgemeinen geht: darum, daß Menschen verschiedener kultureller Herkunft lernen, miteinander auszukommen. Das aber bedeutet etwas ganz anderes, wenn die Menschen dies bewußt und mit der Absicht tun, einander zu verstehen und voneinander zu lernen, als wenn Menschen aus verschiedenen Ländern an einem Ort miteinander auskommen müssen oder sollten, andernfalls den Schwächeren aufgrund permanenter Diskriminierung nur die Alternative bleibt, entweder sich ins Ghetto zurückzuziehen oder sich zu assimilieren. Und es bedeutet wiederum etwas ganz anderes, wenn Menschen wie Missionare, Militärs oder Manager sich auf ihre Tätigkeiten in fernen Ländern vorbereiten.

Im ersten Fall geht es um „Interkulturelles Lernen in Begegnungen". „Begegnung" war vor allem nach 1945 ein zentraler Begriff in der Pädagogik. Mit dem Ziel, die internationale Völkerverständigung zu fördern, wurde in der Jugend- und Erwachsenenbildung die Praxis der internationalen Begegnungen eingeführt. Zu diesem Zweck wurden auch die zahlreichen „Häuser der Begegnung" errichtet. In einem aufwendigen und in mehreren Bänden erschienenen Forschungsprojekt wurden die Begegnungen der europäischen Jugend sowohl auf die Kommunikationsbarrieren als auch auf die interkulturellen Lernmöglichkeiten hin untersucht (Breitenbach, 1975-78). Darüber hinaus gibt es verschiedene Aktivitäten und Forschungsansätze zum Interkulturellen Lernen in Begegnungen (Überblick bietet: Freise, 1982).

Im dritten Fall handelt es sich um Interkulturelles Lernen als Instrument der Außen- und Wirtschaftspolitik. Auch hierzu gibt es eine reiche Tradition der Forschung. Problematisch ist und bleibt die instrumentelle Grundausrichtung. Kulturelle Orientierungen werden als „Ressourcen" zu „Synergie-Effekten" im internationalen Verkehr betrachtet (vgl. Thomas, 1993, S. 409). Kulturelle Eigenheit degeneriert so zu einem nützlichen Material, eine Vorstellung, die unschwer als eurozentrisch im Sinn der Moderne zu erkennen und kaum mit der Auffassung in anderen Kulturen vereinbar ist.

Der zweite Fall steht im Mittelpunkt unserer Betrachtung. Hier geht es um die Möglichkeit von „Integration" als moralisch geforderte und insofern wünschenswerte Alternative zur Separation und/oder Assimilation von kulturellen Minderheiten. Da in der Öffentlichkeit zumeist von Integration gesprochen wird, wenn man Assimilation meint, mag es nicht unwichtig sein, sich über den Begriff Klarheit zu verschaffen. Integration bedeutet weder Anpassung an die dominierende, noch Rückzug auf die eigene Kultur durch Ausschluß von der Gesellschaft, sondern, daß die Menschen es verstehen, ihre Verschiedenheit so aufeinander abzustimmen, daß sie – ihre kulturelle Eigentümlichkeit weitgehend bewahrend – miteinander leben können. Das setzt allerdings voraus, daß die kulturellen Unterschiede niemandem zum Vorwurf gemacht werden, also niemand seiner Eigentümlichkeit wegen diskriminiert wird. Deshalb steht und fällt die Möglichkeit interkulturellen Lernens mit der Möglichkeit, trotz ungleicher gesellschaftlicher Machtverhältnisse und entgegen früh erworbener Bereitschaft zur Diskriminierung anderer, die Disposition zu solidarischem Verhalten gegenüber Außenseitern zu erwecken, zu entwickeln und zu fördern. Zur Einschätzung dieser Möglichkeit befragen wir die Ergebnisse einer Pionierarbeit auf diesem Gebiet. Es handelt sich um eine theoretisch-empirische Studie eines mehrjährigen Curriculumprojektes (Schmitt, 1979). Untersucht wird die Möglichkeit einer Änderung ausländerfeindlicher Einstellungen bei Kleinkindern. Es spricht viel dafür, daß die Resultate in gleicher Weise für die Möglichkeit der beiden anderen genannten Fälle Interkulturellen Lernens grundlegend sind.

„„Hänseleien“, „Handgreiflichkeiten“, „Beschimpfungen“ – ausländische Kinder haben es nicht leicht, wenn sie zusammen mit deutschen (oder österreichischen, M. F.) Kindern in die Schule gehen. „Druck von Mitschülern“, „Front der Vorurteile“ – auch deutsche (oder österreichische, M. F.) Kinder haben es nicht leicht, wenn sie etwas gegen die Diskriminierung ausländischer Kinder unternehmen wollen“ (ebenda, S. 5). Von dieser Ausgangslage her, die dasselbe Grundproblem widerspiegelt, das die Geschichte vom verlorenen Gesicht aufwirft, stellt der Autor die Frage an den Anfang: „Wie läßt sich die kindliche Bereitschaft zu solidarischem Verhalten gegenüber Menschen in Außenseiterpositionen durch ein konkretes Lern- und Spielangebot stärken?“ (ebenda, S. 5)

Im ersten Teil der Studie wird im interkulturellen Vergleich geprüft, wie Kleinkinder üblicherweise andere Völker einschätzen. Zu diesem Zweck wertet der Autor eine Reihe von diesbezüglichen Untersuchungen sehr kritisch und umsichtig aus. Die Vergleiche zeigen, daß das frühe Auftreten von negativen Wertungen in stereotyper Form bei Kindern ein internationales Phänomen darstellt. Ausschlaggebend dafür sind zwei Arten von Faktoren: entwicklungsbedingte und gesellschaftsbedingte. Die einen sind einerseits durch das Bedürfnis nach Sicherheit gegeben, das die Kinder eng an die Bezugsgruppe und an deren Normen bindet, wobei die vermeintliche oder wirkliche Erfüllung dieser Normen durch andere als Maßstab für deren Einschätzung fungiert, und andererseits durch die noch eingeschränkte Fähigkeit zu differenzieren. Die anderen betreffen die Inhalte der Normen, also die Wertungen der Bezugsgruppe, die das Kind übernimmt, und die Art, wie sie vermittelt worden sind, nämlich je rigider, desto negativer die Einstellung zu anderen Völkern. Der nächste Schritt reflektiert die Eingriffsmöglichkeiten in den unbefriedigenden Normalverlauf. Angesichts der Einsicht, daß bei der kindlichen Einschätzung anderer Völker nicht das Wissen entscheidend ist, sondern ein erworbener Bewertungshintergrund, scheint es geraten, pädagogische Maßnahmen heranzuziehen, die jenen in Bewegung bringen. Als geeignet wird nach eingehenden Überlegungen das „problembezogene Rollenspiel" befunden. Dieses hat, indem es zur Identifikation mit den Außenseitern herausfordert, den Vorzug, daß es gegenüber bloß verbal orientierten Auseinandersetzungen die Diskrepanz zwischen Einsicht und emotionaler Bewertung deutlich und somit thematisierbar macht.

Im zweiten Teil wird das Curriculum beschrieben. Es beseht aus drei aufeinanderfolgenden und aufeinander aufbauenden Einheiten: 1. Der Außenseiter in der Klasse, 2. Gastarbeiter – „Dritte Welt" in der Nachbarschaft und 3. Tansania – erste Begegnung mit der dritten Welt. Innerhalb jeder Einheit folgen nacheinander drei sich ergänzende Phasen: Information, Rollenspiel und persönliche Begegnung. Das Experiment erstreckt sich über fünf Monate. Danach wird die Wirkung des Curriculums im Vergleich mit zwei Gruppen, einer verbal orientierten und einer Kontrollgruppe, d.h. einer „normalen", die nicht in das Experiment mit einbezogen war, überprüft. Neun Monate später erfolgt noch einmal eine Überprüfung, diesmal im Hinblick auf die Langzeitwirkung. Sowohl die Überprüfung wie das Ergebnis ist sehr komplex. Wir fassen letzteres in den Grundzügen zusammen: Die Kinder sowohl der Rollenspielgruppe wie der Verbalgruppe verbesserten ihre Einstellung im Vergleich zur Kontrollgruppe, die sich nicht nur nicht verbesserte, sondern deren Einstellungen sogar noch negativer wurden. Und die Kinder der Rollenspielgruppe verbesserten ihre Einstellungen gegenüber der Verbalgruppe. Somit wäre bezeugt, daß pädagogische Anstrengungen in Richtung einer Erziehung zur Solidarität möglich sind.

Der dritte Teil bietet Überlegungen, welche Faktoren vermutlich für die erfolgte Einstellungsänderung bei den Kindern verantwortlich waren. Entscheidend war das Rollenspiel. Die Rollenspielgruppe entwickelte eine zunehmende Bereitschaft, sich in die Lage der Diskriminierten zu versetzen und sich mit ihnen zu identifizieren. Die Einstellungsänderung erfolgte dadurch, daß die Kinder schließlich fähig waren, die Perspektiven der Außenseiter einzunehmen, also imstande waren, sie zu verstehen. Dieses Ergebnis korrespondiert mit der Forderung, die wir in den einleitenden Erläuterungen aus der Einsicht in die kulturelle Bedingtheit von Theorie aufstellten: daß, wer andere verstehen will, nach Kräften versuchen muß, deren kulturellen Blickwinkel einzunehmen. Wenn sich daran – wie das Experiment mit den Kindern ja nahelegt – die Erwartung knüpfen läßt, wonach das Verhalten von Menschen, welche die Fähigkeit zur Perspektivenübernahme entwickelt haben, nicht mehr vom Mechanismus der Diskriminierung motiviert, sondern von der Bereitschaft zur Solidarität getragen wird, dann wäre damit der Weg Interkulturellen Lernens klar und deutlich vorgezeichnet. Und wir könnten uns hoffnungsvoll an die Arbeit machen. Nur, so einfach scheint die Sache doch nicht zu sein. Es gibt zumindest ein schwerwiegendes Bedenken, mit dem wir die Betrachtung schließen und zugleich offen lassen wollen. „Cortes versteht die aztekische Welt, die sich vor seinen Augen enthüllt, relativ gut und sicherlich besser als Montezuma die spanische Wirklichkeit. Und dennoch hindert dieses bessere Verständnis die Konquistadoren nicht daran, die mexikanische Kultur und Gesellschaft zu zerstören; man gewinnt ganz im Gegenteil sogar eher den Eindruck, daß gerade durch dieses Verständnis die Zerstörung erst möglich wird. (...) Sollte Verständnis nicht Sympathie mit sich bringen? (...) Das Paradox des todbringenden Verstehens wäre leicht aufzulösen, wenn man zugleich bei den Verstehenden ein völlig negatives Werturteil über den anderen feststellen könnte; (...) Wenn man jedoch die Schriften der Konquistadoren liest, stellt man fest, daß dem nicht so ist ...“ (Todorov, 1985, S. 155)

LITERATUR:

Bergmann, W. 1994: Sozialpsychologische Hintergründe der Ausländerfeindlichkeit, In: Böhme, G./Chakraborty, R./Weiler, F. (Hg.): Migration und Ausländerfeindlichkeit. Wissenschaftliche Buchgesellschaft: Darmstadt, S. 121-128.

Breitenbach, D. (Hg.) 1975-78: Kommunikationsbarrieren in der Internationalen Jugendarbeit. 5 Bde, Saarbrücken

Denizer, B. 1983: Das verlorene Gesicht, In: Ackermann, I. (Hg.): In zwei Sprachen leben. dtv: München, S. 18-20.

Elias, N. 1976: Über den Prozeß der Zivilisation. Suhrkamp: Frankfurt am Main.

Elias, N./Scotson, J. L. 1990: Etablierte und Außenseiter. Suhrkamp: Frankfurt am Main.

Freise, J. 1982: Interkulturelles Lernen in Begegnungen. Verl. Breitenbach Publishers: Saarbrücken – Fort Lauderdale.

Gerhard,U./Link, J. 1992: Der Orient im Mediendiskurs - aktuelle Feindbilder und Kollektivsymbolik, In: Lüders, M. (Hg.): Der Islam im Aufbruch? Piper: München, S. 277-297.

Hofstätter, P. R. 1986: Gruppendynamik. Kritik der Massenpsychologie. Rowohlt: Hamburg.

Lévi-Strauss, C. 1992: Strukturale Anthropologie. Suhrkamp: Frankfurt am Main.

Memmi, A. 1992: Rassismus. Europäische Verlagsanstalt: Hamburg.

Schmitt, R. 1979: Kinder und Ausländer. Einstellungsänderung durch Rollenspiel – eine empirische Untersuchung. Westermann: Braunschweig.

Singer, K. 1996: Spiegel, Schwert und Edelstein. Strukturen des japanischen Lebens. Suhrkamp: Frankfurt am Main.

Thomas, A. 1993: Psychologie interkulturellen Lernens und Handelns, In: Thomas, A. (Hg.): Kulturvergleichende Psychologie. Hogrefe, Verl. f. Psychologie: Göttingen, S. 377-424.

Todorov, T. 1985: Die Eroberung Amerikas. Das Problem des Anderen. Suhrkamp: Frankfurt am Main.

Andreas Paula

KANN SPRACHUNTERRICHT INTERKULTURELLE KOMPETENZ VERMITTELN?

Sprachunterricht – Vermittler interkultureller Kompetenz?

Nachfolgender Text ist der Versuch einer Zusammenfassung einer mehrjährigen Beschäftigung mit Fremdsprachenunterricht und mit Interkulturalität. Ausgangspunkt der Überlegungen war die durchaus optimistische Erwartung, daß Fremdsprachenunterricht, da er eine direkte Verbindung mit neuen, fremden Kulturen darstellt, in der Lage ist, bei Lernenden Verständnis für Neues und Fremdes zu wecken. Einen wesentlichen Meilenstein im Zuge dieses Denkprozesses stellt ein durch EU-Mittel finanziertes Projekt dar, welches es sich zum Ziel gesetzt hat, den Aspekten der interkulturellen Kommunikation im DaF-Unterricht nachzugehen.

Wer eine Reise tut ...

In Anlehnung an das bekannte Sprichwort „Wer eine Reise tut, kann etwas erzählen" könnte man für den Fremdsprachenunterricht den Schluß ziehen, wer eine Fremdsprache lernt, kann etwas verstehen.

Unter Berücksichtigung von methodisch/didaktischen Trends und Zeitgeist wird heute viel davon gesprochen, daß der Fremdsprachenunterricht eine ideale Plattform für die Vermittlung interkultureller Kompetenz sei. Diese Aussage ist auf den ersten Blick trivial. Triviale Aussagen fordern zum Nachdenken und Nachfragen heraus. Stimmt es, daß Fremdsprachenunterricht ein Garant für funktionierende Kommunikation und Interaktion mit fremden Kulturen ist? Stimmt es, daß Fremdsprachenunterricht den Aufbau interkultureller Kompetenz fördert?

Diese oder ähnliche Fragen drängen sich auf, wenn man weiß, wie modern es heute ist, Fremdsprachen zu lernen, und wie gering gleichzeitig die Sensibilität gegenüber Fremdem und Neuem oft bei vielen der sogenannten Polyglotten ist. Wie entsteht diese Diskrepanz, gilt doch der Fremdsprachenunterricht als Katalysator für Interkulturelles?

Die Rechnung ist zu einfach

Die Rechnung scheint einfach, vielleicht zu einfach. Mensch plus Fremdsprache ist gleich erhöhte interkulturelle Kompetenz. Die Rechnung geht nicht immer auf, denn sie wurde ohne den Wirt gemacht. Der in dieser Gleichung vergessene Wirt ist der Unterricht und sein Umfeld. Beides – die Struktur und das Umfeld des Unterrichts – spielen dann eine wesentliche Rolle, wenn das Ziel des Sprachunterrichts nicht nur im Erwerb von Sprachkenntnissen (Kenntnis kommt von kennen), sondern im Aufbau einer individuellen fremdsprachlichen Kommunikationskompetenz liegt.

Im folgenden soll bewiesen werden, daß Fremdsprachenunterricht per se noch keine Garantie für einen Aufbau interkultureller Kompetenz ist. Nach einer kurzen Darstellung jener Hintergrundüberlegungen, welche das theoretische Gerüst der angeführten Behauptung bilden, sollen Beobachtungen aus der konkreten Unterrichtspraxis und deren Interpretation oben stehende These untermauern.

Anhand von drei Dimensionen der unterrichtlichen Kommunikation und Interaktion soll gezeigt werden, welche Auswirkungen der Fremdsprachenunterricht auf den Aufbau interkultureller Sprach- und Kommunikationskompetenz haben kann.

Die drei Bereiche wurden nicht zufällig gewählt. Es handelt sich um tragende Säulen im Unterrichtsgeschehen, an welchen interkulturelle Kommunikation bzw. das Training interkultureller Kompetenz gerne und häufig festgemacht wird.

Es wird erstens um die Interaktion innerhalb der Gruppe der Lernenden selbst bzw. zwischen ihr und den Unterrichtenden gehen. Damit steht zweitens die Körpersprache in enger Verbindung, die in der Interaktion im Unterricht offensichtlich spezifischen Entfaltungsmöglichkeiten unterliegt. Und letztlich wollen wir uns auch der Rolle der im Unterricht besprochenen Themen auf die Entwicklung der Kommunikation im Fremdsprachenunterricht widmen.

Kommunikation ist vom Umfeld abhängig

Fremdsprachenunterricht findet – wie jede Kommunikation – immer in einem ganz bestimmten Umfeld statt. Kommunikation in steril neutraler Umgebung ist im Bereich sozialer Begegnungen nicht denkbar. Dies wirkt sich auf den Verlauf und die Entwicklung des Unterrichts – aber auch auf jede andere Kommunikation – aus. In Umkehrung dieser Feststellung beeinflußt auch der Unterricht das Umfeld. Alle Beteiligten (Lernende, Lehrende, Beratende usw.) stehen in einem Beziehungsgeflecht und beeinflussen einander gegenseitig in ihrem Verhalten und ihren Entscheidungen. In diesem Sinne gibt es im Kurs kein Nicht-Verhalten. Jedes Verhalten wird von den anderen TeilnehmerInnen vor deren kulturellen Erfahrungshintergrund wahrgenommen und interpretiert. Letztlich beeinflußt sogar ein in der Gruppe abwesender Teilnehmer den Gruppenprozeß durch seine Absenz.

Kommunikation als System

Bevor wir einzelne konkrete Bereiche des Unterrichtsgeschehens aufgreifen und analysieren, wollen wir uns der Frage widmen, welche Analysemodelle einem vielschichtigen Kommunikationssystem – wie der unterrichtlichen Kommunikation – gerecht werden.

Kommunikationsmodelle, die von einer linearen Abfolge von Input und darauffolgender Reaktion ausgehen, ignorieren wesentliche Einflußfaktoren der Interaktion. Die Reduktion auf eine Sender-Empfängerrelation (z.B. jenes Modell, welches die Lehrerfrage und die Schülerantwort in direkter Verbindung einander gegenüber stellt) wird der Kommunikationssituation im Unterricht nicht gerecht. Die Kommunikation bzw. Interaktion im Unterricht ist von zahlreichen Faktoren, von internen (z.B. Unterrichtssituation) und externen (z.B. soziale Umfelder aller Beteiligten) abhängig. Lineare Analysemodelle (Reiz – Reaktion) sind daher für die Analyse der interkulturellen Dimension der Unterrichtskommunikation nicht geeignet, da die Reaktion der Lernenden nicht einzig und allein durch die Art des Inputs bzw. durch das Verhalten des Unterrichtenden selbst zu erklären ist.

Kommunikationsmodelle, die von einem kommunikativen Gesamtsystem ausgehen, in welchem sich eine Auseinandersetzung mit Informationen in Form eines dynamischen Prozesses entwickelt, scheinen als Erklärungsmodell für interkulturelle Kommunikation im Unterricht zielführender zu sein. Denn es werden nicht ausschließlich die jeweils durch den Unterricht zum Thema gemachten Informationen (z.B. kulturelle Unterschiede, Lebensformen, landeskundliche Informationen etc.) vor dem Hintergrund eines vorgegebenen meist relativ statischen Kulturbegriffes analysiert. Das jeweilige Umfeld, die kulturelle Herkunft, die Biografie, die aktuelle soziale Situation, usw. der Aktanten sowie deren gegenseitige Bezugnahme während der Interaktion werden zur Beurteilung der Interaktion berücksichtigt.

Interaktion im Fremdsprachenunterricht kann demnach als ein systemischer Prozeß, für den zahlreiche Parameter aus seinem Umfeld ständig bestimmend sind, betrachtet werden. Das Umfeld wirkt auf die „Elemente eines Systems". Gleichzeitig beeinflussen die Elemente sich gegenseitig und wirken auch auf ihr Umfeld ein. Es entsteht eine gegenseitige Einflußnahme bzw. Abhängigkeit. Demnach ist es nicht möglich, das Verhalten einzelner Teilnehmer einzig und allein nach ihrer kulturellen und/oder sozialen Herkunft zu beurteilen.

Bei der Kommunikation, insbesondere bei jener in einer fremden Sprache, hat man es mit einem Patchwork an kulturellen, sozialen und individuellen Biografien zu tun. Lehrwerke und Unterrichtsaktivitäten produzieren aber häufig kulturelle Vorzeigemodelle, die nur einen Bruchteil der gesamten kulturellen, sozialen Realität in einem Land oder in einer Region repräsentieren. Das Ziel einer interkulturellen Sensibilisierung wird durch eine statische Verbindung von kulturellen und sozialen Verhaltensformen mit bestimmten Personengruppen bzw. durch eine nicht ausreichende Berücksichtigung der Vielfalt möglicher Kommunikationssituationen weitgehend neutralisiert.

Die in Unterrichtsaktivitäten vorkommenden „Menschentypen" erfüllen bezüglich ihrer Charaktere, Typen und Verhaltensweisen bestenfalls das Kriterium einer in einem Labor exakt konstruierten Figur, die möglicherweise dem Denkmuster seiner Erzeuger (Autoren, Lehrer), aber sicherlich nicht den existierenden Vielfalt entsprechen.

Der Ausgangspunkt für jeden Unterricht muß das real existierende Patchwork sein und nicht ein artifizieller Mythos.

Kommunikation im Unterricht ist künstlich. Jede Unterrichtsaktivität ist meist nur eine – mehr oder weniger erfolgreiche – Annäherung an die Realität.

Für den Aufbau kommunikativer Kompetenz im Fremdsprachenunterricht bedeutet dies: eine Vielfalt unterschiedlicher Parameter im Umfeld der Unterrichtenden und der Lernenden beeinflußt die Entwicklung der Kommunikationsprozesse im Unterricht. Damit geht einher, daß Verlauf und Ziel von Unterrichtssequenzen nicht eindeutig vorbestimmt werden können. Dies hat wiederum Konsequenzen in bezug auf die Vermittlung interkultureller Kommunikationskompetenz.

Im Fremdsprachenunterricht sind unterschiedliche Verhaltensweisen und unterschiedliche gegenseitige Erwartungshaltungen auf der Seite der Unterrichtenden ebenso „natürlich“, wie dies auf der Seite der Lernenden anzutreffen ist.

Verschiedene Kulturen, verschiedene Erwartungshaltungen, verschiedene Charaktere und auch verschiedene Unterrichtssituationen beeinflussen die Interaktion und die Kommunikation im Unterricht wesentlich. Folglich sollte jegliche Beurteilung oder Einschätzung möglichst ganzheitlich erfolgen. Die Fokussierung auf einzelne kulturelle Phänomene ohne Berücksichtigung der Besonderheit unterrichtlicher Interaktion verdeckt den Blick aufs Ganze.

So sind z.B. bestimmte Strukturen des herkömmlichen Unterrichts möglicherweise derart weit verbreitet, daß auch in kulturell heterogenen Gruppen Unterrichtssituationen entstehen können, in welchen die Erwartungen an den Unterrichtenden bzw. an den Unterricht sich in weiten Bereichen – zumindest auf den ersten Blick – decken. Hier sei als Beispiel nur die Rolle des Lehrenden als „Autorität“ angeführt. Oft entsteht der Eindruck, daß der oder die Unterrichtende in der Gruppe automatisch einen „Autoritätsbonus“ hat, ohne daß innerhalb der Gruppe ein Konsens über die Auswirkung von Autorität auf das Unterrichtsgeschehen besteht. Geht es um fachliche, sprachliche Autorität oder um bestimmte Formen von Macht?

Dies wirkt sich vor allem in Unterrichtssituationen aus, die aus traditionellen „Lehrtechniken“ ausscheren und versuchen, Entscheidungs- und Lernprozesse mit den TeilnehmerInnen zu entwickeln. Immer wieder ist festzustellen, daß Unsicherheiten auf seiten der TeilnehmerInnen ebenso wie bei den Unterrichtenden einen „Rückzug“ auf alte und gewohnte Strukturen, in welchen die Lehrerzentrierung eine wesentliche Rolle spielen, bewirken. Der kleinste gemeinsame Nenner bzw. ein Konsens an der Oberfläche garantiert – zumindest vorübergehend – wieder die notwendige Sicherheit.

Der kleinste gemeinsame Nenner

Interkulturelle Kommunikation wird oft auch an Mißverständnissen die auf Grund unterschiedlicher Wahrnehmungsmuster bzw. -differenzen in der Erwartungshaltung auftreten, gemessen. Aber gerade dieser Zugang wird bis zu einem gewissen Grad durch einen Konsens an der Oberfläche paralysiert. Die mehr oder weniger stark reglementierten Kommunikationsformen des Unterrichts überdekken gewissermaßen andere Kommunikationsformen, die in nichtunterrichtlicher Kommunikation beobachtet werden können. Um die Kommunikation im Unterricht möglichst den tatsächlichen oder von den Teilnehmern geglaubten Erwartungen entsprechend verlaufen zu lassen, kann in manchen Unterrichtssituationen von einer Tendenz zu einem Konsens am kleinsten gemeinsamen Nenner beobachtet werden. Das Ziel, möglichst der geglaubten oder realen Erwartung zu entsprechen, wird vor das eigentliche kommunikative Ziel gestellt. Dies führt zwar dazu, daß der Eindruck einer geglückten Kommunikation entsteht, wobei das primäre an einem bestimmten Thema orientierte Ziel aus dem Auge verloren wurde. Das Ziel, die Kommunikation möglichst unter Berücksichtigung der für den Unterricht angenommenen Konventionen positiv abzuschließen, rückt in den Vordergrund. Kommunikationssituationen können sich gänzlich anders entwickeln als in nicht unterrichtlichen Kommunikationssituationen. So ist es leicht vorstellbar, daß Mißverständnisse, die in der herkömmlichen Kommunikation bis zu einem Abbruch des Gesprächs führen, im Unterricht nicht an die Oberfläche kommen, da dies nicht den Konventionen im Umgang mit Unterrichtenden entspricht.

Sicherheit – Unsicherheit: Nährboden für interkulturelle Kompetenz

Der Erfolg des Fremdsprachenunterrichts bezüglich der vermittelten kommunikativen Kompetenz hängt auch vom Grad der Kommunikation innerhalb der Gruppe ab. Die Bildung von Kleingruppen, die Interaktion zwischen den Unterrichtenden und den Lernenden und der durch unterschiedliche Erwartungen entstehende Druck, der auf Lehrenden und Lernenden lastet, steht im Zentrum folgender Überlegungen.

Die Bildung von Kleingruppen in der Klasse ist neben den Anweisungen der Kursleitung auch von anderen Faktoren abhängig. Der Gruppenbildungsprozeß und damit die Kommunikationsstruktur in der Gruppe ist somit nur zum Teil von den Intentionen der Unterrichtenden abhängig. Somit entzieht sich die Gestaltungsmöglichkeit bis zu einem bestimmten Anteil dem Einflußfeld der Unterrichtenden.

Das Bewußtsein darüber ist von Relevanz, da im professionellen Selbstverständnis vieler Unterrichtender der Mythos der Alleinverantwortung für die Regie der Unterrichtskommunikation meist stark verankert ist.

Gruppenbildung – Faktor individueller Sicherheit

Leuchttürme in der Brandung haben die Aufgabe, sich nähernden Schiffen Sicherheit zu vermitteln. Eine ähnliche Aufgabe kann für TeilnehmerInnen eines Sprachkurses die Gruppe übernehmen. Deshalb ist unter dem Aspekt der interkulturellen Dimension des Fremdsprachenunterrichts die Dynamik der Gruppenbildungsprozesse von wesentlicher Bedeutung. Die für die Bildung von Arbeitsgruppen ausschlaggebenden Parameter lassen sich in mehrere sich gegenseitig beeinflussende Bereiche zusammenfassen. Es liegt nahe, daß die Anweisungen der Kursleitung in diesem Zusammenhang eine wesentliche Rolle spielen. Gleichzeitig können zumindest zwei weitere Ebenen ausgemacht werden, die einen Einfluß auf die Dynamik einer Gruppe haben. Einerseits können „weiche" Faktoren wie z.B. Sympathie oder Antipathie, oder bestimmte „Zufälle" wie der Zeitpunkt des Eintreffens im Klassenraum, oder der Wunsch nach einem bestimmten Sitzplatz etc. maßgeblich sein.

Der Gruppe dieser „weichen“ Faktoren steht jene der klarer identifizierbaren Parameter der Gruppenbildung gegenüber. Dazu zählt die häufig anzutreffende Kleingruppenbildung nach Nationalität bzw. Herkunft, nach gemeinsamer Sprache, nach dem Grad der Integration im Land der Zielsprache, sowie die Sprachkompetenz in der Fremdsprache.

Die genannten Faktoren können den vom Unterrichtenden intendierten bzw. angeordneten Gruppenbildungsprozeß überlagern. Dies bedeutet, daß die Lernenden sich den Instruktionen der Kursleitung mitunter widersetzen. Es handelt sich hierbei auch um verdeckten oder unbewußten Widerstand. So kann etwa den Anweisungen der Kursleitung ein Verhalten entgegengesetzt werden, welches es ermöglicht, diese zu umgehen oder für die eigene Wahrnehmung und Bedürfnisse zu adaptieren. Anders als in nicht-unterrichtlicher Kommunikation bzw. in nicht-fremdsprachiger Kommunikation kann festgestellt werden, daß sprachlich formulierter Widerspruch bzw. Rechtfertigungsverhalten öfters einzig durch Handeln ersetzt wird.

Die Entscheidungen bzw. das Verhalten der TeilnehmerInnen tritt dadurch in Konkurrenz bzw. in Widerspruch zu den Anweisungen der Unterrichtenden. Dies zeigt, daß die Dynamik in einer Gruppe, ähnlich einem System mit sich gegenseitig beeinflussenden Elementen, nicht einzig von den „Moderationsautorität“ des Unterrichtenden abhängig ist.

In im bezug auf Sprachkompetenz und Unterrichtserfahrung relativ homogenen Gruppen bzw. Gruppen mit höherer Sprachkompetenz in der Zielsprache entsteht der Eindruck eines mitunter höheren Grades an Übereinstimmung der TeilnehmerInnen mit den Anweisungen der Unterrichtenden. Dies kann darauf zurückgeführt werden, daß die TeilnehmerInnen und die Unterrichtenden homogenerer Gruppen möglicherweise ihre gegenseitigen Erwartungen bereits besser aufeinander abgestimmt haben. Ein höheres Maß an gruppendynamischer Sicherheit bzw. individuellen Wohlbefindens innerhalb der Gruppe macht es weniger notwendig, sich zusätzlich Sicherheitsräume (z.B. in Partnerarbeit mit einem/einer TeilnehmerIn aus dem selben Kulturkreis) – auch gegen die Anweisung des Unterrichtenden – zu schaffen. Diese individuelle Sicherheit erlaubt es den TeilnehmerInnen, auch für sie möglicherweise ungewohnte Anweisungen leichter zu akzeptieren, ohne dabei das

Risiko einer verunsichernden Situation bzw. eines kommunikativen Scheiterns einzugehen.

Ein Dilemma der Vermittlung interkultureller Kompetenz im Fremdsprachenunterricht tut sich auf. Kontakt mit Fremdem und Neuem kann Verunsicherung bedeuten. Dem Fremden und Neuen kann man sich nur nähern, wenn man die Herausforderung, den sicheren Boden zu verlassen, annimmt. Wer sich immer auf sicherem Boden befindet, wird nicht lernen und nicht weiterkommen.

Die Herausforderung für die Unterrichtenden in einer solchen Situation ist eine doppelte. Einerseits gilt es, jenen, die sich auf sicherem Boden befinden, diesen soweit wegzuziehen, daß sie von der Begegnung mit der neuen Sprache und Kultur auch wirklich profitieren können. Andererseits muß es gelingen, jene Sicherheit zu vermitteln, die es ermöglicht, sich einer gewissen Verunsicherung auszusetzen.

LehrerInnenverhalten – SchülerInnenverhalten

Interaktion innerhalb der Gruppe kann im unterrichtlichen Umfeld nicht ohne Beurteilung der professionellen Einstellung und des Verhaltens der unterrichtenden Person und dem entsprechenden (Re-)Aktionen der Lernenden gesehen werden. Es besteht gewissermaßen eine ständige Korrelation zwischen dem Verhalten der Lernenden und der Lehrenden. Es gibt kein LehrerInnenverhalten ohne SchülerInnenverhalten und umgekehrt.

Die Erwartungen an den bzw. die Vorstellungen vom „richtigen" Lehrer, vom „richtigen" Lehren und vom „richtigen" Lernen werden selten bei alle Beteiligten konform sein.

Den Unterrichtenden werden von den TeilnehmerInnen bestimmte Rollen zugewiesen. Diese Rollen sind stark abhängig von bereits erfahrener schulischer Sozialisation und von jenem Bild, welches sich TeilnehmerInnen von dem Lehrer, von der Lehrerin machen. Umgekehrt projiziert auch jeder Unterrichtende seine Erwartungen in die TeilnehmerInnen und beeinflußt dadurch die Entwicklung der Kommunikation in der Gruppe. Wahrscheinlich in jedem Unterricht, aber besonders im Unterricht von TeilnehmerInnen mit unterschiedlichem sprachlichen und kulturellen Hintergrund sollte ein besonderes Augenmerk auf diese Unterschiedlichkeit gelenkt werden.

Die Suche nach „interkulturellen Themen“ für den Sprachunterricht muß also bei der konkreten Kommunikationssituation der jeweiligen Gruppe ansetzen. Denn gelingt es nicht, die gegenseitigen Erwartungen der Unterrichtenden und Lernenden bzw. innerhalb der Gruppe zum Thema und somit bewußter zu machen, so werden viele der Themen bzw. Aktivitäten oberflächlich abgehandelt und bei den Adressaten sicherlich nicht in der intendierten Form ankommen. Eine Sensibilisierung für Unterschiede kann dadurch nicht erzielt werden.

Unterricht – Fremdsprache und Körpersprache

Die Bedeutung non-verbalen Verhaltens als wesentlicher Beitrag zur Kommunikation – neben lautsprachlich vermittelten Texten – ist unumstritten. Kulturelle Distanz bzw. Differenz spielen auch in diesem Bereich eine wesentliche Rolle. Zahlreiche Forschungsergebnisse zu Bereichen wie Körpersprache, Mimik, Raumverhalten, Gestik, Blickkontakt etc. liegen vor.

Es fällt auf, daß bei vielen Untersuchungen zur Interpretation von Körpersprache vorwiegend kulturelle Parameter herangezogen werden. Die Situation, in welcher ein bestimmtes körpersprachliches Verhalten beobachtet und interpretiert wird, bleibt oft unberücksichtigt oder wird zumindest nicht offengelegt. Wie weiter oben schon erwähnt, unterliegt der Unterricht ganz besonderen Kommunikationsstrukturen bzw. Regeln und Ritualen, welche bei der Interpretation von körpersprachlichem Verhalten im Unterricht in Betracht gezogen werden müssen.

Ebenso erscheint der Hinweis wichtig, daß in herkömmlichen Kommunikationssituationen jedes non-verbale Signal des Rezipienten vom Sprecher interpretiert wird und ihn bzw. seine sprachliche Produktion beeinflußt. Der Zuhörer wird somit auch zu einem (zweiten) Produzenten des Satzes. Diese Feststellung ist auch für den Sprachunterricht von wesentlicher Bedeutung, da doch das Ziel des Lernprozesses die Kommunikation in der Fremdsprache selbst ist. Hier wird gewissermaßen das Werkzeug zum Produkt.

An dieser Stelle sollen nicht einzelne Verhaltensformen beschrieben und einer bestimmten Kultur zugeschrieben, sondern der Frage nachgegangen werden, welche Rolle non-verbale Kommunikation im Fremdsprachenunterricht einnimmt bzw. welche Dynamik sich in der Unterrichtskommunikation durch Körpersprache entwickeln kann.

Als Kriterium einer Klassifizierung unterschiedlicher Verhaltensformen kann deren Verbindung zur gesprochenen Sprache herangezogen werden. So lassen sich in Gesprächen non-verbale Signale feststellen, welche sehr eng mit dem Sprechakt verbunden sind. Es handelt sich dabei meistens um Gesten bzw. Handbewegungen, die das Gesagte unterstützen bzw. ergänzen sollen. Manchmal werden dadurch sprachliche Äußerungen auch ersetzt. Es ist naheliegend, daß besonders im Anfängerunterricht sprachliche Defizite durch derartige Strategien kompensiert werden.

Eine weitere mögliche Klassifikation sind Verhaltensweisen, die auf den ersten Blick weniger direkten Einfluß auf die Gesprächssituation haben. Sich über die Haare streichen, das Kinn stützen oder sich in den Sessel zurücklegen etc. Auch der affektive Ausdruck von Gefühlen (z.B. Mimik, rot werden etc.) könnte dieser Gruppe zugerechnet werden. Der direkte Einfluß auf die Interaktion ist hier (aus der beobachtenden Position) schwer festzumachen. Dies bedeutet aber nicht, daß subjektive und unterschiedliche Interpretationen durch die an der Kommunikation Beteiligten die gesamte Kommunikationssituation nicht wesentlich beeinflussen können.

Eine Gruppe von non-verbalen Verhaltensweisen, die im Fremdsprachenunterricht eine gesonderte Stellung einnehmen, sind jene, die – unabhängig vom Sprachinhalt – den Gesprächsverlauf organisieren. Blickkontakt, Blickvermeidung, Handgesten, Stimmlage etc. sind nur einige jener Elemente die z.B. die Steuerung des Wechsels des „Rederechtes“ beeinflussen können.

In diesem Zusammenhang scheint es wesentlich, darauf hinzuweisen, daß während Kleingruppenarbeit oder während Pausengesprächen zahlreiche dieser Steuerungsmechanismen zur Anwendung kommen. Es läßt sich also annehmen, daß sich ein breites Feld für interkulturelle Lernerfahrungen öffnet, da die angesprochenen non-verbalen Signale vor unterschiedlichem kulturellem Hintergrund verschiedenen Interpretationen unterliegen können.

Neutralisierung der Körpersprache

Im Unterschied dazu werden in Plenarphasen bzw. in lehrerzentriertem Unterricht diese kommunikativen Mechanismen offensichtlich bis zu einem bestimmten Grad neutralisiert. Rederechte oder die Vergabe dieses Rechtes liegen weitgehend beim Unterrichtenden.

Sehr deutlich wird dies bei Blickkontakten. Blicke sind bekanntlich stark kulturell bedingten (aber auch sozial- und geschlechtsabhängigen) Regeln unterworfen. Es läßt sich diesbezüglich ein Unterschied zwischen Plenarphasen und Kleingruppenarbeit beobachten.

Während bei der Arbeit in Kleingruppen Unterschiede im Blickverhalten durchaus klar beobachtet werden konnten, zeigt sich in der Plenarphase ein schwer zu differenzierendes Blickverhalten. Selbst bei der Beantwortung von direkt gestellten Fragen (z.B. eine Teilnehmerin fragt einen anderen Teilnehmer) wird bei der Antwort kaum Blickkontakt mit der Fragestellerin aufgenommen, während der Blickkontakt mit dem Unterrichtenden (der nicht direkt angesprochen war) sehr wohl mehrmals bestehen.

Besonders schwierig zu beurteilen scheint das Raum- bzw. das Distanzverhalten. In nicht-unterrichtlichen Kommunikationssituationen unterliegt die Körperdistanz bzw. der Körperwinkel zwischen den GesprächspartnerInnen ständig – oft unbewußt – Anpassungen an bzw. Korrektur auf die individuelle Erwartungshaltung. Festgelegt durch die Anordnung der Sessel im Kursraum werden den TeilnehmerInnen mehr oder weniger festgeschriebene Positionen zugeschrieben. Im Unterricht entsteht der Eindruck, daß diese Korrekturen häufig nicht auftreten. Sowohl zu geringer Körperabstand als zu große Distanz, wenn sie durch die Sitzordnung bedingt sind, werden später bzw. gar nicht korrigiert. Die Unterrichtssituation spielt offensichtlich auch hier eine neutralisierende Rolle.

Fremdsprachenunterricht und Wahl der Themen

Der Fremdsprachenunterricht orientiert sich in der Regel an bestimmten Themen, welche die grundlegenden bildungspolitischen Zielsetzungen des Unterrichts bzw. den Stand der diesbezüglichen methodisch-didaktischen Diskussion widerspiegelt. Die interkulturelle Dimension des Fremdsprachenunterrichts wird häufig an Strukturmerkmalen der Kultur der jeweiligen Zielsprache festgemacht. Die unterschiedlichen Unterrichtsaktivitäten greifen gerne Differenzen der Alltagskulturen, in Wahrnehmung, im Rollenverhalten, in Ritualen, Normen und Tabus in der Gestaltung zwischenmenschlicher Kontakte usw. auf.

Kulturelle Unterschiede werden zum Thema gemacht, um so eine Sensibilisierung für den Umgang mit Fremden, mit Neuem zu ermöglichen.

Ebenso wie man bei Kulturen nicht von statischen Konstrukten ausgehen kann, ist das jeweilige Thema bzw. seine Entwicklung im Kommunikationsprozeß einer bestimmten – von der Unterrichtssituation und den daran Beteiligten abhängigen – Dynamik unterworfen. Themen bzw. Inhalte existieren nicht unabhängig von ihrer Umwelt, sie müssen von den Lernenden erst erarbeitet werden.

Gespräche im Unterricht sind immer soziale Konstruktionen in dem Sinne, daß es sich stets um Handlungen von Individuen handelt, die sich aufeinander beziehen. Der Unterricht nimmt hier eine Sonderstellung ein, da es sich meist um asymmetrische Gesprächshierarchien handelt.

Sprachunterricht findet in einem bestimmten gesellschaftlichen Umfeld statt und ist Teil eines Gesamtsystems. Alle Teile dieses Systems, insbesondere aber auch die direkt oder indirekt am Sprachkurs beteiligten Personen üben einen Einfluß auf die Entwicklung des Lernprozesses bzw. das Erreichen der Unterrichtsziele aus. Dies bedeutet auch, daß im Unterricht aufgegriffene Themen je nach dem situativen Kontext andere Entwicklungen erfahren und somit andere Bedeutung erlangen können. Es ist also nicht nur wichtig, worum es geht, sondern auch was jeder einzelne an der Unterrichtskommunikation Beteiligte daraus macht. Mit anderen Worten bedeutet dies, daß die Rolle des Themas im Unterricht immer von der Erfahrungswelt der einzelnen TeilnehmerInnen und dem Zusammenspiel der Gruppe direkt abhängig ist.

Auch hier zeigt sich, daß die von den „ErfinderInnen von interkulturellen Unterrichtsaktivitäten" oft explizit oder implizit erhoffte Möglichkeit eine Basis für Kulturvergleich oder für ein besseres Verständnis von Neuem und Fremdem zu schaffen, sich dem alleinigen Einflußbereich der Kursleitung entzieht.

Ein bestimmtes Thema im Unterricht kann bestenfalls als Impuls angesehen werden. Zahlreiche Faktoren beeinflussen den Verlauf der Unterrichtsaktivitäten auf den Ebenen der Entwicklung des

Themas und der Entfaltung der Kommunikationsstrukturen. Ob und wieweit das Ziel einer Sensibilisierung für einen oder mehrere bestimmte interkulturelle Aspekte bei den TeilnehmerInnen erreicht wird, kann vielfach nicht vorhergesagt werden. Dennoch scheint klar zu sein, daß die Parameter der unterrichtlichen Kommunikation auf den Aufbau individueller interkultureller Erfahrungen und Sensibilität einwirken. Sie können förderlich oder hinderlich sein.

Themen müssen sich entwickeln können. Das vom Unterrichtenden vorgeschlagene Thema ist nichts anderes als ein „erster" von subjektiven Wahrnehmungen geprägter Ausgangspunkt. Dieser trifft auf zahlreiche andere von individuellen Lebensgeschichten geprägte Wahrnehmungen und Interpretationen.

Der Unterricht definiert die Rollen bzw. die Regeln für den Gesprächsverlauf in einer für viele andere Kommunikationssituationen atypischen Art und Weise. Der freien Entwicklung der Kommunikation bzw. des Themas wird oft wenig Platz eingeräumt.

Auch wenn man davon ausgeht, daß die an der Interaktion im Fremdsprachenunterricht Beteiligten mit jeweils unterschiedlichem Erfahrungshintergrund agieren, besteht in vielen Fällen auf der Ebene der ersten Begegnung sehr oft ein Konsens darüber, daß das Thema vom Unterrichtenden vorgegeben und in der Regel auch von der Gruppe (zumindest nach außen hin) angenommen wird.

Erst bei groben „Verletzungen" dieser Konvention wird Unmut, Unsicherheit oder gar Widerstand zum Ausdruck gebracht. Auch ein nicht exakt vorgegebenes Thema kann durchaus auch zu Verwirrung in Gruppen führen, wenn dies den bestehenden Erwartunghaltungen widerspricht.

Der implizit oft anzutreffende „Autoritätsbonus" der Unterrichtenden ist möglicherweise der Grund für die spezifische Entwicklung der Kommunikation im Unterricht. Oft gleicht die Unterrichtskommunikation eher einem Frage-Antwortspiel zwischen dem Kursleiter bzw. der Kursleiterin und den TeilnehmerInnen als einem Gespräch oder einer Diskussion.

Bei einer Diskussion bzw. einem Gespräch im nicht-unterrichtlichen Kontext kann in der Regel davon ausgegangen werden, daß sich die TeilnehmerInnen auf die Redebeiträge der VorrednerInnen beziehen und somit das Thema in einem Entwicklungsprozeß kontinuierlich von allen Beteiligten gestaltet wird. Dieser Prozess ist allerdings im klassischen Unterricht eher selten festzustellen.

Selbst der oft hoffnungsvoll konstruierte Sesselkreis ist keine Garantie für dynamischere Kommunikationsformen. Das klassische „Ping-Pong-Spiel“ von Lehrerfrage und Schülerantwort ist in den Köpfen vieler Beteiligter offensichtlich so stark verankert, daß das Verstellen der Sessel alleine keine tatsächliche Veränderung der Kommunikationsformen im Unterricht nach sich zieht. Dies läßt sich auch leicht an der „Optik des Sesselkreises“ feststellen. Im Laufe des Unterrichts erkennt man, daß sich der mühevoll konstruierte Kreis zu einer „Frontalstellung“ verformen kann, in dessen Zenit die unterrichtende Person zur bevorzugten Ansprechperson geworden ist.

Träger der interkulturellen Kompetenz

Es ist offensichtlich, daß es eine Diskrepanz zwischen herkömmlichem Sprachunterricht und Kommunikation in nicht-unterrichtlichen Kontexten gibt.

Im Sprachunterricht geht es meist darum, „etwas zu sagen“, um so die Sprachkompetenz (oder sollte man besser sagen: das Kennen der Sprache) zu verbessern, während es bei der „Kommunikation im freien Feld“ um das Kommunizieren von Inhalten (u.a. mit Unterstützung der Sprache) geht. Die Fragen nach dem wo, wer, wie, was, wann und zum wem etwas gesagt wird, stehen im Mittelpunkt.

Mit anderen Worten bedeutet dies, daß Sprachunterricht in der Regel einen starken Fokus auf Teile der sprachlichen Produktion ausrichtet, und gleichzeitig den Einfluß anderer Faktoren, die die Kommunikation bzw. Interaktion bestimmen (Rolle des Unterrichtenden, der Lernenden, Ziel des Sprachkurses, Umfeld der Lernenden etc.) nicht ausreichend berücksichtigt. Diese Defizite betreffen nun aber genau jene Bereiche, die Träger für kulturelle Unterschiede sein können.

Daraus läßt sich ableiten, daß sich die inhaltliche Entwicklung eines Themas im Unterricht anders entwickeln wird als in Situationen der Alltagskommunikation. Im Alltag besteht gewissermaßen für den Sprecher eine „Verpflichtung“, sich in seinen Redebeiträgen auf bereits Gesagtes zu beziehen (dies kann sich auch durch Ignoranz vollziehen). Wird auf das gesamte Verhalten (d.h. sprachliche und körpersprachliche Information) des Geprächspartners nicht

Bezug genommen, so wird die Kommunikation in der Regeln nicht sehr lange andauern.

Im unterrichtlichen Kommunikationskontext scheint diese „Verpflichtung“ eingeschränkt zu sein. Während im nicht-unterrichtlichem Kontext das Nichteingehen auf bereits geleistete Kommunikationsbeiträge als Regelverstoß aufgefaßt wird, erlaubt bzw. verlangt die Kommunikationsstruktur bzw. -hierarchie im Klassenzimmer diesen Kommunikationsstil. Daraus folgt, daß sich Redebeiträge der TeilnehmerInnen oft darauf beschränken, Informationen zur Verfügung zu stellen, ohne daß eine Stellungnahme oder Reaktion erwartet bzw. gegeben wird.

Das bloße zur „Verfügungstellen von Information“ im unterrichtlichen Kontext – ohne Berücksichtigung der situationsspezifischen Kommunikationsprozesse – läuft leicht Gefahr, die Entwicklung eines authentischen Kommunikationsflusses gewissermaßen zu „neutralisieren“. Dies wirkt sich im Fremdsprachenunterricht insofern als kontraproduktiv aus, da (interkulturelle) Kommunikationskompetenz vor allem durch Kommunikation im interkulturellen Kontext aufgebaut wird.

Interkulturelle Kompetenz – Teile eines Puzzles

Mit der Metapher des Puzzles kann dieser Zusammenhang noch deutlicher gemacht werden. Werden die einzelnen Teile eines Bildes von den Mitspielern frei auf der Spielfläche verteilt, so ergibt sich kein zusammenpassendes Bild. Gelingt aber ein Prozeß des gemeinsamen Zusammentragens und Ordnens, entsteht wahrscheinlich bald ein Gesamtbild.

Das Bild des Puzzleteiles macht noch eine andere Problemstellung deutlich. In Gesprächen, in welchen sich die Redebeiträge aufeinander beziehen, ist es notwendig – um Mißverständnisse zu klären oder hintanzuhalten – sich auf klare Begriffe zu einigen. In ritualisierten Gespräche – wie z.B. das Gespräch am Wirtshaustisch, wo es oft auf der Sachebene um ganz etwas anderes als etwa auf der emotionalen Ebene gehen kann –, herrscht oft kein Konsens über Begriffe, und auf der Sachebene wird aneinander vorbeigeredet.

Fremdsprachenunterricht und Tabus

Ähnliches passiert bezüglich der interkulturellen Dimension im Fremdsprachenunterricht, wenn z.B. über Familie, Aberglauben, Tabus etc. gesprochen wird, ohne daß die vielfältigen Dimensionen bzw. die kulturell unterschiedlichen Interpretationen der Begriffe offen angesprochen werden. Das Thema wird auf einer oberflächliche Ebene abgehandelt, die interessanten – für den Aufbau der interkulturellen Kompetenz notwendigen und in den Tiefenstrukturen liegenden – Differenzen bleiben unbeachtet. Dies kann eine Erklärung dafür sein, daß im herkömmlichen Unterricht kulturelle Differenzen bzw. Mißverständnisse und Konflikte oft nicht so deutlich zutage treten, wie dies in anderen Umfeldern der Fall ist.

Es wird deutlich, daß sich diese Tatsache, wenn implizite oder explizite Widersprüche im thematischen Rahmen der Unterrichtskommunikation nicht immer ausreichend berücksichtigt werden, nachteilig auf den Aufbau der interkulturellen Kompetenz auswirken kann.

Besonders deutlich läßt sich diese Problematik bei der „Behandlung" von kulturell bedingten Tabus im Unterricht feststellen. Die Motivation für die Aufnahme dieser Themen in das Curriculum ist einsichtig. Offensichtlich soll auf bestimmte in jeder Kultur besonders sensible Bereiche hingearbeitet werden. Mit diesem Ziel steht der Unterricht allerdings vor der Quadratur des Kreises. Tabus werden im allgemeinen als jene sozio-kulturellen Bereiche definiert, über die man nicht spricht.

Dies bedeutet, daß man im Unterricht gerade über das sprechen will, worüber man nicht spricht. Und wenn man darüber spricht, ist es dann noch ein Tabu?

In der Beobachtung von Unterrichtssequenzen läßt sich auch diese Problematik leicht feststellen. Auf der inhaltlichen, thematischen Ebene kann man festhalten, daß im Unterricht zwar immer wieder über Tabus, vorgefaßte Meinungen, Stereotype und Vorurteile ländervergleichend gesprochen wird. Dennoch entsteht eher der Eindruck eines distanzierten Berichtens als einer Wiedergabe der persönlichen – durch die eigene soziale und kulturelle Erfahrung geprägten – Meinung. Selten wird direkt Position bezüglich einer Wertung der einzelnen Phänomene bezogen. Sprachliche Wendungen, die auf „die anderen" (z.B. man sagt, daß ...) verweisen, ermöglichen eine gewisse Distanzierung und verpflichten nicht zur

„Preisgabe" der eigenen Position. Eine direkte Bezugnahme auf das eigene Verhalten bzw. die eigene Einstellung ist selten zu beobachten.

Dahingegen lassen sich auf semantischer Ebene sehr wohl Hinweise dafür finden, wie bestimmte gesellschaftliche Tabus von den TeilnehmerInnen eingeschätzt werden. Formulierungen wie: „es ist normal, daß man ...", oder Kontrastierungen wie „bei uns nicht", „früher ja", „hier", „bei mir ist das anders" können als Hinweis für eine implizite Wertung betrachtet werden.

Der Umgang mit Tabus funktioniert offensichtlich im Kommunikationssetting des Unterrichts auf einer Ebene des Berichtens ganz gut, da die Grundregel von Tabus – daß sie nämlich tabu sind – insofern nicht verletzt wird, da meist auf einer abstrakten Ebene über die Tabus der anderen berichtet wird.

Dadurch wird aber die Ebene des Einzelnen, des Individuums nicht angesprochen und der Lern- bzw. Erfahrungsprozeß in bezug auf die interkulturelle Kompetenz auf einen allgemeinen Ausschnitt beschränkt.

Zum Schluss: Mehr Wissen führt auch zu mehr Nichtwissen

Kommen wir nun nochmals zurück zu unserem Reisenden, der eine Reise tut. ReiseleiterInnen sind – ähnlich wie manche LehrerInnen – bemüht, einen klaren Rahmen in der Fremde zu definieren, um ihren Gästen möglichst jede Anstrengung und Unbill vom Leibe zu halten. Erfahrungen, Erlebnisse und Erkenntnisse der Reisenden werden dadurch in engen Grenzen gehalten.

Lernen ist ein Prozeß. Die Aufgabenverteilung ist einfach. Niemand kann für jemanden anderen denken, lernen und Erfahrungen sammeln. ReiseleiterInnen und LehrerInnen auch nicht.

Lernen findet nicht im luftleeren Raum statt. Lernende und Lehrende sind keine unbeschriebenen Blätter.

Dies gilt auch für den Erwerb interkultureller Kompetenz im Rahmen des Fremdsprachenunterrichts. Im Fremdsprachenunterricht wird allzu oft Verhalten einzig den Individuen und deren Herkunftskultur zugeschrieben. Der tatsächlich gegebene und ständigen Veränderungen unterliegende Rahmen der Kommunikationsstrukturen und die be- bzw. eingrenzenden Systeme werden außer acht gelassen.

Menschliche Systeme sind komplex. Lernende und Lehrende beinflussen einander ständig und sind dabei gleichzeitig auch noch anderen Einflüssen (z.B. außerhalb des Klassenraumes) unterworfen. Zusätzlich orientieren sich alle an der Unterrichtskommunikation Beteiligten an mehr oder weniger unterschiedlichen mentalen Modellen, die die individuelle Wahrnehmung beeinflussen. Wir neigen dazu, das zu sehen und zu hören, was wir erwarten. Der gordische Knoten bezüglich des Erwerbs interkultureller Kompetenz im Fremdsprachenunterricht scheint darin zu liegen, daß Verhalten den Individuen und nicht den Individuen in ihren spezifischen Situationen zugeschrieben wird.

Lehrende sollten sich der kommunikativen Rahmenbedingungen ihres Unterrichtes bewußt sein und Lern- und Kommunikationsangebote machen, die der jeweiligen Situation entsprechen. Die Lernenden sind aufgerufen, diese Angebote anzunehmen oder zu verwerfen und ihre individuellen Schritte zu machen.

Interkulturelle Kompetenz ist nicht die Ansammlung von Faktenwissen. Sie ist die Fähigkeit, Sensibilität im Umgang mit Fremdem und Neuem in gewohnten und ungewohnten Situationen zu entwickeln. Demnach ist der Lernprozeß bezüglich interkultureller Kompetenz wahrscheinlich auch nie abgeschlossen. Denn: Mehr Wissen führt auch zu mehr Nicht-Wissen.

Susanna Slivensky, Klaus-Börge Boeckmann

DEUTSCHUNTERRICHT IN JAPAN ZWISCHEN TRADITION UND REFORM

1. Rahmenbedingungen: Reformprozess der Universitäten

Deutsch ist an japanischen Universitäten immer noch eine überraschend häufig unterrichtete Sprache (vgl. Ammon, Hrsg. 1994). Geschätzte Hochrechnungen schwanken zwischen Zahlen von etwa 360.000 Deutschlernenden (Takayama-Wichter 1990, 28) und 500.000 (Yamaji 1994, 222f). Unabhängig von der genauen Summe ist allerdings von besonderer Bedeutung, daß die Lernerzahl aktuell stark abnimmt. Und erst diese Tatsache führt dazu, daß dem Deutschunterricht mehr Aufmerksamkeit gewidmet wird.

Auslöser für die in Bewegung geratene Situation des Deutschunterrichts war die staatliche Revision eines Hochschulgesetzes 1991, das die ersten beiden Jahre allgemeinbildenden Studiums mit einer obligatorischen zweiten Fremdsprache nicht mehr bindend vorsieht. Demnach sollten die Universitäten selbständig Studienpläne und Curricula entwickeln und eine flexible Verbindung von fachlichen und allgemeinbildenden Inhalten anbieten. Sorge erfaßte die bis dato meist in den bisherigen Fakultäten für allgemeine Bildung fest etablierten Deutschlehrkräfte – nicht unmittelbar über den Zustand des Deutschunterrichts selbst, sondern über die Zukunft ihres Arbeitsplatzes. Was passiert, wenn Deutsch nicht mehr verpflichtend im Studienplan vorgesehen ist? Daß sich freiwillig auch nur eine annähernd so große Zahl zum Deutschlernen einfinden würde, daran konnte niemand ernsthaft glauben: „Der Deutschunterricht ... (hat) den Charakter eines notwendigen Übels" (Kutsuwada/Mishisma/Ueda 1987, 78).

Mancherorts wurde zwar der Hoffnung auf kleine Klassen mit motivierten Studierenden, auf frei werdende Kapazitäten, die zur Arbeit an Curricula, Lehrmaterialien und Projektarbeit genutzt wer-

---

Dieser Artikel erscheint in einer leicht überarbeiteten Fassung auch im Themenheft ‚Asiatische Kulturen' der Zeitschrift ‚Interkulturell' Heft 1/2 Jahrgang 2000.

den, Ausdruck verliehen: „Die Sprachlehr- und Sprachlernforschung wird immer wichtiger, weil man von nun an das Lehrziel des Fremdsprachenunterrichts wissenschaftlich begründen muß. Erst dann kann die Fremdsprache ihre Bedeutung innerhalb des Lehrprogramms der Universität behaupten" (Takei 1992, 164). Doch solche Reformen sind nicht die Regel: Viele Universitäten halten weiterhin fest an der Struktur einer zweiten Fremdsprache als Wahlpflichtfach. Als neues Phänomen ist jedoch eine starke Diversifizierung der Unterrichtsorganisation zu beobachten, so daß sich parallel zum traditionellen Frontalunterricht mit einer „fast schon verkalkte(n) Unterrichtsmethode" (Nakamura 1996, 52) neue Strukturen entwikkeln können, die oft auf die Initiative einzelner Lehrkräfte hin entstehen.

Wie Deutschunterricht, seine Struktur, Organisation und Praxis, unter so unterschiedlichen Bedingungen aussehen kann, soll im folgenden dargestellt werden. Vorangestellt wird die Diskussion von zwei Faktoren, die den universitären Deutschunterricht in Japan wesentlich mitbestimmen: die Frage nach den Lehr- und Lernzielen und nach der Ausbildung und Motivation der Lehrenden.

2. Lehr- und Lernziele im Umbruch

Dieser Problembereich ist im Kontext von grundsätzlichen Fragen nach der Bedeutung der deutschen Sprache in der japanischen Gesellschaft zu sehen – auch unter historischen Gesichtspunkten – und damit der Frage nach dem „warum und wozu Deutschlernen".[1] Für die Praxis des Deutschunterrichts an Universitäten gab es noch 1971 bezüglich der Lehrinhalte und Lehrziele keine Zweifel:

„Das Ziel, das die Studenten beim Deutschlernen erreichen sollten ist folgendes: 1. Sie sollen sich grundlegende grammatische Anfangsgründe aneignen, um dann anhand des Wörterbuchs ihre eigene Fachliteratur richtig zu verstehen. 2. Sie sollen durch die Lektüre des deutschen Originals die deutsche Gesinnung kennenlernen und damit zum tieferen Verständnis der eigenen kommen (Ausschuß für Deutschunterricht in Japan, Hrsg., 1971, 159)".

Grammatik, Fachtexte und literarische Klassiker stellten die Eckpfeiler des Unterrichts dar. Da zeitlich für den Deutschunterricht im Rahmen des allgemeinbildenden Studiums im allgemeinen zweimal pro Woche eine Doppelstunde vorgesehen war, wurde die vorherrschende Grammatik-Übersetzungsmethode in der Regel so betrieben: eine Stunde Grammatik und eine Lektüre- sprich Übersetzungsstunde. Eine inhaltliche Abstimmung der Stunden schien überflüssig, denn die beiden Stunden wurden von verschiedenen Lehrkräften ohne gegenseitige Absprache unterrichtet. Überraschungen waren – zumindest in der Grammatikstunde – nicht vorgesehen. Die zu lernenden Strukturen entsprachen streng der klassischen Morphosyntaxlehre, wie die Inhaltsverzeichnisse der gängigen Lehrbücher zeigten. Flexibler gestaltete sich die Wahl der Lesetexte. Es ist ein offenes Geheimnis, daß sie nach Interessen und Vorlieben der jeweiligen Lehrkraft erfolgte. Entsprechend breit gestaltete sich das Lektüreangebot der Lehrbuchverlage, die sich der Aufgabe annahmen, Texte mit Anmerkungen und Vokabelübersetzungen „didaktisch“ aufzubereiten.

Inwieweit die Studierenden, die den insgesamt ca. 180 Stunden umfassenden Pflichtunterricht nach zwei Jahren abschlossen, ein tieferes Verständnis für die deutsche und auch für die japanische Kultur entwickelt haben, entzieht sich der Überprüfung. Es ist nicht zu übersehen, daß es in Einzelfällen mehr ist, als man aus Sicht der Sprachlehr- und Lernforschung für möglich hält, daß aber „die erdrückende Mehrheit ... die Studenten (bilden), die sich nach Ablauf zweijähriger qualvoller Zwangsbeschäftigung endlich entlastet fühlen und nachher nie etwas von Deutschland und vom Deutschen wissen wollen (Kutsuwada/Mishima/Ueda 1987, 76).“

Die Annahme, daß diese Praxis der Vergangenheit angehört, ist falsch. Es wurde bereits angedeutet, daß die Strukturreform oft an der Oberfläche blieb. Dennoch, mit der kommunikativen Wende waren die Zeiten der klaren Vorstellung vom Deutsch-Curriculum vorbei. Ungeheuerlich mutete der Anspruch auf kommunikative Relevanz des Deutschunterrichts insbesondere diejenigen an, die am Ziel eines bildungsorientierten Fremdsprachenunterrichts festhalten wollen. Und so waren schnell zwei Lager um die Lehrziele gebildet. Der kommunikativ-reformerischen Seite fehlt es aufgrund der eigenen klassisch-germanistischen Ausbildung an Wissen um fertigkeitsorientierten Unterricht, an effizienten Möglichkeiten zur Aus- und Fortbildung, an Unterstützung von institutioneller Seite, anfangs auch an einem funktionierendem Netzwerk zum Informations- und Wissensaustausch. Diese ungünstigen Voraussetzungen führen oft dazu, daß curriculare Überlegungen in den Hintergrund treten. Kommunikativer Unterricht wird da und dort von einzelnen versucht, oft ohne fundierten Lehrplan, ohne klare Zielvorstellungen, ohne fachlich begründetes Methodenkonzept. Er wird in der Regel vom kurstragenden Lehrwerk bestimmt, das Progression, Themen- und Textauswahl, Wortschatz und Übungstypologie vorgibt. Als „de-facto“ Curriculum regieren Lehrbücher insbesondere dann den Unterricht, wenn sich die Lehrkraft aufgrund mangelnder Ausbildung und/oder Erfahrung nicht die Freiheit nehmen kann, dieses Lehrbuch-Curriculum kritisch zu reflektieren und für die jeweilige Lernergruppe zu adaptieren.[2] Da parallel zu diesen kommunikativen bzw. interkulturell orientierten Unterrichtsansätzen die Studierenden durchaus auch traditionelle Grammatik-Übersetzungsstunden besuchen können bzw. müssen, kann wohl ohne Übertreibung vielerorts von einem curricularen Chaos gesprochen werden.

Es gibt allerdings auch Anlaß zu Optimismus. So beginnt man an vielen Universitäten mit Reformen und diskutiert über Curricula und Zielsetzungen des Deutschunterrichts. Einzelne Universitäten reagierten schnell und effizient auf die sich verändernden Bedingungen. Sie können der Initiative eines reformfreudigen Kollegiums folgend ehrgeizige Kurskonzeptionen in den Studienplan integrieren oder einzelne Pilotprojekte, beispielsweise Kurse, die mit dem Zertifikat Deutsch als Fremdsprache abschließen, Intensivkurse oder Tandemkurse, vorweisen.

Optimistisch stimmt auch die Haltung der Studierenden gegenüber den Zielen des Deutschlernens: sie knüpfen an die gesellschaftliche Diskussion um Internationalisierung und um ein fach- und praxisorientiertes Studium an, das fremdsprachliche Kompetenz an dem Kriterium der aktiven Kommunikationsfertigkeit und interkulturellen Handlungsfähigkeit mißt. Zu Recht spricht folglich Sugitani von einer „Diskrepanz der Lehr- und Lernziele“ (1995, 217f). Somit ist eine der Herausforderungen für die kommenden Jahre, wahrscheinlicher für die kommenden Jahrzehnte formuliert: es ist dies die Überwindung dieser Diskrepanz mittels fremdsprachentheoretisch begründeter und institutionell und gesamtgesellschaftlich konsensfähiger Konzepte für ein japanisches Deutsch als Fremdsprache-Curriculum.

3. Lehreraus- und Fortbildung und didaktische Forschung

Obwohl die meisten japanischen GermanistInnen einen wesentlichen Anteil ihres Berufslebens mit Deutschunterricht verbringen, erhalten sie dafür während ihres germanistischen Fachstudiums keine Ausbildung. Das knappe Fazit von Takayama-Wichter (1990, 49): „Das Niveau der Lehrenden läßt noch zu wünschen übrig." Ein einjähriger Kurs für Didaktik soll im Rahmen des Germanistikstudiums zwar angeboten werden, wird aber zumeist auch nicht von fremdsprachendidaktischen Fachleuten unterrichtet und unterscheidet sich somit wohl nur unwesentlich vom restlichen germanistischen Studienangebot (vgl. Slivensky 1997, 36). Das Hauptthema des Germanistikstudiums in Japan ist die deutschsprachige Literatur und Literaturgeschichte, allenfalls werden noch sprachwissenschaftliche Inhalte berücksichtigt (vgl. Sugitani 1995, 221, Takayama-Wichter 1990, 50). Es kann folglich davon ausgegangen werden, daß sich japanische GermanistInnen angesichts der Ausbildungsinhalte ihres Studiums vor allem im Bereich der Übersetzung und grammatischen Analyse von literarischen Texten am sichersten fühlen. Auch für reformorientierte Kräfte standen unterrichts-, lehr- und lerntheoretische Forschungen lange Zeit nicht im Mittelpunkt. Kutsuwada/Mishima/Ueda (1987, 81) nennen in ihrem sehr kritischen Aufsatz nur diese drei Komponenten für die Ausbildung von Deutschlehrkräften: Sprachkompetenz, Landeskunde und Wissen um angrenzende Fächer. „Und kein Wort von Fremdsprachendidaktik, kein Wort vom ‚Wie' des Sprachunterrichts! (Hieber 1988, 86)."

GermanistInnen reproduzieren im Deutschunterricht die Unterrichtsbedingungen ihrer eigenen Ausbildung, ohne darauf Rücksicht zu nehmen, daß es sich bei den AdressatInnen ihrer Lehrveranstaltungen weit überwiegend nicht um Fachstudierende der Germanistik, sondern um Studierende verschiedenster Studienrichtungen handelt. Didaktische Kenntnisse sowie Forschungen und Publikationen zur Didaktik sind für GermanistInnen auf Arbeitsplatzsuche kaum verwertbar, die entsprechenden Entscheidungen werden zumeist auf der Grundlage der Leistungen der BewerberInnen in der Literatur- oder Sprachwissenschaft gefällt (vgl. Sugitani 1995, 219f; Slivensky 1997, 35f). Dementsprechend konnte sich die Didaktik des Deutschen als Fremdsprache in Japan bisher nicht als akademische Teildisziplin der Germanistik durchsetzen.

Das Fehlen von theoretischem Hintergrund und von praktischer Ausbildung führt zu Unzufriedenheit bei den Unterrichtenden: Bei einer LehrerInnenbefragung aus dem Jahr 1991 „wurde von 47,8% offen eingestanden, daß sie die Studenten nicht motivieren können und 35,2% meinen, daß ihnen ein didaktisches Training fehlte" (Sugitani 1995, 218). In dieser Situation kommt der Fortbildung eine wichtige Rolle zu. Seit Anfang der 70er Jahre gibt es, zunächst ausgehend vom Goethe-Institut, Fortbildungsveranstaltungen für Didaktik. Aber erst 1992 gab es das erste Didaktikseminar, das vom japanischen Germanistenverband in Zusammenarbeit mit dem Goethe-Institut veranstaltet wurde. Hier wurden erstmals sprach- und lernpsychologische, erziehungs- und unterrichtswissenschaftliche Erkenntnisse im Zusammenhang mit dem Deutschunterricht in Japan diskutiert (vgl. Sugitani 1995: 221-222). Diese Seminare sind gegenwärtig das wichtigste Forum für diejenigen, die eine Professionalisierung im Bereich Didaktik anstreben. Weitere Fortbildungsmöglichkeiten bieten die verschiedenen Veranstaltungen des DAAD und des Goethe-Instituts, beispielsweise ein Sommerseminar zur Lehrerfortbildung und verschiedene kürzere Veranstaltungen von regionaler Bedeutung (so etwa das mediendidaktische Herbstseminar in Kyoto). Eine interessante Veranstaltungsform sind die sogenannten „Interuni-Seminare", bei denen Studierende verschiedener Universitäten Intensivunterricht in Kleingruppen erhalten und die Lehrenden sich durch gegenseitige Hospitationen fortbilden können.

Ganz von japanischer Seite getragene Fortbildungsmöglichkeiten gibt es im Rahmen von Forschungsgruppen zur Didaktik, die regional aktiv sind und sich regelmäßig treffen (so z.B. die Gruppe „Sprachlehrforschung" im Kansai) und auch auf den zweimal jährlich stattfindenden Tagungen des japanischen Germanistenverbandes sind didaktische Vorträge zu finden. Immer öfter werden auch Themenschwerpunkte aus dem Bereich der Didaktik – zum Teil mit interdisziplinärem Ansatz auch unter Beiziehung von nichtgermanistischen Fachleuten – im Rahmen von sogenannten ‚Symposien' behandelt (im Herbst 1998 etwa „Der kommunikative Ansatz – Wege und Irrwege").

In diesem Zusammenhang ist es wichtig, darauf hinzuweisen, daß auch die deutschsprachige Lektorenschaft und muttersprachlichen Hochschullehrkräfte keineswegs mehrheitlich Fachleute für

Fremdsprachenunterricht sind. Das Gegenteil scheint der Fall zu sein: Auch hier ist eine Spezialisierung im Bereich Literatur- oder Sprachwissenschaft der Regelfall, ein Studienabschluß oder eine Zusatzqualifikation im Bereich Deutsch als Fremdsprache oder Sprachlehrforschung keineswegs selbstverständlich. Die Mehrheit der LektorInnen, die an den japanischen Universitäten keinen Fachunterricht, sondern reinen Sprachunterricht, in der Regel auf Anfängerniveau, erteilen muß, sieht sich bezüglich der Diskrepanz von Ausbildung und beruflicher Praxis ganz ähnlichen Problemen gegenüber wie ihre japanischen KollegInnen. Viele entwickeln unter diesen Umständen beachtliche Aktivitäten, um der Situation, mit der sie konfrontiert sind, gerecht zu werden. Strukturelle Änderungen wie etwa eine institutionalisierte Kooperation zwischen japanischen und deutschen Lehrkräften oder eine gezielte Auswahl der LektorInnen nach ihrer fremdsprachendidaktischen (und/oder japanbezogenen) Qualifikation lassen auf sich warten, und so gilt nach wie vor: „Es ist bedauerlich, daß die Lektoren, die ihr Amt neu antreten, stets da beginnen, wo auch ihre Vorgänger angefangen haben (Takayama-Wichter 1990, 102)."

4. Innovative Modelle der Unterrichtsgestaltung

In welchem Maße die Universitäten auf das neue Hochschulrahmengesetz mit innovativen und fachlich reflektierten Strukturreformen reagieren und „ihr Lehrprogramm nach ihren eigenen Konzeptionen *frei* und *einfallsreich*" (Nakamura 1996, 50) umgestalten, beschreibt Nakamura (ebd.) als abhängig davon, ob es sich um eine staatliche oder um eine private Institution handelt. Für staatliche Universitäten nimmt sie an, daß als Motiv zum Erlaß des Gesetzes die Senkung von Bildungskosten einerseits und andererseits eine gesellschaftspolitische Intention zugrunde liegt. So solle die Universitätsausbildung zahlenmäßig verschlankt und qualitativ eine höhere Fachausbildung angestrebt werden. Die Schließung der Fakultäten für allgemeine Bildung und die gleichzeitige Neugründung von „interdisziplinär wirkende(n) neuen Fachbereich(en)" (ebd.), die mit der Fremdsprachenausbildung nun bis zum Studienabschluß betraut sind, sei eine Folge davon. Die Entwicklung an den Privatuniversitäten sei zu unterscheiden in kleinere Institutionen, die vielfach die Gelegenheit für Rationalisierungsprogramme nutzten und den Fremdsprachenunterricht schlicht kürzten. Die größeren Privatuniversitäten würden zwar grundsätzlich den Handlungsbedarf anerkennen, aber zunächst die Ereignisse abwarten.

Verfolgt man allerdings die Fachdiskussionen und Publikationen zum Thema „Reformen und neue Curricula", so ist in der Praxis festzustellen, daß insbesondere Privatuniversitäten mit Projekten zur Umgestaltung des Fremdsprachenunterrichts Profil zeigen. Einer der ersten aufsehenerregenden Pilotversuche für ein neues Deutschcurriculum war die Einrichtung eines Intensivkurses für ein neues interdisziplinäres Studienfach am Fujisawa-Campus der Keio Universität.[5] Mit erheblichem Arbeitsaufwand wurde eine für das Fach Deutsch als Fremdsprache in Japan neuartige Lehrkonzeption entwickelt, die sich insbesondere durch Methodenvielfalt, umfassenden Medieneinsatz und durch Einbezug autonomer Lernstrategien auszeichnet. Die Konzeption des Projekts, die an verschiedenen Fachtagungen und Seminaren zur Weiterentwicklung des Deutschunterrichts vorgestellt und diskutiert wurde, macht vor allem durch die konsequent durchdachte Gesamtstruktur des Lehr- und Lernverfahrens auf sich aufmerksam. Auch die Ergebnisse des Kurses können als herausragend betrachtet werden: den Kursveranstaltern zufolge bestehen nahezu alle Teilnehmenden die Prüfung „Zertifikat Deutsch als Fremdsprache" – ein Niveau, das im herkömmlichen Deutschunterricht nicht einmal annähernd erreicht werden kann.

Ein weiterer Modellversuch an der Keio Universität wird an der juristischen Fakultät durchgeführt (vgl. Sambe 1996). Studierende der Fächer Jura und Politologie erwerben Fremdsprachenkenntnisse zusammen mit landeskundlichen Fachkenntnissen als fachsprachliche Grundlage für Jura oder als Mindestkenntnisse im Bereich „Area Studies". Derzeit werden Amerika, Großbritannien, der deutsche Sprachraum, Frankreich, Rußland und Osteuropa als Zielkulturen angeboten; eine Aufnahme von China in das Programm ist geplant. Als wichtigste Neuerung hob man die Abgrenzung zwischen Fachstudium, allgemeinbildendem Studium und Fremdsprachenstudium auf, um ein flexibles, individuelles und integratives Studienkonzept anbieten zu können. Motivierte Studierende können einen das gesamte Studium begleitenden Intensivkurs für Deutsch absolvieren, der sich inhaltlich auf fachsprachliche und fachspezifische Themen stützt. Dazu kommt ein Vorlesungszyklus mit juristischpolitologischen Inhalten aus deutschsprachigen Ländern. Gegen Ende des Studiums ist ein Deutschlandaufenthalt vorgesehen. Auch hier findet man das spezifische Element der Verbindung von Sprach- mit Fachstudium, denn für diesen Aufenthalt sind parallel zum Besuch eines Sprachkurses selbständige Recherchearbeiten durchzuführen, deren Ergebnis zur abschließenden Bewertung des Sprachkurses und damit zum gesamten Studienabschluß maßgeblich herangezogen wird.

Mehr und mehr Aufmerksamkeit scheint man dem universitären Angebot von Studienreisen mit Sprachkursen, aber auch mit Alltagskontakten in Form von Familienaufenthalten zu schenken (vgl. Slivensky 1998). Es handelt sich dabei um vier- bis sechswöchige Reisen für Studentengruppen, die zum Teil auf der Grundlage von Partnerschaftsverträgen mit einer deutschen Universität dort oder an privaten Institutionen einen Sprachkurs besuchen. Finanziert werden die Aufenthalte zumeist von den Studierenden selbst. Oft ist ein spezieller Vorbereitungskurs an der japanischen Universität vorgesehen, der sowohl ein sprachliches als auch ein landes- und kulturkundliches Training beinhaltet. Um die Bedeutung für das jeweilige Gesamtcurriculum einschätzen zu können, wäre es sicherlich notwendig, die Kursstrukturen im Detail zu untersuchen und systematisch zu vergleichen. Denn es kann nicht ausgeschlossen werden, daß eine derartige Studienreise eher touristische Bedürfnisse befriedigt, als sie ein fremdsprachliches Lehr- und Lernprogramm darstellt. Grundsätzlich scheint es sehr positiv, daß Sprachenlernen verstärkt in unmittelbaren Sprachkontakten mit der Zielkultur stattfindet. Besonders die Einbindung von Familienaufenthalten, die auf Erfahrungen mit Alltagsleben und individueller Privatsphäre abzielen, leistet sicherlich einen Beitrag zum Fremdsprachenerwerb, ebenso wie zur kognitiven und affektiven Auseinandersetzung mit der fremden Kultur, der im Rahmen eines konventionellen universitären Sprachkurses in Japan nicht annähernd erreicht werden kann.

5. Ein vorsichtiger Blick in die Zukunft: Perspektiven

Die Beschaulichkeit und Überschaubarkeit des Deutschunterrichts an japanischen Hochschulen gehört mehr und mehr der Vergangenheit an. Vorbei sind die Zeiten des verschwiegenen Konsens' über Inhalte und Ziele des Deutschlernens, vorbei die gesicherte Arbeitsplatzperspektive für japanische Deutschlehrkräfte. Und wie lange noch, ist man versucht zu fragen, dauert das klaglose Ausharren der Studierenden in qualvollen Pflichtveranstaltungen, die mehr im Dienst der Vergangenheit als der Zukunft zu stehen scheinen.

Ein vorläufiges Fazit, das aus der Betrachtung der jüngsten Vergangenheit und der aktuellen Entwicklungen gezogen werden kann, ist die bereits genannte starke Tendenz zur Diversifizierung.[4] Die Monopolstellung des Deutschunterrichts außerhalb des germanistischen Fachstudiums im organisatorischen und inhaltlichen Rahmen eines zweijährigen allgemeinbildenden Faches mußte aufgegeben werden, da diese Struktur offenkundig den inneruniversitären, den bildungspolitischen und den gesellschaftlichen Ansprüchen nicht genügen konnte. Da das Kultusministerium keine neue Standardkonzeption eingeführt hatte und den einzelnen Universitäten abverlangte, recht vagen Rahmenrichtlinien entsprechend einen eigenen Unterrichtsplan vorzulegen, überraschte es nicht, daß sich das Standardunterrichtsmodell verzweigte. Unter den neu entstehenden Unterrichtsplänen sind aus fremdsprachendidaktischer Sicht auch unerwünschte Entwicklungen, wie beispielsweise die Kürzung von Stundenzahlen oder die Erhöhung der LernerInnenzahlen pro Klasse (vgl. Otsuka 1994), die nicht als Reformmaßnahme, sondern als Rückschritt zu bezeichnen sind. Grundsätzlich ist aber die neu geschaffene Möglichkeit zur Etablierung eigenständiger Kurskonzeptionen zu begrüßen, die individuelle Gegebenheiten einer spezifischen Universität reflektieren und auf spezifische Zielgruppen, seien es Fachstudierende oder Unterrichtende an Kurzuniversitäten (vgl. Yamaguchi 1995), zugeschnitten sind. Diversifizierung bedeutet also eine Koexistenz von unterschiedlichen Unterrichtsformen, die Studierenden etwa die Wahl bieten, an einer Uni einen vierjährigen Intensivsprachkurs zu besuchen mit Tandemunterricht mit deutschen MuttersprachlerInnen, mit einer Sprachreise nach Deutschland und einem Zertifikat als Abschluß, oder an einer anderen Uni an einem einjährigen Grammatikkurs teilzunehmen, oder gar an derselben Uni einen von beiden Kursen zu absolvieren.

Die Einführung neuer Studiengänge mit interdisziplinärem Charakter vor allem im Bereich der Kulturwissenschaften, aber auch im politologischen und soziologischen Bereich stellt eine weitere Variante dar, mit der man bemüht ist, den Zwängen zur Anpassung an gesellschaftliche Veränderungsprozesse zu begegnen. Tachibana (1994, 58), der die gegenwärtige Reform als die größte Universitätsreform nach dem 2. Weltkrieg bezeichnet, macht deutlich, daß es nicht nur um die Neugestaltung einzelner Sprachcurricula geht, sondern auch um strukturellen Wandel in der Hochschulverwaltung und in diesem Zusammenhang um die Veränderung des gesamten Studiensystems. Bei der Neugründung von Studiengängen tauchen solche bevorzugt auf, die das wissenschaftliche Lehrprogramm im internationalen Kontext ansiedeln (vgl. z.B. Minami 1991) und Fremdsprachenunterricht mit fachsprachlicher Ausrichtung integrieren. Sicherlich ist auch hier zu fragen, inwieweit es tatsächlich gelungen ist, bei den teilweise innerhalb kürzester Zeit neu eröffneten Studiengängen eine fachlich fundierte Konzeption mit qualifizierten Lehrkräften und einem systematisch integrierten Fremdsprachencurriculum durchzusetzen. Unter diesem Vorbehalt kann aber die Tendenz zur fachsprachlichen Orientierung im Kontext internationaler Studien als Perspektive für verstärkte Öffnung und Sensibilisierung, für zunehmende Kommunikation und Kulturkompetenz beurteilt werden.

Die Hinwendung zu asiatischen Fremdsprachen wird voraussichtlich eine weitere Einflußgröße der künftigen Entwicklung des Deutschunterrichts in Japan darstellen. Die „Kritik am eurozentristisch orientierten Sprachunterrichtsangebot an den Universitäten und Hochschulen“ (Nakamura 1996, 52) war noch bis vor kurzem sehr viel lauter außerhalb Japans, von den Nachbarländern, hörbar. Langsam scheint aber das Bewußtsein gegenüber Gemeinsamkeiten und Verantwortung für den gesamtasiatischen Raum zu steigen, so daß der Wunsch nach einem verstärktem Angebot der bislang für westliche Beobachter erschreckend geringgeschätzten asiatischen Fremdsprachen von den Universitäten nicht ignoriert werden kann (vgl. Sugitani 1999). Auch wenn durch die zahlenmäßig zum Teil dramatische Reduktion der Lernerzahlen für Deutsch hier Arbeitsplätze verloren gehen, könnte diese Schwerpunktverlagerung – zugegebenermaßen idealistisch betrachtet – eine qualitative Verbesserung der Gesamtsituation für das Deutsche bewirken. Freiwerdende Kapazitäten, die zur Weiterentwicklung des Deutschcurriculums genutzt werden könnten, die Notwendigkeit eines attraktiven Unterrichts angesichts der Konkurrenz, die Abnahme des verschleißenden Massenbetriebs, möglicherweise eine Verlagerung des Erziehungsgedankens „Bildung" auf die asiatischen Fremdsprachen und damit eine Beförderung des Gedankens „Deutsch für Spezialisten" – dies sind nur einzelne Schlagwörter, die in der Diskussion um die angestrebte quantitative Abnahme bei gleichzeitiger qualitativer Verbesserung des Deutschunterrichts in Japan immer wieder genannt werden.

Eine abschließende These zur Perspektivendiskussion sei mit der Forderung nach Effizienz benannt. Insbesondere die finanzielle Abhängigkeit der Privathochschulen (in Japan immerhin 406 Hochschulen bei einer Gesamtzahl von 552; Stand 1994 nach Sugitani 1995, 215) von den eingehenden Studiengebühren verdeutlicht, in welch hohem Maße man hier von Veranstalterseite auf eine Attraktivität der jeweiligen Universität im allgemeinen, der einzelnen Studienfächer und – wenn auch im geringerem Umfang – des Fremdsprachenangebots abzielen muß. Die Konkurrenz schläft nicht. Wenn eine Universität einen neuen Studiengang anbietet, der Studierende anzieht, so geht dieses „Kundenpotential" einer anderen Uni verloren. Privatuniversitäten müssen marktwirtschaftliche Überlegungen in ihre Planung einbeziehen, wobei insbesondere größere und etablierte Institutionen es sich nicht leisten können, zur Durchsetzung kurzfristiger Trends die langfristige Universitätsentwicklung aufs Spiel zu setzen. Die allgemein kritische wirtschaftliche Lage und die Abnahme der Studierendenzahlen aufgrund der kommenden geburtenschwachen Jahrgänge (vgl. Tachibana 1994, 59) zwingen die Institutionen zu Effizienz in der Bildungsstruktur. Bei dieser Frage nach Effizienz stößt man nicht zuletzt auf den Fremdsprachenunterricht und mahnt auch bei den Deutschabteilungen an, Reformvorschläge zur qualitativen Verbesserung des Unterrichts einzureichen und vorzeigbare Projekte und Lernergebnisse zu produzieren.

Für Effizienz zu sorgen, die nicht nur wirtschaftlichen Gesichtspunkten Rechnung trägt, sondern auch inhaltlich einen Nutzen im Verhältnis zum Aufwand hervorbringt, stellt sicherlich eine der größten Herausforderungen für die mit dem Unterricht Deutsch als Fremdsprache betrauten germanistischen Fachkräfte dar. Es wird von ihnen abhängen, darauf flexibel, innovativ, realitätsbewußt und gleichzeitig weitsichtig zu reagieren, um dem Deutschunterricht neue Perspektiven zu eröffnen.

Anmerkungen

1 Zur detaillierten Darstellung des allgemeinen sprachpolitischen und soziokulturellen Hintergrunds vgl. Ammon, Hrsg., 1994.

2 Eine empirische Studie zur Konzeption und Funktion von Lehrwerken im japanischen Deutschunterricht findet sich bei Slivensky 1997.

3 Diese Beschreibung stützt sich auf verschiedene Vorträge von Prof. Sekiguchi (u.a. zu einer Weiterbildungsveranstaltung am Goethe-Insitut Kyoto 1996), dem Initiator des Projekts.

4 Siehe dazu auch Sugitani 1995, 215f., die „Diversifizierung des Fremdsprachenunterrichts“ im Zusammenhang von Modellversuchen an Oberschulen andiskutiert.

LITERATUR

Ammon, Ulrich, Hrsg. (1994), Die deutsche Sprache in Japan. Verwendung und Studium, München: Iudicium.

Ausschuß für Deutschunterricht in Japan, Hrsg. (1971), Grundprobleme des Deutschunterrichts in Japan, Tokyo.

DAAD, Hrsg. (1988), Deutsch als Fremdsprache und Germanistik in Japan. Zur Tätigkeit deutschsprachiger Lektoren an japanischen Hochschulen (= DAAD Dokumentationen und Materialien 19), Bonn.

Hieber, Wolfgang (1988), „Zielvorstellungen und Lehrmethoden. Zur gegenwärtigen Diskussion über Reformen im japanischen Deutschunterricht", in: DAAD (Hrsg.): a.a.O., 71-87.

Kutsuwada, Osamu/Mishima, Kenichi/Ueda, Kouchi (1987), „Zur Situation des Deutschunterrichts in Japan", in: Dietrich Sturm (Hrsg.): Deutsch als Fremdsprache weltweit, Situation und Tendenzen, München, 75-82.

Luhmer, Klaus (1991), „Konfliktfaktoren im japanischen Hochschulwesen", in: Deutsches Institut für Japanstudien der Philipp-Franz-von-Siebold-Stiftung (Hrsg.): Jahrbuch 1991, Bd. 3, München: Iudicium, 281-300.

Minami, M. (1991), „Neue Studienfächer zur deutschen Kultur und das Studienfach ‚Europa Kultur' an der Pädagogischen Hochschule Aichi" (in jap. Sprache), in: Berichte des Japanischen Deutschlehrerverbandes, Heft 40, 46-51.

Nakamura, Uneme (1996), „Der Fremdsprachenunterricht in Japan und der DaF-Unterricht an der Naturwissenschaftlich-Technischen Fakultät der Waseda-Universität", in: Informationen Deutsch als Fremdsprache (Info DaF), Jg. 23/1, 43-54.

Otsuka, Yuzuru (1994), „Zum historischen Hintergrund der Passivität von Fremdsprachenlernenden in Japan. Auswärtige Sprachpolitik und Lernverhalten", in: Jinbun Kenkyu, Handelsuniversität Otaru 88, 37-51.

Sambe, Shinichi (1996), „Das neue Konzept für die Deutschkurse an der juristischen Fakultät der Keio Universität", in: Gernot Gad (Hrsg.), Deutsch in Japan. Interkulturalität und Skepsis zwischen Vergangenheit und Zukunft, (= Germanistentreffen, Tagungsbeiträge), Bonn: Deutscher Akademischer Austauschdienst, 197-206.

Slivensky, Susanna (1997), Lehrwerke Deutsch als Fremdsprache in Japan. Eine empirische Studie zur regionalen Lehrwerkforschung. München: Iudicium.

Dies. (1998), „Sprachhandeln als curriculare Kategorie. Zum Beispiel: Integrierte Aufenthalte im Land der Zielsprache“, in: Deutschunterricht in Japan, Jg. 3, 64-75.

Sugitani, Masako (1995), „Reformdiskussion der Deutschdidaktik in Japan – Überblick und neue Entwicklungstendenzen in der Landeskunde“, in: Günther Blamberger/Gerhard Neuner u.a. (Hrsg.): Reformdiskussion und curriculare Entwicklung in der Germanistik. Dokumentation der Internationalen Germanistentagung des DAAD 24.-28. Mai 1995 Universität Gesamthochschule Kassel, Bonn: DAAD, 215-228.

Tachibana, Yoshihiro (1994), „Fremdsprachenunterricht im Zeitalter der Internationalisierung – Curriculumneugestaltung an der Kokugakuin-Universität“, in: Japanische Gesellschaft für Germanistik (Hrsg.): Dokumentation des 2. Didaktikseminars für japanische Germanisten, Tokyo, 58-64.

Takayama-Wichter, Taeko (1990), Japanische Deutschlerner und ihre Lernersprache im gesprochenen Deutsch. Untersuchungen zum Deutschen als Fremd- und Zweitsprache in den Bereichen Syntax und Pragmatik (= Werkstattreihe Deutsch als Fremdsprache, Bd. 28 Untersuchung; Bd. 29: Materialien), Frankfurt /M.: Lang.

Takei, Takamichi (1992), „Die Revision des Hochschulgründungsgesetzes und das Neue Curriculum des Fremdsprachenunterrichts an der Tsukuba Universität“, in: Redaktion für Deutschunterricht in Japan u.a. (Hrsg.), Deutschunterricht in Japan, Tokyo, 162-164.

Yamaguchi, Yasuo (1995), „Vorschläge für eine Neukonzeption des Deutschunterrichts an einer Tanki-Daigaku (einer zweijährigen Hochschule)“, in: Berichte des Japanischen Deutschlehrerverbandes, Heft 48, 39-48.

Yamaji, Asahiko (1994), „Das Studium von Deutsch als Fremdsprache an den Hochschulen“, in: Ulrich Ammon (Hrsg.), a.a.O., 221-235.

Verena Plutzar

DAS BILD DEUTSCHSPRACHIGER LÄNDER IM CHINESISCHEN LEHRWERK „GRUNDSTUDIUM DEUTSCH“

Zur Funktion von Landeskunde im Deutsch-als-Fremdsprache-Unterricht in China

Einleitung

Was lernen chinesische Studierende über den deutschsprachigen Raum, wenn sie im Rahmen ihres Germanistikstudiums Deutsch lernen? Wie wird ihnen die deutsche Welt präsentiert? Diese Fragen liegen nahe, wenn Lehrwerke Sprachunterricht und Landeskundevermittlung miteinander verbinden.[1] Das Lehrwerk „Grundstudium Deutsch“ hat sich als erstes chinesisches Lehrwerk dem allgemeinen Konsens angeschlossen, dass Lehrwerke sich nicht nur auf die Vermittlung der Sprache und ihrer Regularitäten zu beschränken haben, sondern darüber hinaus über das Zielspracheland informieren sollen. Lehrwerke übernehmen damit dieselbe Aufgabe wie Medien, die zwischen einer komplexen Wirklichkeit, nämlich „der Welt“, und den Rezipienten vermitteln. Und wie Medien nehmen auch die Lehrwerke Einfluss und bestimmen Meinungen und Haltungen der Lernenden dem Zielspracheland gegenüber mit.[2]

Im Wintersemester 1996/97 habe ich für ein Semester als Praktikantin an der Beijing-Universität Deutsch unterrichtet. Dabei habe ich das Lehrwerk „Grundstudium Deutsch“ und das Umfeld, in dem das Lehrwerk eingesetzt wird, kennengelernt. Ich habe wie alle Studierenden am Campus der Uni gewohnt und dadurch den Alltag mit ihnen geteilt, ich habe durch eigene Erfahrungen und Unterrichtsbeobachtungen an verschiedenen Universitäten Einsichten in die Unterrichtsrealität an chinesischen Hochschulen gewonnen, ich habe mit chinesischen und deutschen Kollegen und Kolleginnen Erfahrungen ausgetauscht und mit einigen Studierenden Freundschaften geschlossen. All diese Erfahrungen bilden den Hintergrund meiner Untersuchung und brachten mich zu der Frage: Was lernen chinesische Studierende über den deutschsprachigen Raum, wenn sie Deutsch lernen?

Ich habe für meine Untersuchung einen Analyserahmen gewählt, der nicht eigentlich zur Bildanalyse gedacht war, sondern zur allgemeinen Bewertung landeskundlicher Inhalte in Schulbüchern (Mennecke 1991). Folgende Kriterien werden an ein Fremdsprache-Lehrwerk angelegt:

Ist die Darstellung korrekt? Das heißt, sind die Fakten sachlich richtig, geben die authentischen Texte und Dokumente und die atmosphärische Genauigkeit der Photos und Illustrationen ein sachlich zutreffendes Bild?

Ist die Darstellung repräsentativ? Werden einseitige Darstellungen vermieden oder entstehen durch die Darstellung konkrete Bilder, die nicht relativiert werden? Werden Inhalt und Darstellung der Komplexität der Themen gerecht? Können ausgewählte Themen und Inhalte als „typische Phänomene", „ohne die das Land nicht zu verstehen wäre" (Mennecke 1991, 36) gelten?

Ist die Darstellung realistisch? Werden Themen und Phänomene weder idealisiert noch übertrieben problematisiert? Werden Konflikte dargestellt? Gibt die Darstellung ihren Blickwinkel preis und setzt sie in Kontrast zu anderen und macht dadurch deutlich, dass es sich um eine mögliche Sicht unter vielen handelt? Sind die Textsorten und die Protagonisten dazu geeignet, ein realistisches Bild zu entwickeln?

Ist die Darstellung schülergemäß? Sind die Inhalte verständlich, ansprechend und interessant? Sind sie so ausgewählt, dass deutlich wird, dass sie nicht nur um ihrer selbst willen behandelt werden? Sind sie mit ihrer Präsentation und den begleitenden Arbeitsanweisungen geeignet, die Lernenden anzuregen und ihnen Gelegenheit zu geben, die Begegnung mit den behandelten Gegenständen als Kulturkontakt zu begreifen und entsprechend aus ihrer eigenen Situation heraus Vergleiche zu ziehen, Unterschiede festzustellen, zu bewerten, sich zu artikulieren?

Diese Kriterien der Bewertung machen es möglich, die Untersuchung in das größere Bedingungsfeld des Fremdsprachenunterrichts hineinzustellen, weil sie nicht nur ein „Bild" des Zielsprachelandes eruieren lassen, sondern es ermöglichen, landeskundliche Inhalte in dem größeren Zusammenhang des Beziehungsgefüges von gesellschaftlichem und politischem Kontext – Unterricht – Lernende zu betrachten und zu beurteilen. Die von mir gewählte Untersuchungsmethode basiert auf den Grundannahmen, dass Sprache und „Kultur“ nicht zu trennen sind[3], sowie dass Landeskunde einen Beitrag zu pädagogischen Konzepten wie z.B. dem der „interkulturellen Erziehung“ zu leisten hat[4]. Damit Fremdsprachenlehrwerke dieser Aufgabe gerecht werden, haben sie ein wahrheitsgemäßes, repräsentatives, aktuelles, ausgewogenes und gerechtes Bild der Kulturen und Gesellschaften der infragestehenden Länder zu vermitteln[5]. Entscheidend dabei ist, dass das Lehrwerk nicht ein „richtiges“ Bild, sondern eine Vielzahl an Bildern zur Verfügung stellt oder wenigstens klarstellt, dass seine Perspektive eine unter vielen ist. Andrerseits sollen sie Schlüsselfähigkeiten der „interkulturellen Kompetenz“, wie Kommunikationsbereitschaft, Toleranz und Empathiefähigkeit[6], schulen.

Im Rahmen dieses Aufsatzes werde ich weniger auf die Faktoren eingehen, die ein Bild entstehen lassen, sondern vor allem die Frage behandeln, welche Rolle die Auswahl der Themen in der Präsentation der Inhalte und in der Art der Übungsanweisungen im chinesischen Kontext hat.

Reformen und die Entwicklung des Lehrwerks „Grundstudium Deutsch“

Im Zuge der Öffnungspolitik in China werden mit dem Fremdsprachenunterricht in aller erster Linie pragmatisch-funktionale Ziele verfolgt. Er übernimmt eine Schlüsselfunktion für den Aufbau Chinas als Industriemacht. Er soll die Lernenden befähigen, im Rahmen einer wirtschaftlich-technologischen Zusammenarbeit die Rolle von kompetenten ‚Knowhow-Mittlern‘ auszufüllen.[7] Zwischen 1985 und 1988 wurden zwei neue Curricula für das Germanistikstudium erstellt, die den veränderten wirtschaftlichen und gesellschaftspolitischen Veränderungen Rechnung tragen sollen. An der Verwirklichung des Curriculums für das Grundstudium[8] beteiligten sich im Rahmen eines Projekts des Kulturaustauschprogramms zwischen der BRD und der VR China der DAAD und das Goethe-Institut.

Das neue Curriculum ist ein Versuch, allen modernen Ansprüchen des Fremdsprachenunterrichts gerecht zu werden und zugleich der Tatsache Rechnung zu tragen, dass China eine andere Lehr- und Lerntradition hat und anderen institutionellen Bedingungen unterliegt als Deutschland. In unserem Zusammenhang ist entscheidend, dass das erste Mal in China Landeskunde als ein Teil des Sprachunterrichts im Rahmenplan aufgenommen wurde.[9] Die Studierenden sollen nach dem Grundstudium „grundlegende Kenntnisse über die deutschsprachigen Länder besitzen und die hauptsächlichen Unterschiede zwischen Fremdkultur und Eigenkultur verstehen können", sie sollen „zu kontrastiver Kulturbetrachtung befähigt" und zu „qualifizierten Mittlern der deutschen Sprache" ausgebildet werden.[10]

Als praktische Umsetzung des neuen Rahmenplans für das Germanistikstudium wurde im Anschluss an seine Fertigstellung das Lehrwerk GSD entwickelt. Das Lehrwerk ist sozusagen ein chinesisch-deutsches „joint-venture". An der Erstellung waren neben den chinesischen Universitätslehrenden, die bereits am Curriculum mitgearbeitet hatten, ein deutscher DAAD-Lektor beteiligt. GSD umfasst vier Bände, die seit 1993 (Band 1 und 2) und 1995 (Band 3 und 4) an allen chinesischen Hochschulen eingesetzt werden. Durch die „besondere Situation in China" wird GSD „wenigstens für das nächste Jahrzehnt Standardlehrbuch [sein], [weil] kein Wettstreit verschiedener Schulen und Ansätze in verschiedenartigem Material stattfinden kann."[11]

Landeskunde im Lehrwerk „Grundstudium Deutsch"

GSD ist das erste chinesische Lehrwerk, in dem Landeskunde als integraler Bestandteil des Sprachunterrichts aufgefasst wird. Ihr ist demnach kein eigener Teil gewidmet, sondern sie ist in allen Teilen des Lehrwerks, bis hin zu den Grammatikübungen integriert. Die Vermittlung landeskundlicher Kenntnisse gewährleistet GSD durch Themenschwerpunkte in den Lektionen. Das Lehrwerk folgt dabei einer thematischen Progression, die von der „Alltagserfahrung" über „allgemeinere Manifestationen von Kultur, Politik und Wirtschaft" bis hin zu „kulturübergreifenden Fragestellungen und Problemen" führt. Zugleich sollen die Lernenden „ausgehend von den eigenen Erfahrungen Eingang in die fremde Welt finden". Aspekte des eigenen Lebens und der eigenen Kultur sollen aufgegriffen und den deutschsprachigen Ländern gegenübergestellt werden. Kulturkontrast und interkultureller Vergleich sind Wege, das „Eigene im Fremden" aufzusuchen und das Gemeinsame „als das real Vorherrschende" zu betonen. Ziel der Vermittlung landeskundlicher Kenntnisse ist ein „neutrales, objektives Bild des Westens" zu zeigen[12].

Anfang der neunziger Jahre wurde also in einer chinesisch-deutschen Zusammenarbeit ein Deutschlehrwerk für das Germanistikstudium an chinesischen Hochschulen entwickelt, das Landeskunde als integralen Bestandteil des Sprachenlernens betrachtet und vermittelt. Ausgangspunkt für die Lernenden und Gegenstand des Lehrwerks bildet die chinesische Lebenswelt, von der aus die deutsche Welt betrachtet wird. Grundlegendes Prinzip des Lehrwerks ist Kulturkontrast. Ziel der Gegenüberstellung ist, das Verbindende zwischen den beiden Ländern zu betonen und ein objektives und neutrales Bild Deutschlands zu vermitteln.

Das Deutschlandbild im Lehrwerk „Grundstudium Deutsch"

Tatsächlich aber ist es den Autoren nicht gelungen, ein neutrales und objektives Bild Deutschlands zu transportieren. Die Texte beinhalten eine Reihe expliziter und impliziter Wertungen und sind so ausgewählt und verfasst, dass die Aussagen sich bestätigen und nicht relativieren. Dabei werden vor allem Textsorten, die per se Objektivität und Gültigkeit suggerieren (Sachtexte, Statistiken und Meinungsumfragen) eingesetzt, oder solche, die im hohen Maße Subjektivität transportieren (literarische Texte, Gespräche, Interviews, Tagebucheintragungen). Viele Texte hat der deutsche Autor selbst geschrieben: Sachtexte, Interviews, Dialoge, Podiumsdiskussionen, Bewerbungsschreiben, Tagebucheintragungen etc. Indem er entweder einen sachlich-kritischen oder ironisierend-kritischen Stil benützt, versucht er die Texte „realistisch" zu gestalten. Dazu greift er innerdeutsche Stereotype auf, die im chinesischen Kontext nicht relativierbar sind. Da die Texte des deutschen Autors nicht als solche gekennzeichnet sind und als „Lehrwerkstexte" Gültigkeit beanspruchen, verschleiert die Darstellung ihren Blickwinkel und suggeriert „Tatsächlickeit", wo es keine gibt. Die mangelnde Situierung der Texte in einem konkreten geographischen, situativen oder biographischen Kontext schließlich kreiert ein „Einheitsdeutschland", ein Land, das es so nicht gibt.

Die Darstellung Deutschlands findet den Mittelweg zwischen idealisierend und problematisierend nicht, denn sowohl die Auswahl der Inhalte, als auch der Duktus, in dem die vom deutschen Autor erstellten Texte verfasst sind, transportieren ein „kritisches" Bild Deutschlands. Folgende Bilder konnten von mir herausgearbeitet werden:

Deutschland ist ein schönes Land, geprägt durch *mittelalterliche Städtchen* voller Sehenswürdigkeiten. Inmitten *schöner Landschaften* liegen aber *verpestete Städte und vergiftete Flüsse*. Die deutsche Gesellschaft ist eine *Klassengesellschaft*. Das Bild wird dadurch vermittelt, dass die Ausbildungschancen von Jugendlichen und die Wohnsituation eines Einzelnen von der Zugehörigkeit zu einer sozialen Schicht bestimmt sind. Als Vertreter der Oberschicht fungieren Ärzte, Rechtsanwälte, Baudirektoren, sie wohnen in Villen und ihre Kinder studieren. Vertreter der Arbeiterschicht sind Metaller, Fließbandarbeiter und Elektriker. Sie wohnen in Trabantensiedlungen und haben zu wenig Geld für die Ausbildung ihrer Kinder. Die Mittelschicht bilden Krankenschwestern, Sozialarbeiter und Beamte. Das Bild der Klassengesellschaft nährt sich auch aus der Darstellung des *Traums vom Häuschen im Grünen*. Es entsteht der Eindruck, dass dieser Traum ein deutschlandübergreifender ist, die meisten sich aber in den *Alptraum Trabantenstadt* fügen müssen. Die Darstellung der Arbeit greift u.a. auf Wallraffs „Industriereportagen" zurück und zeigt den Interessenkonflikt zwischen Arbeitnehmern, vertreten durch Fließbandarbeiter, Metaller und ausgebeutete Sekretärinnen, und Arbeitgebern, vertreten durch „die" deutsche Wirtschaft, BASF und schikanöse Chefs. Das Bild der *Arbeit als Last* dominiert über ein sich parallel entwickelndes Bild der *Arbeit als Bedürfnis*, das sich aus einer veränderten Arbeitswelt mit verkürzten Arbeitszeiten und besseren Arbeitsbedingungen ergibt. Der *Generationskonflikt und die No-Future-Generation* prägen im Lehrwerk das Bild der deutschen Jugendlichen, sie haben *„Null-Bock"* und schreiben pessimistische Gedichte über ihre Zukunft. Dagegen entwickelt sich durch Lehrwerksfiguren ein implizites Bild der *selbstbewussten und selbständigen deutschen Jugendlichen*, die optimistisch in die Zukunft blicken, wissen was sie wollen und sich von den Erwachsenen nichts dreinreden lassen. Die meisten Lehrwerksfiguren unterliegen dem *negativen Einfluss des Fernsehens* und auch die Presse erscheint im Lehrwerk in einem negativen Licht: die *journalistische Meinungsfreiheit* in Deutschland ist durch die Interessen der wenigen Reichen und des Boulevard *beschränkt*.

Unrühmlich ist die Geschichte Deutschlands, weil sie durch *kriegerische Auseinandersetzung* geprägt ist. Dafür kämpft die „Generation danach" mit Schuldgefühlen und leidet unter der *Bürde der Vergangenheit.*

Das vom Lehrwerk GSD transportierte Bild ähnelt jenem, das die DaF-Lehrwerke der siebziger und frühen achtziger Jahre in Deutschland prägte. Reinhard Ammer konnte in einer Analyse des Deutschlandbildes in DaF-Lehrwerken für diese Periode folgende inhaltliche Schwerpunkte herausarbeiten: die beeinträchtigte Lebensqualität durch Trabantenstädte und Verödung der Innenstädte, menschenfeindliche Bauweise in den Neubaugebieten, Verkehrsüberlastung und Umweltprobleme, der Konflikt zwischen Arbeitnehmern und Arbeitgebern. Kritisiert werden auch exzessive Profitinteressen in der Wirtschaft, politisch-administrative Fehlentscheidungen, Missstände im Bildungswesen und die Missachtung der Interessen von Frauen[13].

Der deutsche Autor, der in überwiegender Form für die Auswahl und Erstellung der Texte verantwortlich war, zeigt sich als Zugehöriger jener Generation, die das Deutschlandbild in den Lehrwerken der siebziger und achtziger Jahre prägte und deren Linie offensichtlich den chinesischen Kollegen und Kolleginnen entspricht. Es ist ein Bild der deutschen Gesellschaft der siebziger und achtziger Jahre, das das Lehrwerk vermittelt und das macht es in vielen Bereichen unaktuell. In diesem Sinn ist es schwer, die im Lehrwerk GSD dargestellten Fakten als korrekt zu bewerten. Ebenso können die ausgewählten Inhalte nicht (mehr) als typisch für Deutschland gelten.

Zur Funktion der Landeskunde im Kontext der gesellschaftspolitischen Veränderungen

Die im Lehrwerk behandelten Themen besitzen aber durchaus Relevanz für chinesische Studierende und die Präsentation im Lehrwerk wird dazu benützt, das Dargestellte auf die eigene Welt zurück zu beziehen. Die Relevanz der Inhalte ergibt sich aus den gesellschaftspolitischen Veränderungen in China. Die Darstellung der veränderten Arbeitsmoral in Deutschland verweist auf die veränderte Arbeitsmarktsituation in China, wo jene Zeit vorbei ist, als jedem eine Arbeitsstelle zugewiesen wurde, weitgehend unabhängig von seinen Qualifikationen und Wünschen. Jeder hatte eine Arbeitsstelle, und wenn sie nur eine Schüssel Reis pro Tag brachte. Heute gibt es keine sicheren Arbeitsplätze mehr und die Menschen müssen sich zunehmend ihre Arbeit selbst suchen, wobei es Qualifikationen vorzuweisen gilt. Texte über „die veränderte Arbeitsmoral" sind für chinesische Studierende dementsprechend interessant.

Diese Veränderungen bei der Arbeitssituation haben auch Konsequenzen auf die Wohnsituation. Wurden früher Wohnungen mit der Arbeitsstelle zugeteilt, so entsteht heute bei freier Arbeitssuche ein freier Wohnungsmarkt. Texte über teure Mieten und die Vereinsamung in Trabantensiedlungen sprechen Probleme der Sonderwirtschaftszonen an, die zu Ballungsräumen werden. Ich konnte beobachten, wie Trabantensiedlungen zunehmend das Stadtbild Pekings beherrschen und große Unternehmen im Zentrum ihre Büropaläste bauen. Auch das Thema Umweltschutz ist in China hochaktuell. China leidet seit den 80er Jahren unter massiven Umweltschäden durch Fabriken und Autobahnbau und heute sind beinahe alle Regenwaldgebiete im Süden Chinas abgeholzt. Durch die Darstellung der deutschen Umweltprobleme entsteht die Möglichkeit, das für China durchaus brisante Thema anzusprechen und sich mit der eigenen Umweltproblematik kritisch auseinanderzusetzen. Und auch die Präsentation des Fernsehens im Lehrwerk, die sich auf eine äußerst typisierende Darstellung beschränkt, verweist wiederum eher auf China als auf Deutschland. Das Fernsehen ist in China ein relativ junges Medium und gerade dabei, die Wohnungen zu erobern. So regt das Buch an, darüber nachzudenken, wann das Fernsehen begann, Massenmedium zu werden, ob „auch viele Chinesen das Fernsehen für das glaubwürdigste Medium" halten und darüber, welchen Einfluss das Fernsehen auf das Leben bei den Lernenden selbst zu Hause hat (GSD 2, 206). Im chinesischen Kontext wird auch das Bild der „Null-Bock"-Generation aktuell. Es trifft auf ein Lebensgefühl, das ich während meiner fünfmonatigen Unterrichtstätigkeit an der Peking-Universität bei Studierenden entdecken konnte. In Gesprächen konnte ich feststellen, dass sich viele eingeklemmt zwischen Tradition und Moderne empfinden. Einer Moderne, die Hoffnungen in die Zukunft setzen lässt, und einer Tradition, die in vielen Bereichen das Leben weiterhin bestimmen wird. Das Lehrwerk gibt ihnen die Möglichkeit, die Stimmung der „Null-Bock-Generation" auf ihre eigene Situation zu übertragen. Zu dem Gedicht „Meine Zukunft“ erfolgt die Arbeitsanweisung: „Dieses Gedicht einer Schülerin ist eine negative Liste von Stationen des Lebens. Versuchen Sie, eine ähnliche Liste Ihrer Zukunft zu schreiben.“ (GSD 3, 46) Auch der „Generationskonflikt“ ist für die chinesische Jugend interessant. Viele Studierende können mit den Werten ihrer Mütter und Väter nichts mehr anfangen, einer Generation, die die Kulturrevolution mitgetragen hatte. Der Elterngeneration dagegen ist die Welt, in der ihre Kinder heute aufwachsen, fremd und neu. Durch die Öffnung für den Westen und die gesellschaftspolitischen Umwälzungen wird von den jungen Leuten eine „neue“ Selbständigkeit hinsichtlich Berufswahl, Arbeitsplatzsuche und Jobprofilierung erwartet, und auf diese Situation trifft das Bild der „selbständigen und selbstbewussten Jugendlichen“ im Lehrwerk zu, wenn „Kurt L., 16“ sagt: „Ich sage mir oft, du hast ein Ziel, du schaffst es schon. Ich glaube, man bestimmt sein Schicksal selbst.“ (GSD 2, 116) . Das im Lehrwerk transportierte Bild kann in dieser Hinsicht Vorbildfunktion übernehmen.

Die Auswahl und Präsentation der Inhalte übernehmen gemeinsam mit den Arbeitsanweisungen die Funktion, sowohl über die jüngeren Entwicklungen in China als auch über persönliche Haltungen nachzudenken und zu sprechen. Dabei soll der kritische Duktus, mit dem Deutschland im Lehrwerk gezeichnet ist, auf die eigene Welt übertragen werden.

Nicht immer aber lässt das Lehrwerk einen kritischen Blick auf die eigene Welt zu, indem etwas *nicht* thematisiert wird. Das Bild der „Bürde Vergangenheit“ bezieht sich im Lehrwerk ausschließlich auf die unangenehmen Gefühle der „Generation danach“ bezüglich der Rolle Deutschlands als Aggressor und Schuldiger am 2. Weltkrieg. Bei der Behandlung des 2. Weltkrieges wird jedoch der Holocaust fast völlig ausgeklammert. Dadurch, dass die nationale Vergangenheit Deutschlands im Lehrwerk *nicht* auch den Holocaust thematisiert, kann er auch *nicht* auf die chinesische Wirklichkeit übertragen werden. Und das entspricht dem allgemeinen Konsens, denn weder die Kulturrevolution noch die Ereignisse am „Platz des Himmlischen Friedens“ sind heute Gegenstand eines öffentlichen Diskurses in China. Auch im privaten Kreis wird dieses Thema ausgespart, wie mir in Österreich lebende Chinesen mitteilten. Noch herrscht Konsens, die Zeit der Kulturrevolution „als Wintermärchen“ zu bezeichnen[14] und sie „nicht aus der Versenkung herauf[zu]-

holen“[15], wie es auch besser sei, die Geschehnisse 1989 „lieber in der Verdrängung ruhen zu lassen“.[16] Die im Lehrwerk abgedruckte Rede R. v. Weizsäckers anlässlich des 40. Jahrestages der Beendigung des Krieges in Europa und der nationalsozialistischen Gewaltherherrschaft[17] und sein Aufruf, der Wahrheit ohne Beschönigung und Einseitigkeit ins Auge zu sehen, kann aber als versteckte Aufforderung an die chinesische „Generation danach“ gelesen werden, zu einer Aufarbeitung der jüngeren chinesischen Geschichte zu drängen.

Bei Betrachtung der Übungen bestätigt sich der Verdacht, dass es bei der Vermittlung von Landeskunde weniger um Deutschland als um China geht. Deutschland ist ausschließlich Gegenstand der Texte, nicht aber Gegenstand der Übungen. Weder bei den Transferübungen noch bei den vom Lehrwerk initiierten Vergleichen gibt es Anweisungen zu weitergehenden Recherchen über Deutschland. Eine Annäherung an Deutschland findet nicht statt, weil die Erfahrung der deutschen Wirklichkeit auf das Lehrwerk beschränkt bleibt. Die im Lehrwerk präsentierte deutsche Wirklichkeit dient lediglich als Ausgangspunkt der Reflexion über die eigene Welt. Die fremde Welt wird für die Auseinandersetzung mit der eigenen Welt in Anspruch genommen. Es geht um Identifikation der eigenen Position.

Zur Funktion von Landeskunde im GSD für curriculare Lehrziele

Im folgenden werde ich das Lehrwerk hinsichtlich jener Zielsetzungen des Curriculums diskutieren, die mit dem Konzept der „Interkulturellen Bildung“ scheinbar übereinstimmen. Die Unterschiede zwischen den europäischen und chinesischen Konzepten verweisen auf eine weitere Funktion von Landeskunde im chinesischen Lehrwerk „Grundstudium Deutsch“ und die Grenzen und Chancen von integrierter Landeskunde im Sprachunterricht in China.

„Die Vermitlung grundlegender landeskundlicher Kenntnisse“[18] – Landeskunde als Teil des Fremdsprachenunterrichts

Der Anspruch selbst, „grundlegende Kenntnisse“ vermitteln zu wollen ist m. E. problematisch, ebenso wie der Anspruch ein „objektives Bild“ zu entwerfen. Beide können nicht erfüllt werden, bestimmen aber den Duktus des Lehrwerks. Die Darstellung landeskundlicher Inhalte gibt sich durch die Präsentation den Anschein, „grundlegende Kenntnisse“ zu vermitteln, indem sie einerseits Informationen häufig in Form von Sachtexten und Statistiken bzw. Meinungsumfragen weitergibt und andererseits die Inhalte so auswählt und darstellt, dass sie geschlossene Bilder transportieren. Das Lehrwerk will Einsicht in kausale und funktionale Zusammenhänge geben und zum Verstehen der fremden Welt führen. Es bestätigt damit nicht nur Stereotype über Deutschland oder Deutsche, sondern schafft welche, indem es die Funktion von Stereotypen übernimmt: es generalisiert, kategorisiert, differenziert und typisiert.[19] Damit entwickelt es ein geschlossenes Bild der deutschen Gesellschaft und verhindert eine aktive Auseinandersetzung mit der fremden Wirklichkeit.

„Kulturkontrast“ und das „Verstehen von Unterschieden“[20]

Das Lehrwerk GSD hat als erstes chinesisches Lehrwerk „Kulturkontrast“ als grundsätzliches Prinzip etabliert. Es verwirklicht sich im Lehrwerk in einer „Progression der Fremdheit“. Am Anfang bildet China den Ausgangspunkt für die Erkundung der fremden Welt. Gespräche, Geschichten spielen vorerst in China. Einer thematischen Progression folgend, die beim Alltag beginnt und langsam in größere gesellschaftliche Zusammenhänge führt, ist es vorerst die chinesische (studentische) Alltagswelt, die im Lehrwerk gezeigt und der deutschen an die Seite gestellt wird. Zunehmend gerät China innerhalb der Texte aus dem Blick, bleibt aber immer Teil der Annäherung an die fremde Welt, wenn die Lernenden die im Lehrwerk dargestellten Phänomene auf die eigene Welt übertragen sollen.

Die Überschneidung von thematischer Progression und Progression der Fremde, die vereinfachten Darstellungen und der Wille, das Verbindende in den Vordergrund zu stellen, bedingen, dass durch vereinfachende Darstellungen am Beginn des Sprachunterrichts gerade dort, wo entscheidende Unterschiede existieren, Ähnlichkeiten konstruiert werden. So erweckt das Lehrwerk den Eindruck, dass z.B. chinesische und deutsche Studierende unter ähnlichen Bedingungen lebten und studierten und dass deutsche und chinesische Jugendliche mit denselben Problemen kämpften oder dass die Medien in Deutschland denselben Bedingungsgefügen unterliegen wie in China. Mit der Frage „Und wie ist das bei Ihnen? Und wie ist das in China?“ werden die im Lehrwerk dargestellten Phänomene im chinesischen Kontext betrachtet. Dadurch erscheint die deutsche Wirklichkeit, ihre Phänomene, Probleme und Fragestellungen auf die chinesische Wirklichkeit übertragbar und umgekehrt erscheint durch die Transferübung die eigene Wirklichkeit mit (dem im Lehrwerk dargestellten) Deutschland vergleichbar. Eine solche Art des Vergleichens ist problematisch.

Das Lehrwerk folgt der für den Kulturvergleich problematischen Vorstellung, dass kulturübergreifende Phänomene wie Familie, Rolle der Frau, jung sein, etc. grundsätzlich vergleichbar sind. Diese können aber innerhalb einzelner Kulturen aufgrund unterschiedlicher Erfahrungen, unterschiedlicher Geschichte etc. sehr verschieden bewertet, verstanden, empfunden werden[21]. Ebenso können tatsächlich gleiche Dinge, wie z.B. der Fernseher, in unterschiedlichen kulturellen Kontexten unterschiedliche Funktionen erfüllen.[22] Die Art wie Kulturkontrast im Lehrwerk gehandhabt wird, „verschont“ die Lernenden von der Unterschiedlichkeit der Kulturen. Die Text- und Themenauswahl sowie die Übungsanweisungen bagatellisieren die Unterschiede zwischen der deutschen und der chinesischen Lebenswelt, indem die deutsche Wirklichkeit der chinesischen ähnlich gemacht wird.

Baumgratz/Neumann (1980) haben darauf hingewiesen, dass für den landeskundlichen Vergleich messbare Aussagen zur Verfügung gestellt werden müssen, damit überhaupt verglichen werden kann. Durch die Vereinfachung und Einseitigkeit der Darstellung im GSD wurden die Phänomene messbar gemacht. Die Auswahl und Präsentation der Inhalte suggeriert damit Vergleichbarkeit, wo keine besteht. Im GSD soll der Vergleich letztlich dem „Verstehen und Wissen“[23] dienen. Den Unterschied zwischen dem Vergleich zur Erkenntnisgewinnung[24] und dem landeskundlichen Vergleich übersieht das Lehrwerk. Der Vorgang des Vergleichens im Lehrwerk suggeriert das Gefühl des „Verstehens".

„Die Ausbildung von qualifizierten Mittlern"[25]

Ziel der Vermittlung landeskundlicher Kenntnisse sowie des Bewusstseins der kulturellen Unterschiede ist, die Lernenden auf Situationen vorzubereiten, in denen sie die Rolle von „Mittlern" einzunehmen hätten. Auch in neueren Konzepten des Fremdsprachenunterrichts ist die Ausbildung zu „Mittlern", die über kulturelle Grenzen hinweg zu kommunizieren verstehen, übergeordnetes Lehrziel. Sie definieren den Mittler im Gegensatz zum Dolmetsch als eine Person, die nicht in den Hintergrund tritt, sondern sie kann „in einem bestimmten Sinne selbst eine aktive Rolle als Kommunikationspartner spielen, mit der Möglichkeit, zunächst in gewissen Grenzen selbst Mitteilungsintentionen einzubringen, zur Klärung von Mißverständnissen beizutragen und den Diskursverlauf zu steuern. D.h. er [der Mittler] kann neben der Funktion des *Übermittelns* auch die Funktion des *Vermittelns* ausüben."[26]

Um die Funktion des Über- und Vermittlers einnehmen zu können, müssen die Lernenden interkulturelle Kompetenz erwerben, das heißt, sie benötigen neben kulturspezifischem Wissen und allgemeinem Wissen über Kultur und Kommunikation auch Haltungen wie Toleranz und die Fähigkeit zur Empathie.[27] Letzteres wird für die Rolle des Mittlers besonders hervorgehoben. Ein Mittler müsse „die Eigen- *und* die Fremdperspektive von übergeordneten Aspekten her sehen können, d.h. unterschiedliche Stufen der Perspektivenübernahme beherrschen"[28]. Er müsse zur „inhaltlichen Perspektivenübernahme, zum inhaltlichen Nachvollziehen der einzelnen Perspektiven, bis hin zur höchsten Entwicklungsstufe, wo man in der Lage ist, auf einer Meta-Ebene verschiedene Perspektiven zu koordinieren" fähig sein (ebda. 47).

Empathie und Vergleich sind Wege, sich einer fremden Kultur zu nähern, es sind *interkulturelle Verstehensstrategien* (Müller 1986). Beide involvieren die Lernenden und fordern sie heraus. Intendiertes Resultat einer solchen Herausforderung ist, dass die Lernenden ihre eigene Position in Frage stellen und als kulturbedingt erkennen. „Verstehen" ist nicht ein Resultat des Unterrichts, sondern ein offener Prozess, den der Unterricht initiieren soll (Mennecke 1993, 44).

So sollen die Lernenden „vorurteilsfreies Werten und unvoreingenommene Kommunikationsbereitschaft“ sowie „differenzierendes Denken“ (Doyé 1993, 25) entwickeln. Empathie und Toleranz sind für erfolgreiche Mittler notwendig.

Das Lehrwerk GSD fordert und fördert die Fähigkeit der Perspektivenübernahme nicht. Der Mangel an Übungen zur Übernahme und Koordinierung von Perspektiven sowie die Art des Vergleichens unterbinden einen Verstehensprozess, gerade indem Verstehen suggeriert wird. Das entspricht den Intentionen des Rahmenplans, die etwas anders liegen, als jene des Konzepts der „Interkulturellen Erziehung“. Die Offenheit der Lernenden und die Fähigkeit, den eigenen Standpunkt in Frage zu stellen, scheint weniger Ziel, sondern Gefahr des landeskundlichen Lernens, weil:

„Die Aneignung einer Fremdsprache eröffnet für den Lernenden *eine unübersehbare Fülle von Einflüssen und Zugängen zu Informationen* aus dem Zielland, die den chinesischen Lerner *verwirren, verunsichern und Kulturschocks aussetzen*, wenn er nicht mit der Fremdsprache auch landeskundliches Wissen über die Zielkulturen und das eigene Land erworben hat.“[29]

Dementsprechend müssen Inhalte bereitgestellt werden, die einerseits durch ihre Ähnlichkeit nicht schockieren und das Eigene in Frage stellen, und andererseits im eigenen Kontext positiv zu wirken vermögen:

„Die Studenten kommen beim Erlernen einer Fremdsprache notwendigerweise mit *nichtsozialistischer Ideologie in Berührung, welche die Studenten latent beeinflußt*. Daher ist es beim Sprachenlernen unerläßlich, möglichst *durch konstruktive und positive Inhalte auf die Studenten einzuwirken*, um ihr Urteils- und Differenzierungsvermögen auszubilden.“[30]

Die Auseinandersetzung mit einer Kultur soll helfen, die eigene Position zu stärken und nur das von ihr aufzunehmen, was auf dem eigenen Weg hilft:

„Außerdem soll der Lerner in der Lage sein, sich *durch die Fremdkultur zu bereichern*, sie *kritisch aufzunehmen* und im Sinne der Völkerfreundschaft am Kultur*austausch* mitzuwirken.“[31]

Fremdsprachenunterricht findet in der VR China unter anderen Bedingungen statt als in Europa, wo Fremdsprachendidaktik und pädagogische Konzepte auf eine multikulturelle Gesellschaft und eine globalisierende Welt abzielen. Die Aufgabe des Rahmenplans ist es, „unter den vorgegebenen gesellschaftspolitischen Zielsetzungen und [bei dem] berufliche Bedarf, den die chinesische Gesellschaft an Deutschkundigen hat“[32], Richtlinien für das Grundstudium des Studienfaches Deutsch zu schaffen. Zielsetzung ist es, „Mittler“ auszubilden, die fähig sind „verantwortlich an der sozialistischen Modernisierung mit[zu]wirken“[33].

In dieser Hinsicht wurde das Lehrwerk den Ansprüchen des Curriculums gerecht. Der Sprachunterricht und die Auseinandersetzung mit der fremden Kultur dienen nicht dem besseren Verständnis Deutschlands, den Deutschen oder einer fremden Kultur generell gegenüber und auch nicht der Relativierung der eigenen Position. Die Darstellung Deutschlands im GSD hat sowohl die Funktion, das Welt- und Selbstverständnis der Studierenden zu klären und zu stärken[34], als auch eine tiefere Auseinandersetzung mit der deutschen Kultur zu vermeiden. Im Grunde geht es um den Aufbau und die Zukunft Chinas, an der die Studierenden mitzuwirken haben.

Schlussbemerkung

Die Untersuchung hat gezeigt, dass, obwohl doch die Lernziele gleich formuliert werden, Landeskunde in verschiedenen Unterrichts-Kontexten unterschiedliche Funktionen einnehmen kann. Auf Seiten des Rahmenplans für das Grundstudium Deutsch und neueren Konzepten des Fremdsprachenunterrichts in Europa liegen deutlich divergierende Auffassungen von „grundlegenden Kenntnissen“, „Kulturkontrast“ und der Rolle des „Mittlers“ vor. Diese Divergenzen verweisen auf die ideologische Komponente von Landeskunde. Dieser Faktor ist ein Grund, den allgemeinen Konsens, dass Lehrwerke über das Zielspracheland informieren sollten, erneut zu hinterfragen.

Anmerkungen

1 Die Frage nach dem Bild *deutschsprachiger Länder* im GSD hat sich nach einer ersten Durchsicht als so nicht beantwortbar herausgestellt, denn die Schweiz und Österreich spielen in dem Lehrwerk nur eine äußerst marginale Rolle. Europa ist so wenig thematisiert, daß ich sagen kann, es ist gar nicht vorhanden. Somit hätte ich den Titel dieses Aufsatzes ändern müssen in „Das Deutschlandbild in ...“, entsprechend allen sonstigen Publikationen zu dem Thema, die wie auch die meisten Lehrwerke konsequent den Blick auf den gesamten deutschsprachigen Raum vermeiden. Nicht nur der Polemik zu Liebe, sondern auch als ernsthafte Kritik an der fortdauernden Einseitigkeit der Deutsch-als-Fremdsprache-Lehre *und* -Forschung habe ich den Titel beibehalten, obwohl es im folgenden in aller erster Linie um das Deutschlandbild gehen wird.

2 vgl. Lippmann, Walter: Public Opinion. – New York 1922 (dt.: Die öffentliche Meinung. – München 1964). – zit. nach Kleinsteuber (1991), 62.

3 Kramsh 1991, 107f.; Byram 1993, 14f.

4 Andere pädagogische Konzepte des Fremdsprachenunterrichts wären das Konzept der „politischen Bildung“ und das Konzept der „tertiären Sozialisation“ (Byram 1993).

5 Mennecke, 1991, 28.

6 Knapp-Potthoff 1997.

7 Hess 1992, 360.

8 In einem zweijährigen Grundstudium erlernen die Studierenden, die ohne Deutschkenntnis an die Hochschule kommen, die Grundlage der deutschen Sprache, bevor sie mit dem zweijährigen Hauptstudium beginnen, das sie mit dem Baccalaureat abschließen.

9 Liang Min 1989 und 1995.

10 Rahmenplan für das Grundstudium Deutsch (1992).

11 Liang Min 1995, 234.

12 Liang Min 1995.

13 Die Zusammenfassung der Inhalte expliziter und impliziter Wertungen in den untersuchten Lehrwerken nach Ammer, Reinhard: Das Deutschlandbild in den Lehrwerken Deutsch als Fremdsprache. – In: Kast, Bernd/ Neuner, Gerhard (Hrsg.): Zur Analyse, Begutachtung und Entwicklung von Lehrwerken für

den fremdsprachlichen Deutschunterricht. Berlin 1994. S. 31-42, S. 41.

[14] Zhang Yushu 1996, 74.

[15] Zhu Yan 1996, 12.

[16] ebda.

[17] GSD 4, 51f.

[18] Rahmenplan 1992, 8.

[19] Keller 1983.

[20] Rahmenplan 1992, 8.

[21] Pauldrach 1992, 14.

[22] Breidenbach/Zukrigl, 16f.

[23] Liang Min 1995, 230.

[24] vgl. Baumgratz/Neumann 1980, 177.

[25] Rahmenplan 1992, 16.

[26] Knapp/Knapp-Potthoff 1985, 451; zit. nach Müller 1986, 40.

[27] Knapp-Potthoff 1997, 199ff.

[28] Müller 1986, 45.

[29] Liang Min 1989, 350; Herv. von mir.

[30] Rahmenplan, 410; Herv. von mir.

[31] Liang Min 1989, 351; Herv. von mir.

[32] Liang Min 1989, 354.

[33] Rahmenplan 1992, 16.

[34] vgl. dazu ähnliche Ergebnisse in: Bredella, Lothar (1994): Deutschlandbilder im amerikanischen Fernsehen: Inhalte – Formen – Funktionen. – Tübingen.

Literatur

Liang Min, Zhao Dengrong, Wang Shidan, Michael Nehrlich (1992 und 1993): Grundstudium Deutsch. Band 1 und Band 2. – Beijing: Peking-University-Press

Zhao Dengrong, Liang Min, Michael Nehrlich (1995): Grundstudium Deutsch. Band 3 und Band 4 – Beijing: Peking-University-Press

Rahmenplan für das Grundstudium im Fach Deutsch an Hochschulen und Universitäten in China (1992) – Beijing: Peking-University-Press

Ammer, Reinhard (1988): Das Deutschlandbild in den Lehrwerken für Deutsch als Fremdsprache. – München

Baumgratz, G./W. Neumann (1980): Der Stellenwert des Vergleichs im landeskundlich orientierten Unterricht – In: Jahrbuch DaF 13, S. 161-180

Breidenbach, Joana/Ina Zukrigl (1998): Tanz der Kulturen. Kulturelle Identität in einer globalisierenden Welt. – München

Byram, Michael (Hrsg.) (1993): Germany. Its Representation in Textbooks for Teaching German in Great Britain. – Frankfurt

Byram, Michael (1993): Language and Culture Learning: The Need for Integration. – In: Byram, Michael (Hrsg.): Germany. – a.a.O. S. 13 - 18

Huang Guozhen (Hrsg.)(1996): Deutsch in und für Asien. 1. IDV-Regionaltagung Asien Beijing 94. Dokumentation der Tagungsbeiträge. – Beijing: International Culture Publishing Corporation

Doyé, Peter (1993): Neuere Konzepte der Fremdsprachenerziehung und ihre Bedeutung für die Schulbuchkritik. – In: Byram, Michael (Hrsg.): Germany. – a.a.O. S. 19-29

Fritzsche, K. Peter (1993): Multiperspektivität – eine Strategie gegen Dogmatismus und Vorurteile. – In: Byram, Michael (Hrsg.): Germany. – a.a.O. S. 55-61

Hess, Hans Werner (1992): Die Kunst des Drachentötens. Zur Situation von Deutsch als Fremdsprache in der Volksrepublik China. – München

Huang Keqin (1996): Sprachunterricht unter dem Aspekt der Begegnung der chinesischen und deutschen Kultur. – In: Deutsch in und für Asien. a. a. O. S. 539-543

Keller, Gottfried (1983): Didaktische Analyse eines neuen kulturkundlichen Unterrichts auf lern- und sozialpsychologischer Grundlage – In: Raasch, A./W. Hüllen/F. J. Zapp (Hrsg.): Beiträge zur Landeskunde im Fremdsprachenunterricht – Frankfurt am Main/Berlin/München, S. 144-157

Kleinsteuber, Hans J. (1991): Stereotype, Images und Vorurteile – Die Bilder in den Köpfen der Menschen. – In: Günter Trautmann (Hrsg.): Die häßlichen Deutschen? Deutschland im Spiegel der westlichen und östlichen Nachbarn. – Darmstadt, S. 60-68

Knapp-Potthoff, Annelie (1997): Interkulturelle Kommunikationsfähigkeit als Lernziel. – In: Knapp-Potthoff, Annelie/Liedke Martina (Hrsg.): Aspekte interkultureller Kommunikationsfähigkeit. – München: iudicium

Kramsch, Claire (1991): Bausteine zu einer Kulturpädagogik des Fremdsprachenunterrichts. – In: JbDaF 17, S. 104-120

Liang Min (1989): Über die Entwicklung des neuen Curriculums für das Grundstudium im Fach Deutsch an Hochschulen und Universitäten der VR China. – In: DAAD-Dokumentationen und Materialien 14. Chinesisch-deutsches Germanistentreffen Peking 15.9.-19-9 1986. Dokumentation der Tagungsbeiträge. S. 347-358

Liang Min (1995): Pluralismus statt eines Ansatzes. Landeskunde im Grundstudium Deutsch an chinesischen Hochschulen. – In: Reformdiskussion und curriculare Entwicklung in der Germanistik – Internationale Germanistentagung 1995. S. 229-235

Macaire, Dominique/Wolfram Hosch (1996): Bilder in der Landeskunde. Fernstudieneinheit 11. – Berlin

Mennecke, Arnim (1991): Überlegungen zur Bewertung landeskundlicher Inhalte in fremdsprachlichen Lehrwerken. – In: Doyé, Peter (Hrsg.): Großbritannien, seine Darstellung in deutschen Schulbüchern für den Englischunterricht. – Frankfurt am Main, S. 27-39

Müller, Bernd-Dietrich (1986): Interkulturelle Verstehensstrategien – Vergleich und Empathie. – In: Gerhard Neuner (Hrsg.): Kulturkontraste im Deutsch als Fremdsprache-Unterricht. – München

Pauldrach, Andreas (1992): Eine unendliche Geschichte. Anmerkungen zur Situation der Landeskunde in den 90er Jahren. – In: Fremdsprache Deutsch 6. S. 4-15

Spence, Jonathan D. (1995): Chinas Weg in die Moderne. – München, Wien: Hanser. (Orig. (1990)The Search for Modern China. – New York: W.W. Norton & Company)

Zhang Yushu (1996): Literatur im Deutschunterricht in China – Unsere Verhältnisse und unsere Ansichten – In: Huang Guozhen (Hrsg.): Deutsch in und für Asien (a.a.O). S. 74-80

Zhu Yan (1996): Deutsch für China – Stellenwert und Bestandsaufnahme mit Seitenblick – In: Huang Guozhen (Hrsg.): Deutsch in und für Asien (a.a.O.). S. 12-18

Rassismus/Biologismus
Aktuelle Tendenzen und Gegenstrategien

Heribert Schiedel

DIE KRAFT DER NATUR

Zur Funktion und Wirkungsweise biologistischer Diskurse

Der Rekurs auf die „Natur" als außer- und vorgeschichtliche Realität, die Gesellschaftlichkeit in erster Linie oder gar ausschließlich determiniere, ist wohl so alt wie das politische Denken. Mit diesem Rückgriff lassen sich Emanzipations- und Gleichheitsforderungen genauso unterfüttern wie die Abwehr derselben. Im folgenden soll uns der Biologismus jedoch nur unter letzterem Aspekt interessieren. Insbesondere möchte ich die Bedeutung biologistischer Diskurse für den Rechtsextremismus, der ja eine Bündelung und radikale Steigerungsform antiemanzipatorischer Ideologien darstellt, in den Mittelpunkt der Auseinandersetzung rücken.

Herbert Marcuse beschrieb 1934 den „heroisch-völkischen Realismus" als weltanschaulichen Kern des deutschen Faschismus und nannte den „irrationalistischen Naturalismus" als eine von dessen wichtigsten Quellen: „Die Interpretation des geschichtlich-gesellschaftlichen Geschehens auf ein naturhaft organisches Geschehen hin greift hinter die wirklichen (ökonomischen und sozialen) Triebfedern der Geschichte zurück in die Sphäre der ewigen und unwandelbaren Natur. (...) Die mythisch-vorgeschichtliche Natur hat in der neuen Weltanschauung die Funktion, als der eigentliche Gegenspieler gegen die selbstverantwortliche rationale Praxis zu dienen. Diese Natur steht als das schon durch ihr Dasein Gerechtfertigte gegen alles, was erst der vernünftigen Rechtfertigung bedarf, als das schlechthin nur Anzuerkennende gegen alles erst kritisch zu Erkennende, (...) als das Unzerstörbare gegen alles der geschichtlichen Veränderung Unterworfene." (Marcuse 1979: 41)

Ohne monokausalen Erklärungen und einer Zwangsläufigkeit der Entwicklung von der Idee zur Tat das Wort reden zu wollen – das nationalsozialistische Vernichtungswerk läßt sich nicht begreifen ohne ein Verständnis der staatlichen Durchsetzung und gesellschaftlichen Akzeptanz derartiger naturalistischer Vorstellungen. Und diese haben eine lange Tradition in den deutschsprachigen

Ländern: Ausgehend von der natürlichen Kategorie „Volk" (samt dazugehörendem „Geist") im Diskurs der aufkommenden antifranzösischen Nationalbewegung radikalisierte sich dieses Denken – unter dem Einfluß des neuen Wissenschaftsethos und gesellschaftssanitärer männlicher Allmachtsphantasien – zum Rassismus und eliminatorischen Antisemitismus. „Volkstum", „Blut" und „Rasse" waren lange vor Auschwitz jene unbezwingbaren Gewißheiten, die allem politischen und sozialen Denken und Handeln vorgelagert waren. Die nationalsozialistische Ideologie und Vernichtungspolitik als Kulminationspunkt dieser Entwicklung kann von daher nicht mittels der Dichotomie Rationalität-Irrationalität erklärt werden. Vielmehr handelt es sich beim völkischen Wahn im Kern um eine Gegen-Rationalität, in welcher „die Ratio unter die Heteronomie des Irrationalen" (Marcuse 1979: 50) gestellt wird.

Wenn nach 1945 auch die vorgelagerten Kategorien aufgegeben wurden, der gegenrationale Mechanismus blieb grundsätzlich der gleiche. Rechtsextremisten betonen heute, daß „die Anerkennung biologischer Realitäten zweifellos nicht faschistisch ist, nur weil einige Nationalsozialisten die Anthropologie nicht richtig verstanden haben." (Meinrad zit. in Feit 1987: 103) Im Projekt einer Modernisierung des Rechtsextremismus, das unter der ideologischen Eigenbezeichnung „Neue Rechte" läuft, kommt der „Natur" und den dazugehörenden Wissenschaften wieder zentraler Stellenwert zu. Die Übertragung von deren Erkenntnissen auf die Gesellschaft nennen wir heute Biologismus. Dabei wird „eine adäquat erscheinende soziale Praxis, etwa die Dichotomie von Mann und Frau, oder eine angeblich angeborene Angst vor ‚Fremden' – (...) in die Natur hineinprojeziert, um dann in einem nächsten Schritt auf die Gesellschaft zurückprojeziert zu werden." (Wölflingseder 1995: 24) Im biologistischen Diskurs, der weit über den organisierten Rechtsextremismus hinaus verbreitet ist, wird systematisch an der Naturalisierung des Sozialen und Politischen gearbeitet. Der Einfluß der erfahrenen Umwelt auf die persönliche Entwicklung wird minimiert oder gar geleugnet, statt dessen wird der entgesellschaftlichte, „von Grund auf unbezwingbare, biologisch präformierte Mensch" (König zit. in Schiedel 1994: 125) präsentiert. Geschichte wird nicht von Menschen unter bestimmten Bedingungen – von denen eine die Natur ist – gemacht, sondern fällt in eins mit der Evolution. Mit der menschlichen Freiheit ist es dann logischer

Weise nicht weit her. Sämtliche Gleichheitsvorstellungen werden im biologistischen Diskurs ins Reich der Utopien verbannt. Die hierbei leitenden Interessen sind rasch als antiemanzipatorische auszumachen: Der Biologismus ist seit jeher „der Erhaltung des gesellschaftlichen Status quo verpflichtet“ (Löther 1995: 16). In erster Linie wird dieser Verpflichtung durch die Naturalisierung sozialer Ungleichheit nachgekommen. Dabei hat die Genetik die Anthropologie als Fundus für antiegalitäre Anschauungen abgelöst: Ausgehend von der Unterschiedlichkeit in der genetischen Ausstattung wird gegen das Gleichheitspostulat Position bezogen. Gegenüber weiblichen Selbstbestimmungsforderungen wird im Rückgriff auf die „Erkenntnisse des Verhaltensforschers Irenäus Eibl-Eibesfeldt“ etwa betont, da es die „Natur“ „bestimmt (hat), daß es Unterschiede zwischen den Menschen gibt“ und da „‚rollenspezifisches‘ Verhalten nicht hauptsächlich durch die Erziehung gesetzt wird, sondern bereits angeboren ist.“ (Fischer 1993: 8) Die „biologischen Fähigkeiten“ (ebd.) der Frau als Mutter ketten diese an das private Heim.

Der ideologische Gehalt dieses sogenannten „realistischen Menschenbildes“ zeigt sich auch darin, daß die „Natur“ stets in Übereinstimmung mit kapitalistischer Vergesellschaftungsform konstruiert wird. So meint etwa Eibl-Eibesfeldt: „Das Leben wird vom Wettstreit getrieben. Konkurrenz formte bis zum heutigen Tag die Organismen. Jede Pflanze kämpft mit anderen um ihren Platz an der Sonne, und tierische Organismen wetteifern um begrenzte Güter. Sie tun dies auch innerhalb einer Gruppe, und der Mensch macht da keine Ausnahme.“ (Eibl-Eibesfeldt 1994: 74)

Wie jede Herrschaftsideologie kommt auch der Biologismus nicht ohne Verobjektivierung seiner Grundlagen aus. Mit Marcuse wurde schon darauf hingewiesen, daß es hierbei darum geht, eine „Natur“ als vordiskursive und -gesellschaftliche Realität zu behaupten. Diese „Natur“ weise uns mit ihren „Gesetzen“, die nicht erst im Prozeß der menschlichen Betrachtung konstruiert werden, den richtigen Weg. Und dieser „biologische Realismus“ sei daher ganz etwas anderes als Ideologie.

Die Behauptung, Naturgesetze seien keine Arbeitshypothesen, mit denen Einzelbetrachtungen systematisiert werden können, sondern universell gültige/überhistorische Wahrheiten über jede materielle Form, geht maßgeblich auf Haeckel zurück. Ernst Haeckel (1834-1919) gilt als Vater des Sozialdarwinismus und Begründer einer gesamtheitlichen, ökologischen Weltsicht gleichermaßen. Bis heute konnten sich Teile der Umweltschutzbewegung von diesem Gründungsmakel nicht befreien (vgl. Schiedel 1994).

Es sind nicht umsonst Wissenschaftler wie der jüngst verstorbene Rassenpsychologe Hans Eysenck, die verlangen: „Es ist an der Zeit, wissenschaftliche Erkenntnisse auf menschliches Handeln zu übertragen und unser Verhalten mit wissenschaftlich fundierten Methoden zu überprüfen." (zit. in Billig 1981: 74) Die Träger dieser Erkenntnisse bieten sich als Eliten an. Insbesondere Ethologen in der Tradition des Rassenhygienikers und Begründers der vergleichenden Verhaltensforschung Konrad Lorenz (1903-1989) sind hier zu nennen. Wie der geradezu als Säulenheiliger der „Neuen Rechten" zu bezeichnende Lorenz sind viele Nachfolger fest in rechtsextreme Zitier- und Publikationszusammenhänge eingebunden.

Am derzeit wohl prominentesten Beispiel verdeutlicht Andreas Mölzer die Funktion derartiger Wissenschaftler für den organisierten Rassismus: „Der Humanethologe Eibl-Eibesfeldt spricht in seinen wissenschaftlichen Arbeiten davon, daß vor einem allzugroßen Prozentsatz von Ausländern die Xenophobie, der Fremdenhaß also natürlich sei." (Mölzer 1990: 7)

So können rassistische Mordbrenner, die ihrer „natürlichen" Ablehnung von „Fremden" Ausdruck verleihen und MigrantInnenheime in Brand stecken, zu Trägern des biologischen Erbes und der Evolution erklärt werden. Mölzers Sager ist ein eindrucksvoller Beleg für die neorassistische Argumentation: Hier geht es nicht mehr um die Behauptung, es gäbe unterschiedliche „Rassen" und eine Hierarchie zwischen diesen, sondern um eine Ontologisierung des Rassismus. Etienne Balibar spricht deswegen auch von „Metarassismus". Dieser erklärt „nicht die rassische Zugehörigkeit, sondern das rassistische Verhalten zu einem natürlichen Faktor" (Balibar 1989: 374).

Der unfreie Mensch im biologistischen Diskurs ist der Herrschaft der Triebe unterworfen. So tönt Eibl-Eibesfeldt: „Wir wissen, daß unser Denken, Wahrnehmen und Handeln in ganz entscheidendem Ausmaße durch das Angeborene – stammesgeschichtlich Angepaßte – vorprogrammiert ist." (zit. in Löther 1995: 16) Aus einem Dominanztrieb ergebe sich die soziale Hierarchisierung innerhalb einer Gesellschaft und im globalen Maßstab unter den „Völkern". Deren Verhalten werde maßgeblich durch den Territorialtrieb bestimmt:

„So wie viele höhere Wirbeltiere Revierfremde als Eindringlinge vertreiben, so reagieren auch wir Menschen auf Zuwanderer in ein bereits besetztes Gebiet mit archaischen Abwehrreaktionen." (Eibl-Eibesfeldt zit. in Wölflingseder 1995: 32)

Der Territorialtrieb ist aber nicht nur für die Abgrenzung nach außen verantwortlich, sondern auch für die Solidarität nach innen, welche aus dem gemeinschaftlichen Wunsch der Gruppe nach Reproduktion erwachse. Die mit einem Überlebensinteresse ausgestatteten „Ethnien", welche den Begriff „Rassen" in der Beschreibung von (als unterschiedlich konstruierten) Menschengruppen abgelöst haben, werden im völkischen Diskurs seit jeher personalisiert. Der antiliberale Affekt bezieht seine Energie dann aus der Gefahr für die „Volksgemeinschaft", welche sich aus der Verfolgung partikularer Interessen ergibt. Auch Eibl-Eibesfeldt schlägt in diese Kerbe, wenn er schreibt: „In einem als ‚liberal' mißverstandenen Individualismus kapseln sich Individuen und Kleingruppen voneinander ab, um ohne Rücksicht auf die Interessen der größeren Gemeinschaft ihre Eigeninteressen durchzusetzen." (Eibl-Eibesfeldt 1994: 85f)

Jene Gruppen, deren Territorialtrieb am besten funktionierte, hätten am leichtesten überlebt – nationalistische und rassistische Aggression „als Fortschritt im Sinne der Evolution." (Waldmann zit. in Bartsch 1975: 51) Der Aggressionstrieb erscheint schließlich als Energiequelle der beiden anderen Triebe.

In der sogenannten „Biopolitik" werden nun Ordnungsmodelle entwickelt, welche das individuelle wie kollektive Ausleben dieser Triebe ermöglichen sollen. Die Normen solcher Gesellschaften müssen dergestalt sein, daß sie „mit den natürlichen Gesetzmäßigkeiten übereinstimmen." (Bartsch 1975: 43) Da es „nirgends in der belebten Natur Gleichheit (gibt)" (Scrinzi 1984: 7), sind etwa Sozialstaaten, die sich zur Herstellung der Chancengleichheit zumindest bekennen, aus biopolitischer Sicht abzulehnen. Der langjährige FPÖ-Nationalratsabgeordnete Otto Scrinzi kämpft mit der „Natur" im Anschlag auch gegen politische Gleichheit: „Die verhängnisvollsten Auswirkungen demokratischer Macht liegen in dem von ihr verkündeten Recht auf Gleichheit. (...). Die Wiederherstellung des fundamentalen, durch die Natur selbst geschaffenen Grundrechtes auf Ungleichheit könnte diesem Übelstand zweifellos abhelfen." (Scrinzi 1984: 22f) Diese Abhilfe soll die „elitäre Demokratie" schaffen, die es vorstellbar erscheinen läßt, „für besondere wissenschaftliche, kulturelle, soziale oder militärische Leistungen einen Stimmzuschlag zu gewähren und damit schrittweise das zu entwickeln, was man ‚Wähleraristokratie' genannt hat. Umgekehrt müßten um sozial schädliche, sozial feindliche und kriminelle Bürger vom Wahlrecht dauernd oder zeitlich befristet ausschließen zu können, entsprechende Reformen erfolgen." (Scrinzi 1985: 373) Schließlich zeichnet sich biologistisches Denken durch den Glauben an die Vererblichkeit von so ziemlich allen menschlichen Eigenschaften und Verhaltensweisen aus. Die Kriminalität etwa wird mit „Defektgene(n)" (Pust 1993: 19) erklärt. Vor allem aber soll es die Intelligenz sein, die vererbt wird. Der US-amerikanische Rassenpsychologe Arthur R. Jensen behauptete 1968, Intelligenz sei zu rund 80% von der Vererbung abhängig und der IQ der AfroamerikanerInnen liege durchschnittlich um ca. 15 Punkte unter dem der Weißen. Den Rassisten drängte sich der Schluß auf, „daß die Intelligenz etwas mit der Rasse zu tun haben muß." (Bartsch 1975: 48) Der Verbreitung von Jensens Erkenntnissen tat es keinen Abbruch, daß sie in der internationalen Wissenschaftsgemeinde auf breite Ablehnung stießen und größtenteils widerlegt wurden (vgl. Billig 1981: 75f). Denn zu brauchbar waren und sind sie für die Agitation gegen Wohlfahrtsstaat und Bildungsprogramme. Ein Apologet der „Neuen Rechten" bringt die Funktionalität der Intelligenzforscherei auf den Punkt: „Jensen fällte damit das Todesurteil über die Rassenintegration in den amerikanischen Schulen, soweit sie den Bildungsunterschied ausgleichen sollte." (Bartsch 1975: 49). Daneben wurden mit derartigen Erkenntnissen eugenische (i.e. menschenzüchtlerische) Forderungen „wissenschaftlich" abgesichert. In modernen Gesellschaften, in welchen die natürlichen Selektionsmechanismen weitgehend außer Kraft gesetzt seien, werde das „Volk" durch einen genetischen „Verfall" bedroht. So warnte Eysenck vor dem Sinken eines „nationalen Intelligenzquotienten" bei eugenischer Untätigkeit. Während die „negative Eugenik" die Sterilisation von „Minderbegabten" betreibt, soll mittels „positiver Eugenik" (der geförderten Endogamie zwischen Intelligenzbestien) das allgemeine Intelligenzniveau gehoben werden. Mit „qualitativer Bevölkerungspolitik" soll die genetische Ausstattung des „Volkes" grundsätzlich verbessert werden: „Zwei Kinder aus einer gesunden Familie sind wünschenswerter als fünf mit krankem Erbgut." (Bartsch 1975: 50).

Derartige Positionen würden kaum eine Auseinandersetzung wert sein, wären sie nicht in den Gesundheitsprogrammen zahlreicher demokratischer Staaten Wirklichkeit geworden. Das selektionstheoretische Paradigma kann heute weitgehend als gesellschaftlich durchgesetzt bezeichnet werden (vgl. Trallori 1995). Die Entwicklungen in der Humangenetik und das Aufkommen moderner Reproduktionstechnologien lassen für manche schon Nietzsches „blonde Bestie" am Horizont erscheinen. Während offen rassenhygienische Utopien für den Rechtsextremismus leitend sind, befördert das utilitaristische Denken technokratischer Gesundheits- und Sozialplaner gesellschaftssanitäre Positionen. Und in der Verbindung von wohlfahrtsstaatlichen Einsparungsmaßnahmen mit eugenischen Diskursen zu Legitimationszwecken liegt deren eigentliche Gefährlichkeit begründet: Der Preis des Lebens droht dann wieder über dessen „Wert" bestimmt zu werden ...

Literatur

Balibar E.: Gibt es einen „neuen Rassismus"? In: Das Argument 175/1989, 31. Jg., H. 3, S. 369-380

Bartsch, G. 1975: Revolution von rechts? Ideologie und Organisation der Neuen Rechten. Herder: Freiburg u.a.

Billig, M. 1981: Die rassistische Internationale. Zur Renaissance der Rassenlehre in der modernen Psychologie. Verlag Neue Kritik: Frankfurt a. M.

Eibl-Eibesfeldt, I. 1994: Wider die Mißtrauensgesellschaft. Streitschrift für eine bessere Zukunft. Piper: München/Zürich

Feit, M. 1987: Die „Neue Rechte" in der Bundesrepublik. Organisation – Ideologie – Strategie. Campus: Frankfurt a. M./New York

Fischer, E.: Gleichwertig – aber andersartig. In: Identität 1/1993, S. 8-9

Löther, R. 1995: Der Mensch – Natur- und Gattungswesen. In: Fischer, G./Wölflingseder, M. (Hg.): Biologismus – Rassismus – Nationalismus. Rechte Ideologien im Vormarsch. Pro Media: Wien, S. 11-21

Marcuse, H. 1979: Der Kampf gegen den Liberalismus in der totalitären Staatsauffassung. In: Abendroth, W. (Hg.): Faschismus und Kapitalismus. Theorien über die sozialen Ursprünge und die Funktion des Faschismus. Europäische Verlagsanstalt: Frankfurt a. M., S. 39-74

Mölzer, A.: Einwanderungsland Österreich? In: Aula 5/1990, S. 7

Pust, I.: Die Umvolkung hat schon begonnen. In: Aula 7-8/1993, S. 18-19

Schiedel, H. 1994: „Mutter Erde" statt „Blut und Boden". Die ökologisch-spirituelle Erneuerung des Faschismus. In: Purtscheller, W. (Hg.): Die Ordnung, die sie meinen. „Neue Rechte" in Österreich. Picus: Wien, S. 124-149

Scrinzi, O. 1984: Politik zwischen Ideologie und Wissenschaft. Eckartschriften, H. 92. Österreichische Landsmannschaft: Wien

ders. 1985: Grundfragen nationaler Politik. In: Mölzer, A. (Hg.): Österreich und die deutsche Nation. Aula-Verlag: Graz, S. 365- 376

Trallori, L. N. 1995: „Verbesserung" und Vernichtung. Zum Selektionsparadigma in der Humangenetik. In: Fischer, G./Wölflingseder, M. (Hg.): Biologismus – Rassismus – Nationalismus. Rechte Ideologien im Vormarsch. Pro Media: Wien, S. 75-88

Wölflingseder, M. 1995: Biologismus - „Natur als Politik". New-Age und Neue Rechte als Vorreiter einer (wieder) etablierten Ideologie. In: ebd., S. 22-36

Andreas Rasp, Martin Luksan

VON DER ERFINDUNG DES ARIERS ZUM „ETHNOPLURALISMUS"

Das phantastische Konstrukt des „Ariers", das um 1900 von der damaligen Wissenschaft vom Menschen suggeriert wurde, war schon zu Beginn des 19. Jahrhunderts als Vorstellung verbreitet. Jede Kultur sei aus Indien gekommen und das Urvolk der „rassereinen" nordischen und arischen Europäer sei mit den Begründern der Hinduwelt, den Aryas identisch gewesen. Dieser Mythos hatte im 19. Jahrhundert an Glaubwürdigkeit gewonnen, weil der Kolonialismus der europäischen Nationen eine Hierarchie der Rassen dringend benötigte.

Das Bemerkenswerte an der Arier-Phantasie war die Differenzierung der europäischen Populationen in hochwertige Arier und minderwertige andere Gruppen. Diese „minderwertigen Europäer" wurden nach den jeweiligen ethnischen und sozialen Bruchlinien bestimmt. Die Ausgrenzungen wurden pseudobiologisch begründet, waren aber nicht einmal bezüglich der Haar- und Irisfarbe praktisch verbindlich. So erklärten sich im 19. Jahrhundert Franzosen zu den eigentlichen Erben des Ariertums im Gegensatz zu den von „finnisch-stämmigen" Preußen beherrschten Deutschen, und viele Engländer sahen die Angelsachsen als eigentliche Germanen an. Die radikalste Position bezogen deutsche „Arier-Spezialisten", die das Deutschtum als unverfälschtes Germanentum hoch über die Slawen, die Romanen und die angelsächsischen „Mischlingsvölker" stellten.

Einer der ersten Theoretiker dieses innereuropäischen Rassismus war Arthur de Gobineau, der die französische Revolution als Auflehnung der minderrassigen Unter- und Mittelschichten gegen die arisch-nordische französische Aristokratie deutete. Damit lieferte er ein Muster, das geeignet war, nicht nur ethnische, sondern auch soziale Konflikte rassistisch auszulegen. Die immer neuen Anläufe der Demokratie erschienen als die chaotische Unruhe der Minderrassen, als der Aufruhr des „schlechten Blutes". An diese Sicht schlossen später die Nationalsozialisten an, indem auch sie soziale Kämpfe als verkappten Rassenkrieg betrachteten.

Die Ausgrenzung und die Diskriminierung der Juden, die im christlichen Antijudaismus schon gegeben war, fand in dem Rassenantisemitismus des 19. Jahrhunderts ihre stärkste Stütze. Die Spezifik des Rassenantisemitismus lag darin, daß die durch die Judenemanzipation ermöglichte Assimilation der Juden sie als „unsichtbare“ Rassenfeinde erscheinen ließ. So trat bei den assimilierten europäischen Juden etwa um 1880 zu der „rassischen Minderwertigkeit“ noch die Dämonisierung hinzu. Die Aspekte dieser Dämonisierung wurden in Kulturtheorien und später auch in den Wissenschaften ausgiebig abgehandelt.

Um 1880 wurde der Antisemitismus in Österreich-Ungarn lautstärker betrieben als die Frage der nationalen Zugehörigkeit. Schon aus diesem Grund ist es völlig falsch, den Antisemitismus in Österreich sowohl vor 1914 als auch vor 1938 als einen „katholischen Antisemitismus“ zu spezifizieren und zu verharmlosen. Auch in Österreich wurde der Antisemitismus vorwiegend rassistisch begründet.

Die beiden österreichischen Studentenverbindungen „Teutonia“ und „Libertas“ definierten schon vor 1900 die Juden ähnlich wie die sogenannten „Nürnberger Rassengesetze“: Jude ist, wer von einem Elternteil mit mosaischem Bekenntnis abstammt, ganz gleich welche Religion er selber hat. (Die Nürnberger Gesetze haben diese Regelung allerdings durch Rückgriff auf die Großeltern verschärft). Georg von Schönerer, die Leitfigur des Deutschnationalismus in der Habsburgermonarchie, erklärte die Zugehörigkeit zu der „arischen Rasse“ zur Grundlage der Bürgerrechte und verlangte für die Juden ihre Kennzeichnung sowie die Beschränkung ihrer Mobilität auf Ghettos.

Schon gegen Ende des 19. Jahrhunderts wurden die Begriffe „arisch“ und „nordisch“ synonym verwendet. Daran hatte Karl Penka, ein Wiener Laienforscher, großen Anteil. Die nordische Rasse sah er in skandinavischen, norddeutschen und nordenglischen Bevölkerungsgruppen konzentriert, die – stets von Nordwesten nach Osten ziehend – auch das indogermanische Urvolk gebildet hätten. Diese wissenschaftlich völlig unhaltbare Auffassung, die mehr mit Mystik als mit Indologie oder Anthropologie zu tun hatte, wurde später eine Grundlage der Frühgeschichtskonzeption der Nazis. Alfred Rosenberg und viele andere erklärten mit Hilfe dieser Nordthese sogar das Entstehen der griechischen Kultur.

Im Umfeld dieser „ariozentrischen" Ursprungstheorien war der „Sozialdarwinismus" verbreitet. Diese Vorstellung einer Selektion des Starken und Tüchtigen auf individueller und kollektiver Ebene beruhte teils auf unverstandenem Darwin, teils auf der ideologischen Tendenz zur Einführung eugenischer Maßnahmen.

Die Eugenik mit ihre Spannweite von „ganzheitlicher Volksmedizin" bis zur „Rassenhygiene" war keineswegs auf rechtskonservative bis rechtsextreme Milieus beschränkt, sondern wurde in den zwanziger Jahren auch von sozialistischen und sozialdemokratischen Kreisen gutgeheißen. Das Beispiel des Biologen und Gesundheitspolitikers Julius Tandler, der für Kriminelle, geistig Behinderte und schwere Epileptiker Sterilisation und Kastration verlangte, zeigt die breite Akzeptanz derartiger Gedanken.

Nach 1900 (und verstärkt in den Elendsjahren nach dem 1. Weltkrieg) wurden biologische Denkmuster völlig haltlos auf die Gesellschaft übertragen. Die organologische Sicht des Sozialen ließ die Bevölkerung als „Organismus" erscheinen und verführte zu einer biologistischen Rechtfertigung von Politik. So wollten nicht nur die Nazis ihren „neuen Menschen" züchten, sondern auch Teile der Sozialdemokratie und der Kommunisten die Erziehbarkeit zum „Neuen Menschen" nur einem biologistisch verstandenen „Superproletariat" zusprechen. Der ausgesprochene Vernichtungswille bezüglich der sozial, kulturell und körperlich Anderen blieb freilich auf den Nationalsozialismus beschränkt.

In religiös-rassistischen Geheimvereinen um 1900 findet man den „Ariozentrismus" (die spekulative Frühgeschichte) am weitesten ausgemalt, so z.B. bei dem Wiener Exmönch Lanz von Liebenfels, der den Sündenfall als eine Rassenmischung der blonden Menschenfrau Eva mit dem schwarzzotteligen Teufelstier Satan deutete.

Die Rassenmystik der Nazis wurde von solchen Geheimlehren nachweislich beeinflußt. Dies bleibt auch dann bedeutsam, wenn man feststellt, daß für wirtschaftliche Ausbeutung, Versklavung und Genozid keine Metaphysik nötig war. Die Verfolgung und Vernichtung der Juden durch die Anhänger des Nationalsozialismus verriet eine psychopathologische, arationale, „hexenjägerische" Komponente, die dem Rassismus der Kolonialisten, Eugeniker und Züchtern des „Neuen Menschen" fehlte. Dies stellt eine Komponente des Selbsthasses und der Paranoia dar, die vor allem bei Anhängern des „okkulten Wissens" besonders stark ist.

Die „Ariosophie" des Lanz-Liebenfels wurde durch die Weiterentwicklung der rassenkundlichen Anthropologie nicht etwa unmöglich gemacht, sondern im Gegenteil in den Bereich wissenschaftlich relevanten Fragens gerückt. Die Rassenkunde der Nazis bestimmte beispielsweise, daß es einen „Judenmund", „Jüdische Augenlider" und eine „Judennase" gäbe. Letztere sei keineswegs durch ihre Größe, sondern durch das „Herabhängen der Unternase", „breite, weiche Nasenflügel", sowie durch einen „leicht nach außen gebogenen Nasenrücken" erkennbar. Gleichzeitig wurde betont, daß viele „Judenmischlinge" überhaupt nicht „jüdisch" aussähen. Dadurch kam zur Rassenkunde immer auch die „Ahnenkunde" hinzu, die nun über das Schicksal eines Menschen durch Rückgriff auf das Religionsbekenntnis seiner Vorfahren entschied. Die verschiedenen Wege, „fremdrassige Typen" zu bestimmen, führte vor einigen Jahren zu der überflüssigen Diskussion, ob die Nazis eher die jüdische Religion oder die jüdische Rasse hätten ausrotten wollen.

Heute erkennt man am sogenannten „Ethnopluralismus", daß „Religion" respektive „Kultur" in einem bestimmten Sprachgebrauch nur ein Tarnwort für „Rasse" ist. Tatsächlich führt die Überbetonung der erbbiologischen Anlagen eines Menschen nicht nur zu absoluten Unterschieden zwischen den Menschen, sondern auch zur biologistischen Fundierung von Kultur. Den „assimilierten Juden" sowie den „Judenmischling" behaupteten die Nazis auch an seinen psychologischen, das heißt geistigen Merkmalen zu erkennen. Wie die neueste Forschung (nach Öffnung von DDR-Archiven) zeigt, hat zum Beispiel Konrad Lorenz in seiner Königsberger Zeit die sogenannte „moralische Minderwertigkeit" als vererbt begriffen (ganz ähnlich wie Lombroso in seinen „kriminalbiologischen" Phantasien). Auch wenn der Forscher hier gleichsam „neue Typen" schuf, die sich auf „Volk" und „Rasse" zunächst nicht bezogen, kamen am Ende wieder nur die gute eigene und die böse fremde Rasse heraus (bei Lombroso war der fremdrassige Zigeuner der „geborene Verbrecher").

Mit Hilfe der eugenisch verschärften Volksmedizin wurde innerhalb des „eigenen Volkes" ein „künstlicher Sozialdarwinismus" ermöglicht. Man unterstützte quasi bewußt die Natur bei ihrer Selektion der Kranken und Schwachen. Auch diese Selektion nach innen war im Grunde nur auf der Basis eines gedanklichen Supermenschentums, das heißt des Züchtungsgedankens möglich. Die, wie gesagt, breite Akzeptanz des Züchtungsgedankens in der ersten Hälfte des 20. Jahrhunderts ist heute eine gesicherte Tatsache, die beispielsweise die öffentliche Propagierung von Sterilisation, Kastration und sogar Euthanasie durch die Nazis weitgehend erklärt.

Die ariozentrisch verbildete und geführte Gesellschaft wurde systematisch dazu gebracht, „christliche" Mitleidsregungen abzulegen, was in den Kriegsjahren naturgemäß leichter fiel. Die industrielle Massentötung von Menschen begann 1939, und sie begann nicht mit den Juden, sondern mit den Behinderten und Geisteskranken. Die totale Vernichtung europäischer Juden wurde zwar nicht mehr öffentlich propagiert, sie geschah aber auch nicht mit jener großen Diskretion, die ein Mythos der Weltkriegsgeneration behauptet.

Die physische Vernichtung von Menschengruppen wurde im 2. Weltkrieg in einem weit höheren Maße rassistisch gerechtfertigt als im ersten. In diesem Sinn stellt die Zerschlagung des 3. Reiches und die Bannung nationalsozialistischer Gedanken durch „Verbotsgesetze" eine sehr gravierende Zäsur dar. Es stimmt zwar, daß der Begriff „Volk" im 19. Jahrhundert zur Herausbildung der Nationalstaaten und damit für das gesamte zivilisatorische Selbstverständnis der Menschheit unabdingbar war, doch ist es genauso zutreffend, daß dieses Wort seine alte zivilisatorische Bedeutung weitgehend eingebüßt hat. Oder anders: Es ist für die Weiterentwicklung der Menschheit nicht mehr wichtig, primär in Begriffen des „Volks" zu denken. Dies gilt in noch größerem Maß für den vageren Begriff „Rasse".

Die Anthropologie hat gezeigt, daß sich die sogenannten Menschenrassen durch historische Anpassung an ihre geographische und klimatische Umwelt herausgebildet haben – und zwar auf der Basis der „genetisch adaptiven Merkmale" (z.B. Hautfarbe, Körperbau). Diese Menschenrassen haben sich geistig überall gleich entwickelt (mit Ausnahme der sogenannten „Naturvölker", bei denen durch eine genetische und geographische Isoliertheit in einem klimatischen Extremgebiet vorwiegend körperliche Fähigkeiten entwickelt wurden). Und am Beispiel der Technik im 20. Jahrhundert kann gezeigt werden, daß die anthropologische Phase der Anpassung des Menschen an seine Umwelt für die Weltbevölkerung abgeschlossen ist (man kann hier nur noch darüber streiten, ob die

Abschwächung der Rassendifferenzierung primär durch die Weltzivilisation oder primär durch Rassenmischung geschieht).

Dennoch hat der „Ethnopluralismus" die alte Bedeutung von „Volk" reaktiviert.

Demzufolge würde jedes Volk durch seinen geographischen Raum, seine kulturelle Tradition und seine spezifische Abstammung eine spezifische Prägung erhalten, von der behauptet wird, daß sie den höchsten Wert im Leben des Einzelmenschen darstellt. Nur im Rahmen dieser Prägung fände das Individuum eine sinnhafte Existenz.

Vertreter des Ethnopluralismus spielen nicht nur die Rechte der „Völker" gegen die Rechte der Menschen aus, sie verfechten auch eine grundlegende Verschiedenheit der Völker, wodurch eine Hierarchisierung unvermeidlich wird. Die den Völkern zugeschriebenen Eigenschaften seien nur auf dem geduldigen Papier gleichwertig; in der Praxis wären die Nordeuropäer mit ihren besonderen intellektuellen und organisatorischen Fähigkeiten gegenüber allen anderen Völkern in der Position einer „natürlichen" Dominanz.

In der Frage der Ausländerintegration zeigt der Ethnopluralismus seine eigentliche politische Wirksamkeit. Wenn die ethnische Prägung der höchste Wert ist, würden auch besonders integrationswillige (ja sogar „assimiliationsbereite") Ausländer die Prägung der nord- und mitteleuropäischen Population zerstören. Dann geht es nicht mehr um die Barriere der Sprache, der Religion, der Sitten, sondern um die Einschleppung fremder ethnischer Prägungen, die die eigene (gute) Prägung verändern.

Auch wenn etwa die Vermischung des Deutschen mit dem Polnischen günstiger bewertet wird als die Vermischung mit dem Asiatischen oder dem Afrikanischen, geht es bei dem Ethnopluralismus nicht nur um die „kluge Trennung der großen Rassen" sondern auch um die Isolierung der europäischen Völker voneinander. Die neue Logik des Ethnopluralismus ist die alte Logik des Rassismus. Europa schottet sich erstens gegen Nicht-Europa ab und zweitens sind nicht alle Europäer Europäer.

Das ethnopluralistische Nein zur Völkervermischung ist mit soziologischen und demographischen „Befunden" verknüpft, die „Völkerwanderungen" in Europa entgegen dem gesicherten Zahlenmaterial der Staaten als gegeben oder als erwartet behaupten. Es werden entweder falsche Zahlen ins Spiel gebracht oder aber Zahlen, die ohne Vergleichsmöglichkeiten mit vergangenen Migrationsbewegungen (die nicht schädlich waren) präsentiert werden. Aufgrund dieser „Befunde“ werden soziale, kulturelle und ethnische Katastrophen festgestellt oder vorhergesagt (soziale Konkurrenz, unüberbrückbare Unterschiede im Kulturellen, „Überfremdung des Eigenen“). So erklärt sich die gewisse „Attraktivität“ der ethnopluralistischen Europaszenarien. Diese werden sowohl von Forschern gemacht, die die Grenze zwischen Sein und Sollen verwischen, als auch von Ideologen, die – von falschen Befunden ausgehend – eine bestimmte Politik verlangen.

Gerade am Konzept des Ethnopluralismus wird deutlich, daß die neue Rechte nur ein negatives Bild Europas hat; das „Abendland“ existiert für sie nur in der Abgrenzung nach außen, hat aber keinen positiven Inhalt. Im Gegenteil, der Ethnopluralismus und die arisch-indogermanische Mythenbildung richtet sich gegen die in zweieinhalb Jahrtausenden gewachsene positive Gemeinsamkeit der europäischen Völker. Diese Gemeinsamkeit manifestiert sich ja gerade in den so geschmähten universalistischen und humanistischen Ideen und beruht auf einer ständigen Mischung und gegenseitiger Assimilierung von Völkern und Kulturen.

LITERATUR:

von Eickstedt. E., 1936: Grundlagen der Rassenpsychologie. Stuttgart

Fetscher I. (Hg.), 1983: Neokonservative und „Neue Rechte". München

de Gobineau. A.,1854: Versuch über die Ungleichheit der Menschenrassen. Stuttgart

Gould S. J., 1983: Der falsch vermessene Mensch. Basel

Günther H. F. K., 1935: Herkunft und Rassengeschichte der Germanen. München

Hödl K., 1997: Die Pathologisierung des jüdischen Körpers. Wien

Keiter F., 1941: Rassenpsychologie. Leipzig

Lanz-Liebenfels. J., 1909: Einführung in die Rassenkunde. Wien

Leske M., 1990: Philosophen im „Dritten Reich". Berlin

Lombroso C., 1894: Der Verbrecher (homo delinquens) in anthropologischer, ärztlicher und juristischer Beziehung. Hamburg

Lorenz K., 1940: Durch Domestikation verursachte Störungen arteigenen Verhaltens. In: Zeitschrift für angewandte Psychologie und Charakterkunde. (Hg. Phillip Lersch) Band 59 Heft 1/2. 1940

Mosse G. L., 1978: Rassismus. Königstein/Taunus

Penka K., 1886: Herkunft der Arier.

Poliakov L., 1971: Der arische Mythos. Wien

Reche O., 1938: Verbreitung der Menschenrassen. Leipzig

Rosenberg. A., 1941: Der Mythos des XX. Jahrhunderts. München

Tieber C., 1996: Die Letzten von Gestern. Wien

Wistrich R. F., 1989: The Jews in Vienna in the Age of Franz Joseph. Oxford

Elisabeth Reif, David Trallori

JUGENDARBEIT GEGEN FREMDENFEINDLICHKEIT UND GEWALT

Im folgenden Artikel geht es zunächst um die theoretischen Voraussetzungen und die Skizzierung des Standpunktes, von dem aus wir es für sinnvoll erachten, eine Prävention von Fremdenfeindlichkeit und Gewalt bei Jugendlichen zu betreiben. Im Anschluß daran wird ein konkretes Projekt der Gesellschaft für bedrohte Völker beschrieben und der Ablauf einer Projektwoche in einer Hauptschule geschildert.

In den letzten Jahren konnte sowohl eine Steigerung allgemeiner Fremdenfeindlichkeit beobachtet werden, als auch eine verstärkte Bereitschaft, diese mit Gewalt kundzutun. Brandstiftungen in Asylheimen, Briefbomben für sozial Engagierte in diesem Bereich und der Mord an vier Roma in Oberwart bezeugen dies. Nach einer Umfrage in der Europäischen Union bezeichnete sich im Durchschnitt ein Drittel der befragten EU-BürgerInnen selbst offen als „ziemlich“ oder „sehr rassistisch“, ein weiteres Drittel als „etwas rassistisch“. Österreich liegt dabei nach Frankreich und Belgien an dritter Stelle. Diese Umfrage belegt nicht nur die Existenz von Fremdenfeindlichkeit, sondern leider auch die steigende „Salonfähigkeit“ von rassistischen Einstellungen, da diese noch dazu ungeniert zugegeben werden. Jugendliche sind davon natürlich nicht mehr betroffen als Erwachsene, jugendliche Gewalttäter scheinen dabei eher diejenigen zu sein, an die die Gewalt delegiert wird und die sie letztlich dann ausagieren.

Die Theorien zu den Ursachen von Fremdenfeindlichkeit und Gewalt setzen an den unterschiedlichsten Ebenen an. Manche erklären das Phänomen ausschließlich auf der gesellschaftlichen Ebene. So ist es beispielsweise der Kapitalismus, der von Rassismus profitiert, da MigrantInnen wirtschaftlich ausbeutbarer sind als österreichische StaatsbürgerInnen und ihnen auch leichter gesundheitsschädliche, gefährliche, monotone und schlecht bezahlte Arbeiten „zugemutet“ werden können (vgl. Osterkamp 1987). Andere Theorien auf dieser Ebene gehen von der Modernisierung aus, dem

Auseinanderklaffen von technologischem und sozialem Wandel und der damit einhergehenden Marginalisierung bestimmter sozialer Gruppen, die dadurch Statusunsicherheiten und Statusabsturzängste entwickeln und daher besonders für Fremdenfeindlichkeit und Rassismus prädisponiert seien. Die Diskursanalyse macht wiederum die „Macher" des öffentlichen Diskurses für die steigende Fremdenfeindlichkeit verantwortlich, allen voran PolitikerInnen und Medien, die fremdenfeindliche Positionen vorformulieren. Daneben stehen relativ zusammenhanglos eine Menge psychologischer Theorien, vor allem psychoanalytische Ansätze, die am Individuum ansetzen. In den 50er Jahren war es der „autoritäre" Charakter, in den 70er Jahren der „narzißtische" Charakter, denen gewisse Affinitäten zu Fremdenfeindlichkeit und Rechtsradikalismus zugeschrieben wurden. Die klassischen psychoanalytischen Theorien zu diesem Thema argumentieren, daß „die Fremden" draußen eine Projektionsleinwand für abgewehrte eigene Wünsche, Ängste und Phantasien, also des inneren „Fremden" darstellen, oder des „inneren Auslandes" wie Sigmund Freud das Unbewußte selbst genannt hat. Wieder andere Ansätze gehen von der jeweiligen Situation aus und argumentieren schlüssig, daß bei fast jedem Menschen unter bestimmten Bedingungen gehorsame, autoritäre bis sadistische Verhaltensformen ausgelöst werden können, wie z.B. das Milgram Experiment und das Stanforder Gefängnis Experiment gezeigt haben.[1]

Die meisten der oben genannten Theorien haben durchaus ihre Berechtigung und fördern jeweils einen anderen Aspekt der Thematik zutage. Obwohl sie oft alleinige Erklärungsansprüche stellen, wirken die unterschiedlichen Ebenen aber tatsächlich noch zusammen, sodaß „rassistische Bewegungen und ihre Führer auf der ganzen Klaviatur der Bedrohungen und Spannungen zu spielen vermögen" (Ottomeyer 1997: 130). Fremdenfeindlichkeit und Rassismus sind sehr vielschichtige und komplexe Phänomene, je nachdem unter welchen historischen und geographischen Bedingungen sie auftreten und welche soziale Gruppen davon betroffen sind. Darüber hinaus sind sie auch immer mit anderen Diskriminierungsformen verknüpft, wie beispielsweise Rassismus und Sexismus. Einerseits hat Rassismus eine Stützfunktion von Sexismus, andererseits erfahren ausländische Frauen noch andere Diskriminierungsformen als ausländische Männer. Auch die Verknüpfung mit

Armut, sei es aufgrund des Nord-Süd oder Ost-Westgefälles, ist von vorrangiger Bedeutung: Arme Ausländer sind unvergleichlich mehr von Diskriminierung betroffen als reiche. Letztere werden oft als willkommene Devisenbringer eher privilegiert als diskriminiert. Trotzdem können natürlich auch sie zu Opfern von rassistischen Einstellungen und Handlungen werden.

Das Zusammenspiel unterschiedlicher Diskriminierungsformen

Um die gegenseitige Verstrickung unterschiedlicher Diskriminierungsformen zu demonstrieren und aufgrund der Notwendigkeit, in einem Präventionsprojekt von Fremdenfeindlichkeit auch andere Formen der Diskriminierung mitzureflektieren, möchte ich mich im folgenden näher mit der Verknüpfung von Rassismus und Sexismus beschäftigen.

Joachim Kersten (1994) hat in seiner Studie über den Zusammenhang von Geschlecht und Fremdenfeindlichkeit Interviews mit Häftlingen gemacht, die wegen fremdenfeindlicher Gewaltakte im Gefängnis saßen. Von diesen jugendlichen Häftlingen werden Ausländer schlicht als „Kanaken" bezeichnet, womit südeuropäische Migranten gemeint sind. In der Phantasie dieser Jugendlichen kommen „Kanaken" hauptsächlich als Männer vor, die mit einer negativ definierten Form der Sexualität assoziiert werden, die nicht zur Familiengründung führt und mit Gewalt verknüpft ist. „Kanaken" sind rechtsradikalen Jugendlichen zufolge potentielle Vergewaltiger, wollüstig, unverantwortlich, sie nehmen den Deutschen die Frauen weg, sind Kindesmißbraucher, Homosexuelle oder Zuhälter, gefährlich und kriminell und gehen keiner regelmäßigen Beschäftigung nach, sind Herumtreiber oder Diebe.

Nach Kersten stellt dieses Feindbild des „Kanaken" eine geschlechtsspezifische Dehumanisierung dar, eine Negativfolie zur „guten" Männlichkeit, mit der sich die Jugendlichen selbst identifizieren und der ein guter sorgender Vater entspricht, ein Mann also, dessen Sexualität zur Familiengründung führt, der arbeitet und seine Familie versorgt. Diese Vorstellung eines „guten Mannes" entspricht der von Gilmore (1990) beschriebenen „guten hegemonialen Männlichkeit". Nach Gilmore fokussiert das Bild der „guten hegemonialen Männlichkeit" um drei Dimensionen: 1. Familiengründung (Zeugung), 2. Schutz der Familie und 3. ihre Versorgung. Ein „guter"

Mann wäre demnach ein liebevoller Familienvater, der auch bereit ist, seine Familie nötigenfalls mit der Waffe zu beschützen, und der auch materiell für seine Familie sorgt.

Im Feindbild des „Kanaken" sind alle negativen Ausprägungen dieser Eigenschaften vereint: die Sexualität des „Kanaken" ist gefährlich und kriminell (Vergewaltiger, Kindesmißbraucher, Zuhälter) oder führt auch sonst zu keiner Familiengründung (Homosexuelle), er zeugt zwar viele Kinder, aber versorgt sie nicht, arbeitet also nicht, um seine Familie zu versorgen und beschützt sie nicht, sondern ist im Gegenteil auch noch eine Gefahr für sie. Das Feindbild „Ausländer" fungiert also nach Kersten als Negativfolie zur „guten Männlichkeit", d.h. daß diese Negativfolie, die „schlechte Männlichkeit" von den Jugendlichen dazu benützt wird, sich davon abzugrenzen, um auf diese Weise ihre eigene, positiv definierte, männliche Identität zu stützen, denn das eigene Bild konstruieren die rechtsradikalen Jugendlichen in Einklang mit der „hegemonialen Männlichkeit" (Gilmore 1990). Insbesondere rechtsradikale Gewalt, die von Jugendlichen in oder nach der Pubertät verübt wird, scheint daher ein besonderes Problem von „Männlichkeitskulten", wie Joachim Kersten (1994) formuliert, zu sein und eng mit der Herausbildung einer männlichen Identität in Zusammenhang zu stehen.

Gewalt zwischen den Geschlechtern speziell Ausländern zuzuschreiben und sie mit einer negativ definierten Sexualität in Zusammenhang zu bringen, dient natürlich der Ablenkung. Denn in Österreich (vergleichsweise auch Deutschland) werden die meisten Vergewaltigungen, sexuellen Mißbräuche und sogar auch Morde von Männern innerhalb der Familie und dem engsten Bekanntenkreis verübt. In mehr als zwei Drittel aller Gewaltdelikte (Mord, schwere Körperverletzung, öffentliche Gewaltdelikte, Vergewaltigung) haben Täter und Opfer eine soziale Beziehung, die über eine Zufallsbekanntschaft hinausgeht. Verwandte, Nachbarn, Kollegen und Freunde machen den Großteil der Tätergruppe aus (vgl. Pilgram 1980: 220ff., Kiefl/Lamnek 1986: 207ff., Breiter 1996). Kleinen Mädchen wird auch heute noch eingeschärft, daß sie sich vor fremden Männern in acht nehmen sollen. Erwachsene Frauen haben erziehungsbedingt immer noch nachts auf der Straße größere Angst als zu Hause. Tatsächlich sind aber Frauen auf der Straße wesentlich sicherer als in einer Wohnung, da die meisten Gewalttaten in Wohnungen stattfinden, nachdem eben 82 Prozent der Opfer den Täter vor der Tat schon kennen (vgl. Kroll zit. von Breiter 1996: 38, vgl. auch Baurmann 1983).

Rassismus hat also eine wichtige Stützfunktion von Sexismus und dient dazu, Gewalt zwischen den Geschlechtern zu verleugnen und sie nach außen zu projizieren. Vergewaltigung, Kindesmißbrauch und Mord passiert demnach „draußen“, nicht innerhalb des vertrauten Heimes. Nicht nur Männer phantasieren Ausländer als potent(iell)e Vergewaltiger: „Frauen und Mädchen begründen ihre Ablehnung des ‚Fremden‘, ‚Ausländischen‘ mit der Angst vor sexueller Belästigung und Vergewaltigung durch ausländische Männer. So sagt eine Berliner Schülerin über ihre türkischen männlichen Mitschüler: ‚Ihre Weiber verhüllen sie, aber uns gehen sie an die Titten‘. Ausgeblendet wird in dieser Äußerung der Fakt, daß deutsche Männer Frauen und Mädchen sexuell belästigen, vergewaltigen und körperliche Gewalt ihnen gegenüber ausüben … Der realen Bedrohung von Frauen durch Männer in allen patriarchalen Kulturen steht das Bedürfnis von Frauen entgegen, Männer der eigenen ethnischen Gruppe nicht als potentielle und manifeste Vergewaltiger wahrnehmen zu müssen“ (Rommelspacher 1991: 37).

Die reale Bedrohung von Frauen durch Männer in allen patriarchalen Kulturen und die eigene Betroffenheit darüber in unserer eigenen Kultur legt es auch oft nahe, „das Patriarchat“ überhaupt in andere Kulturen zu projizieren. Diese Projektion nützt sowohl Männern als auch Frauen. „Projektion“ muß nicht bedeuten, daß das Patriarchat auf der „Projektionsleinwand“ nicht vorhanden ist, es bedeutet nur, daß man/frau es nur dort sehen kann, um es nicht in der eigenen Kultur sehen zu müssen. Darauf baut auch ein spezieller ausländerfeindlicher Diskurs, der sich auf Migranten aus islamischen Ländern bezieht und damit argumentiert, daß Ausländer aus diesem Grund nicht einwandern bzw. integriert werden sollten, da sie „ihre“ Frauen unterdrücken und dies somit einem Import des Patriarchats gleichkäme (vgl. Knecht 1992). Die islamische Frau wird ausschließlich als unterdrücktes Opfer dargestellt und dient somit beiden Geschlechtern als Negativfolie (Lutz 1992). „Probezeit wird zu einem dominanten Erklärungsprinzip für die Unterdrückung der Frau erhoben, wobei implizit und explizit die christliche, westliche Kultur den Maßstab bildet. Vieles weist darauf hin, daß sich die Vorstellungen und Bilder von ‚unserer‘ westlichen Weiblichkeit geradezu konstituieren über die Abgrenzung der westlichen Frau gegenüber der Orientalin. Bilder und Selbstbilder über ‚unsere' Emanzipation benötigen sozusagen die tägliche Rekonstruktion der Unterdrückung und Rückständigkeit islamischer Frauen" (Lutz 1992: 70). Westliche Frauen können so als freier und emanzipierter, westliche Männer als fortschrittlicher und aufgeklärter gesehen werden, islamische Männer hingegen als gewalttätige Unterdrücker, islamische Frauen als unterwürfige Opfer. Vereinzelt vertreten auch Feministinnen diese Position. Michi Knecht spricht in diesem Zusammenhang von einem „rassistischen Feminismus" (Knecht 1992).

Von der „ausländischen Frau" existiert also einerseits das Klischeebild der unterdrückten islamischen Frau bzw. der „Kopftuchtürkin", andererseits gibt es auch das Klischee der Asiatin (auch der Afrikanerin und Lateinamerikanerin), die sich für Sexgeschäfte und Heiratshandel weit besser „eignet", als die islamische Frau, die sich dieser Ausbeutung verweigert. Diese Klischees beginnen bereits in der Werbung für den Sextourismus weit entfernt von Österreich und werden auch dazu benutzt, um die Prostitution und den Heiratshandel mit ausländischen Frauen anzukurbeln. Susanne Lipka (1989) hat in ihrem Buch „Das käufliche Glück in Südostasien" das Klischee der Asiatin in den Medien untersucht, die mit folgenden Eigenschaften skizziert wird: exotisch, anschmiegsam, sanftmütig, hingebungsvoll, unterwürfig, naiv und mit einer noch ganz natürlichen Sexualität, Asiatinnen genießen die Prostitution ... (vgl. Lipka 1989).

Diese Bilder, die in den Medien verbreitet werden, fördern ganz entscheidend die „Nachfrage" österreichischer Männer nach diesen Frauen. Der Markt existiert aufgrund rassistischer und sexistischer Bilder über „exotische" Frauen. Die Nachfrage bewirkt schließlich, daß auch bei uns in Österreich Frauen aus Asien, Afrika, Lateinamerika und seit einiger Zeit auch aus Osteuropa als Prostituierte arbeiten und als Ehefrauen „verkauft" werden. Auf dem Heiratsmarkt werden „exotische" Frauen vor allem in Abgrenzung zu den europäischen Frauen „gehandelt". Sie werden als bessere Ehefrauen auf dem Heiratsmarkt angeboten. So wird z.B. die Asiatin wie folgt beschrieben: „Sie besitzt viel Wärme und das Verständnis einer reifen Frau. Und sie weiß, daß man bei einem Mann alles erreichen kann, wenn man sanft, anschmiegsam und nachgiebig ist. Die aggressiven Frauen der westlichen Welt sollten sich bei den

Frauen aus dem Fernen Osten ruhig mal eine Scheibe abschneiden." (Quick 1975a, 63; zit. von Lipka 1989) Die Praktiken auf dem Heiratsmarkt sind für die Frauen extrem erniedrigend: Für die Männer, die die Frauen „kaufen", besteht meist eine Probezeit, in der sie ein Umtauschrecht besitzen. Vor allem solche Männer werden vom Heiratshandel angesprochen, die mit den „emanzipierten" Frauen nicht zurecht kommen, bereits gescheiterte Ehen oder häufige Beziehungsprobleme hinter sich haben und ein traditionelles patriarchales Frauenbild haben, nach dem sich die Frauen ihnen unterordnen sollen, ihnen sexuell und als Hausfrau zur Verfügung stehen und keine Ansprüche auf Selbstverwirklichung stellen sollen. Sie glauben, es sei leichter, ihre Bedürfnisse nach Macht, mütterlicher Versorgung, Zuneigung und Sexualität bei einer „exotischen" Frau zu finden. Die individuellen Machtansprüche der Männer werden vom Gesetz und der Gesellschaft gedeckt. Der Aufenthalt der Ausländerin ist an die Fortdauer der Ehe geknüpft. Die Frauen sind meist finanziell völlig von ihren Ehemännern abhängig, sie leben kontaktarm und isoliert und leiden meist unter der Trennung von ihrer Familie. Im Gegensatz zu der idealen, harmonischen Darstellung solcher Ehen in der diesbezüglichen Werbung sind Konflikte in diesen Beziehungen bereits vorprogrammiert, spätestens dann, wenn sich die Asiatin doch nicht als so unterwürfig und anschmiegsam entpuppt (vgl. Hummel 1992).

Die Machtbedürfnisse dieser Männer wurden bereits angesprochen, aber auch sie agieren in einem verworrenen Netz gesellschaftlicher Macht- und Ohnmachtsverhältnisse. Diese Männer sollen deswegen nicht entschuldigt werden. Rassismus läßt sich aber besser verstehen, wenn die Verknüpfung mit anderen sozialen Kategorien durchsichtiger wird. In unserer Gesellschaft gibt es viele Gruppen, die weniger Macht besitzen als andere. Je nach Alter, sozialer Klasse, Geschlecht, Nationalität u.a. Faktoren werden Menschen durch Machtgrenzen voneinander getrennt. Die unterschiedliche Machtverteilung äußert sich dabei in gesetzlichen Rechten und Schutz (aktives und passives Wahlrecht, Recht auf Arbeit etc.), Geld und Besitz, Bildung/Wissen, sozialem Prestige, politischer Vertretung, Lobbies etc. Machtunterschiede gibt es vor allem zwischen Jugendlichen/Kindern und Erwachsenen, ärmeren und reicheren Bevölkerungsgruppen (oder ein Drittel und zwei Drittel der Gesellschaft), Frauen und Männern, AusländerInnen und InländerInnen,

Behinderten und Nichtbehinderten, Homosexuellen und Heterosexuellen u.a. Natürlich lassen sich auch noch viele Kategorien aufzählen, die leicht zu einer gesellschaftlichen Unterdrückung bzw. Benachteiligung führen können, wie z.B. Krankheit, Schicksalsschläge usw. Die genannten Machtunterschiede trennen aber nicht nur Menschen in unterschiedliche soziale Gruppen auf, sondern ziehen sich auch häufig quer durch eine einzige Person hindurch. Je nach sozialem Kontext kann dieselbe Person manchmal mehr und manchmal weniger Macht besitzen, im Netz der gesellschaftlichen Macht- und Ohnmachtverhältnisse einmal „oben“, einmal „unten“ sein. Das Modell von Dominanz und Unterwerfung in den unterschiedlichsten Kontexten ist den meisten Menschen vertraut. Das soll natürlich nicht bedeuten, daß Macht im Schnitt wieder gleich verteilt ist, im Gegenteil. Die Entwirrung der persönlichen Verstrickung in unterschiedliche Diskriminierungsformen kann aufzeigen, wie man/frau durch die narzißtische Verführung, in einem Kontext „oben“ zu sein, also selbst Macht über jemand anderen auszuüben, dazu gewonnen wird, sich mit Herrschaftsverhältnissen zu arrangieren, anstatt gegen sie anzukämpfen. Denn wenn man/frau die Erfahrung macht, in einem sozialen Bereich unterdrückt zu sein, in einem anderen aber über Macht zu verfügen, ist es naheliegender, sich in letzterem Kontext für die anderswo erlittenen Frustrationen abzureagieren anstatt auch noch auf dieses Stückchen Macht zu verzichten und gegen Unterdrückung generell aufzutreten. Beispiele dafür sind z.B. rassistische Positionen, wenn sie von Feministinnen vertreten werden, fremdenfeindliche Äußerungen jugendlicher „Modernisierungsverlierer“ oder beispielsweise auch vereinzelte ausländerfeindliche Äußerungen von ehemaligen Ausländern, die die österreichische Staatsbürgerschaft erworben haben und für einen Einwanderungsstop von Ausländern plädieren. Die narzißtische Verführung, in den Kreislauf der Gewalt einzusteigen, stellt natürlich auch ein Hindernis auf dem Weg zur eigenen Emanzipation dar, denn die Allianzen, die auf diesem Wege gebildet werden, stehen einem/r später selbst wieder im Wege.

Gesellschaftliche Unterdrückung bleibt aber nicht nur äußerlich, denn die betroffenen sozialen Gruppen werden auch abgewertet und erhalten die unterschiedlichsten negativen Zuschreibungen. Über Jugendliche wird geschimpft, ärmere Leute werden von oben herab behandelt, Frauen wird Dummheit, Ausländern Kriminalität, Homosexuellen Krankheit zugeschrieben u.a. Die ständige Konfrontation mit der Abwertung der eigenen Person läßt die Betroffenen dann oft schon – im Sinne einer sich selbst erfüllenden Prophezeihung – an sich selbst zweifeln. In diesem Falle ist die gesellschaftliche Unterdrückung bereits verinnerlicht. Zur eigenen Emanzipation ist eine Reflexion der verinnerlichten Unterdrückung daher von vorrangiger Bedeutung. Man/frau kann sich beispielsweise die Frage stellen, welchen sozial schwächeren Gruppen man/frau selbst zugehört, welche Zuschreibungen diese Gruppen generell erhalten und inwieweit man/frau diese selbst bereits teilt. Dazu gehört auch eine Reflexion des automatisierten verinnerlichten Unterwerfungsverhaltens in den diesbezüglichen Kontexten. Konsequenterweise ist aber in der Folge auch das verinnerlichte Dominanzverhalten zu hinterfragen, um die eigene Position im gesellschaftlichen Netz von Macht- und Ohnmachtverhältnissen durchsichtiger zu machen.

Ein Präventionsprojekt bei Jugendlichen

Die Gesellschaft für bedrohte Völker – Österreich war in den zwei vergangenen Jahren Trägerin eines Projektes „Zur Prävention von fremdenfeindlich und rassistisch motivierter Gewalt bei Jugendlichen", das von mir (Elisabeth Reif) und meiner Kollegin, Barbara Rainer, durchgeführt wurde. Am Anfang dieses Projekts stand eine Literaturanalyse, wo wir versucht haben, uns einen Überblick über die sehr vielen und unterschiedlichen Erklärungsansätze zu verschaffen. Nach dem Literaturstudium haben wir zehn thematische Schwerpunkte festgelegt, die unserer Meinung nach in einem Präventionsprojekt bearbeitet werden sollten, die wir zehn Module (Bausteine) gegen Fremdenfeindlichkeit und Gewaltbereitschaft bei Jugendlichen genannt haben (Rainer/Reif 1997). Zu diesen Modulen haben wir Unterrichtsmethoden, Spiele, Filme u.a. gesammelt und teilweise auch selbst entwickelt. Die Module sollten sich dabei jeweils an die örtlichen und zeitlichen Bedingungen, wo sie durchgeführt würden, anpassen und kombinieren lassen, je nachdem, ob in der Schule z.B. im Rahmen einer Projektwoche oder etwa einmal pro Woche in einem Jugendzentrum.

Nachdem fremdenfeindliche Gewaltakte von Jugendlichen zumeist in Gruppen durchgeführt werden und der internen Gruppendynamik unmittelbar vor einem gemeinsamen Gewaltakt eine große Rolle zukommt, haben wir das Modul Soziale Beziehungen in der Gruppe an den Anfang gestellt. Auch haben Interviews mit Jugendlichen in rechtsradikalen Organisationen gezeigt, daß deren Hauptmotive, diesen Organisationen beizutreten, nicht politischer Art sind, sondern vielmehr soziale Bedürfnisse. Das Geborgenheitsgefühl in der Gruppe, und das Gefühl, gebraucht zu werden, eine Aufgabe zu bekommen, auch persönliche Probleme besprechen zu können etc. stellt das wesentliche Motiv dar (vgl. Rabe 1980, Huhn/Meyer 1986). An nächster Stelle steht das Modul Selbstwert und Identität, da die Abwertung anderer oft dazu benützt wird, um sich selbst aufzuwerten bzw. um die eigene Identität durch Abgrenzung von einer Negativfolie zu stützen. Umgang mit Gefühlen und Aggression ist ebenfalls von Bedeutung, da Gewalt oft das Resultat darstellt, wenn Aggressionen nicht konstruktiv eingesetzt werden können und/oder auf Sündenböcke verschoben werden. Das Modul Kommunikation und Konflikte dient dazu, der Sprachlosigkeit etwas entgegenzusetzen, die darin besteht, eigene Gefühle nicht ansprechen zu können, sowie innere Konflikte (z.B. Ambivalenzen gegenüber einer Person) auszuhalten und äußere Konflikte austragen zu lernen. Die Bedeutung der Themen Geschlechterbeziehungen und Macht und Ohnmacht habe ich bereits weiter oben ausgeführt. Vorurteile und Umgang mit dem Fremden ist ein weiteres Modul, in dem es vor allem darum geht, die psychischen Funktionen von Vorurteilen zu erkennen, da sonst eine Aufklärung mit Fakten, die diese widerlegen, auf Widerstand stoßen wird. Weitere Module sind Migration, Flucht, AusländerInnen in Österreich, Werte und Demokratie und Diktatur – Nationalsozialismus im Unterricht. Wesentlich ist dabei, daß der Aufbau etwa einer Projektwoche oder eines 3-Tagesprogrammes so gestaltet wird, daß nicht mit den emotional stark belasteten Modulen wie „Ausländer“ und „Nationalsozialismus“ begonnen wird, sondern erst solche behandelt werden, die oft zur Abwehr und Projektion auf Ausländer führen, wie etwa Selbstwert und Identität, Geschlechterbeziehungen, Umgang mit Aggression etc. Fremdenfeindlichkeit und Rassismus lassen sich viel effektiver bearbeiten, wenn sie in einen größeren Rahmen eingebettet sind, wo andere Themen, die für die Jugendlichen selbst ganz besonders wichtig sind, behandelt werden, da dann die Bereitschaft auch viel größer ist, sich ehrlich mit diesem Thema auseinanderzusetzen.

Das Projekt wurde in einem Jugendzentrum und an zwei Hauptschulen durchgeführt. Dabei ging es darum, zu erproben, wie sich die Spiele in der Praxis bewähren und wie sie sich je nach örtlichen und zeitlichen Bedingungen miteinander kombinieren und in einen größeren Rahmen stellen lassen. Für die praktische Durchführung arbeiteten wir jeweils in einem Mann-Frau-Team zusammen, um auch einer Ausgewogenheit der Geschlechter gerecht zu werden.

Wir wollen nun einige Aspekte des Präventionsprojekts vorstellen, das wir an einer Hauptschule in einer 3. Klasse durchführten. In dieser Klasse gab es 22 SchülerInnen, ca. gleich viele Mädchen wie Buben. Der Großteil der Klasse hatte Deutsch nicht als Muttersprache, auch wenn die meisten in Österreich geboren wurden. Die Eltern kamen ca. zur Hälfte aus der Türkei, die anderen aus Serbien, Kroatien und Bosnien.

In langen Treffen bereiteten Elisabeth und ich (David) die Module für die Praxisarbeit in der Hauptschule vor und diskutierten darüber, ob und wie unsere Spielangebote für die Projektwoche ankommen würden. Dabei waren wir oftmals hin- und hergerissen, ob die Jugendlichen freudvoll unsere Angebote aufnehmen könnten und ob auch die inhaltlichen Problemstellungen von ihnen aufgegriffen würden. Ein erstes Arbeitstreffen mit den LehrerInnen wurde vereinbart. Nun war es dann soweit, daß wir uns an einem Vormittag in der Klasse vorstellten. Wir waren ziemlich aufgeregt, als wir vor die Klasse traten und uns und die Projektwoche präsentierten. Ich (David Trallori) konnte meine anfängliche Aufregung dadurch beruhigen, daß ich nur Co-Leiter dieser Woche war und falls wirklich etwas schief gehen sollte, ich ja nur teilweise dafür verantwortlich war. Meine Aufgaben schienen nach Absprache klar zu sein, ich sollte einen Teil der Übungen erklären und mit den Jugendlichen durchführen und sie dazu anregen, ihre eigenen Meinungen, Verhaltensweisen und eventuelle Vorurteile zu hinterfragen. Als ich die Jugendlichen in der Pause sah, wie sie zur Musik tanzten, Computer spielten und sich teilweise „befetzten" und herumrauften, erinnerte ich mich an meine eigene Jugendzeit und daran, daß ich an so einem Projekt überhaupt kein Interesse gehabt hätte. Mir wurde klar, daß wir erst einmal mit ihnen selbst guten Kontakt herstellen sollten, bevor wir persönliche Themen besprechen konnten. Mit den LehrerInnen war ursprünglich geplant, sie für die Durchführung der Projektwoche einzuschulen, damit diese die thematische Aufarbeitung mit den SchülerInnen selbständig durchführen könnten. Dies hätte den Vorteil gehabt, daß zwischen den LehrerInnen und SchülerInnen schon ein gewisses Vertrauensverhältnis gewesen wäre und die SchülerInnen auch leichter etwas Persönliches erzählen hätten können. Nach Auskunft der LehrerInnen spielte die Notengebung keine Rolle, da alle Kinder ohnedies in die nächste Klasse aufstiegen. Die LehrerInnen meinten, wir sollten mit den Jugendlichen arbeiten und sie wollten eher nur beobachten. Schließlich haben wir uns auf einen Kompromiß geeinigt, der so aussah, daß die Projektwoche nach einer gemeinsamen Vorbereitung auch gemeinsam durchgeführt wurde, wobei wir Vorbereitung und Durchführung als Einschulung der LehrerInnen betrachteten. Die Vorbereitung der Projektwoche mit den LehrerInnen fand in mehreren Teamsitzungen statt, dabei wurden das Wochenprogramm sowie die Aufgaben der teilnehmenden LehrerInnen besprochen. Insgesamt nahmen fünf LehrerInnen daran teil und führten mit uns gemeinsam die Projektwoche durch.

Wir arbeiteten eine Woche lang von 8-12 Uhr mit den Jugendlichen in deren Klasse, im Turnsaal oder im Videoraum. Schwierigkeiten gab es mit den Pausen, weil unsere Pausenstruktur nicht auf die der Schulpausen abgestimmt war (8.50, 9.45, 10.50, 11.45).

Zu Beginn der Woche wollten wir uns und den SchülerInnen die Möglichkeit geben, einander kennenzulernen bzw. auch von Seiten, die sie noch nicht kannten. Mit verschiedenen Übungen und Spielen versuchten wir, ein positives Klassenklima herzustellen. Relativ bald fiel uns auf, daß es zwei bis drei SchülerInnen in der Klasse gab, die eher eine Randposition einnahmen bzw. Außenseiter waren. Um dieses Thema unabhängig von der Klassenstruktur anzusprechen und zu diskutieren, zeigten wir den Film „Dicke Freunde“[2]. Zum Inhalt des Films: Sticks und Toby sind beste Freunde. Toby ist bedrückt, weil er dick ist, nicht so sportlich und deswegen von anderen gehänselt wird. Eine Gruppe von seinen Klassenkollegen im Schwimmbad verspottet ihn. Toby sitzt ganz bedrückt am Schwimmbadrand und versteckt seinen Bauch. Die anderen gehen schon nach Hause und wollen, daß Sticks mitkommt. Der Film endet mit der Fragestellung: „Angenommen ihr wäret Sticks, was würdet ihr tun?“ Die Diskussion zum Film verlief „sozial erwünscht“. Hannes[3] antwortete sofort, er würde zu Toby halten und auf die anderen „pfeifen“. Die anderen Jugendlichen, die sich noch zu Wort meldeten, schlossen sich dieser Meinung an. Wir waren erstaunt darüber, daß die Außenseiterthematik auf einer abstrakteren Ebene so unproblematisch schien.

Nach der Pause gingen wir in den Turnsaal. Sobald wir im Saal waren, „führten sich alle wie wild auf". Plötzlich war ein sehr hoher Lärmpegel, die Buben fingen sofort zu raufen und zu brüllen an, so daß es nur sehr schwer war, das nächste Spiel zu erklären. Mit dem Spiel „Außenseiter" beabsichtigten wir, daß die Jugendlichen sich in die Außenseiterrolle einfühlen lernten. Wir bestimmten Hannes, einen sehr selbstbewußten Jugendlichen zum Außenseiter. Ich (David) war nun an der Reihe, dieses Spiel zu erklären und zu moderieren. Ich versuchte, meine Stimme zu erheben, um die Anleitung für das Spiel zu geben, doch die Kids tobten weiterhin. Aufforderungen wie: „Seid doch mal ruhig, man versteht ja sein eigenes Wort nicht!" oder „Wollt ihr nicht wissen, wie es weitergeht?" halfen nichts. Ich blickte zu Elisabeth, die mittlerweile auch schon alle Anstrengungen unternahm, um für „Ruhe und Ordnung" zu sorgen. Wir baten die LehrerInnen um ihre Unterstützung, doch die meinten nur, daß sie jetzt auch nichts tun könnten. Also versuchten wir wieder mit direkten Aufforderungen, daß sie nun endlich zuhören sollten, Ruhe zu schaffen. Es war uns auch unangenehm, die Jugendlichen, die uns und wir sie kaum kannten, zu ermahnen und zu disziplinieren. In mir stiegen Ängste auf, daß sich alles „auflösen" würde und wir nicht mehr weitermachen könnten. Obwohl der Lärmpegel immer noch sehr hoch war, waren wir dann nach einiger Zeit soweit, das Spiel zu erklären. Die Person, die den Außenseiter spielen sollte (möglichst selbstbewußt), mußte kurz den Raum verlassen. Die anderen Kids sollten sich begrüßen, die Hände schütteln, miteinander reden, nur nicht mit dem/der Außenseiter/in, der/die sollte von allen gemieden werden. Letztere/r sollte versuchen, irgendeiner Person die Hand zu schütteln oder sie in ein Gespräch zu verwickeln.

Doch das Spiel verlief völlig anders als gedacht. Sobald Hannes bei der Türe hineinkam, stürzten sich die anderen auf ihn und griffen ihn tätlich an. Er wurde sogar ins Kreuz getreten. Wir rannten sofort hin und riefen: „Aufhören, aufhören!" Zu dem Zeitpunkt war es für uns höchst unangenehm und wir fühlten uns ziemlich hilflos, weil wir als LeiterInnen der Gewaltpräventionswoche für den Umgang mit physischer Gewalt auch keine ad-hoc-Lösungen anbieten konnten. Wir mußten das Spiel abbrechen. Dann traten die LehrerInnen plötzlich auf die „Bühne", die sich bisher ganz ruhig verhalten hatten. Die Turnlehrerin disziplinierte die SchülerInnen, indem sie herumbrüllte und die Jugendlichen dazu aufforderte, sie sollten sich sofort alle auf den Boden setzen. Sobald die Kids am Boden saßen, war es ziemlich still. Im ersten Augenblick waren wir erleichtert und froh. Die Aufforderung, daß sich alle auf den Boden setzen sollten, war das „Zauberwort", das wir nicht gekannt hatten. In der darauffolgenden Supervision phantasierten wir, daß sich LehrerInnen und SchülerInnen zusammengetan hatten und uns zeigten, daß wir die eigentlichen Eindringlinge und Außenseiter waren. Warum hatten die LehrerInnen solange gewartet, obwohl wir sie deutlich zur Mithilfe aufgefordert hatten? Vielleicht spielte auch Konkurrenz eine Rolle? Die nächsten Übungen und Spiele verliefen wieder relativ ruhig und positiv. Im Laufe der Projektwoche beteiligten sich die LehrerInnen dann wieder, vor allem bei Disziplinproblemen und Diskussionen am Geschehen.

In der Mitte der Projektwoche wollten wir das Thema Geschlechterdifferenz, Frauen- und Männerbilder ansprechen. Dazu führten wir das Spiel „Traummann/Traumfrau" durch. Wir bildeten eine Mädchen- und Bubengruppe, die jeweils dieselben Aufgaben bekamen. 1. Die Mädchen sollten einmal versuchen, zu beschreiben, wie sie sich ihren „Traummann" vorstellen, zuerst einmal bezogen auf Eigenschaften (wie sollte er aussehen, welchen Charakter sollte er haben). Anschließend gab es auch die Möglichkeit, Namen von öffentlich bekannten Personen zu nennen. Die Jungen sollten dasselbe mit der „Traumfrau" versuchen, also sie zuerst einmal beschreiben und dann Namen nennen. 2. Bei der zweiten Aufgabe sollten die Mädchen beschreiben, wie sie sich die „ideale Frau" vorstellen (also wie sie selber gerne wären). Sie sollten auch öffentlich bekannte Frauennamen nennen, die ihrem idealen Frauenbild entsprachen. Die Jungen sollten den „idealen Mann" beschreiben. Die Ideen und Vorstellungen über die/den „Traumfrau/Traummann" sollten jeweils auf ein Plakat geschrieben werden und auf ein weiteres Plakat die Beschreibungen für die „ideale Frau" und den „idealen Mann". Nach der Arbeit in geschlechtshomogenen Gruppen kamen wir wieder im Plenum zusammen. Die Plakate wurden aufgehängt und die Kleingruppen bestimmten jeweils eine/n Gruppensprecher/in. Zuerst wurde das Plakat mit der „Traumfrau" der

Burschen neben der „Idealfrau“ der Mädchen aufgehängt und besprochen und dann der „Traummann“ der Mädchen neben dem „Idealmann“ der Jungen. Alexander begann die Ergebnisse zur „Traumfrau“ vorzulesen und sie zu erklären. Dann fragten wir zunächst einmal die betroffenen Mädchen, was sie zu den Traumvorstellungen der Jungen sagten. Anschließend wurden die „Idealfrauenbilder“ der Mädchen vorgelesen. Wir fragten danach, ob ihnen grobe Unterschiede zwischen Ideal- und Traumfrau auffielen? Woher könnten diese Unterschiede resultieren? Den Mädchen stellten wir die Frage: Richtet ihr euch nach den Vorstellungen der Buben oder nach euren eigenen Vorstellungen? Bei den zweiten Plakaten wurden dieselben Fragen gestellt nur umgekehrt nach Geschlecht. Ziele waren die Reflexion der eigenen Geschlechtsrollenvorstellungen und der Versuch, sich von den Erwartungen der anderen zu befreien und selbstbewußt die eigene Vorstellung zu leben, freier zu werden von klassischen, traditionellen Geschlechtsrollen. Die LehrerInnen beteiligten sich jeweils in einer Kleingruppe und diskutierten mit den Kids die Eigenschaften, die genannt wurden. Die Diskussion über die Plakate brachte folgendes: Die Buben orientierten sich mehr am Äußeren als die Mädchen. Prinzipiell waren sowohl bei den Mädchen als auch bei den Buben beim jeweils eigenen Geschlecht innere Werte wichtig, beim anderen Geschlecht standen äußere Werte wie Aussehen im Vordergrund. Dies könnte damit zusammenhängen, daß beide Geschlechter insgeheim wissen, daß sie den Traumvorstellungen nicht entsprechen können. Dabei dürften die Vorstellungen über den eigenen Körper und den idealen Körper bei den Jugendlichen eine besondere Bedeutung haben. Geschlechtsspezifische Unterschiede bestanden auch darin, daß für die Jungs eine gute Berufsausbildung der „Traumfrau“ nicht wichtig war. Bei der „Idealfrau“ der Mädchen war auffallend, daß sie es nicht wichtig fanden, daß eine Frau auch selbstbewußt ist und sich auch durchsetzen können muß. Beim Thema „Umgang mit Gefühlen“, wo die Kids in der Kreismitte Gefühle pantomimisch darstellen sollten, fiel uns ebenfalls auf, daß die Buben es häufig genossen, sich vor der Klasse darzustellen und im Mittelpunkt der Aufmerksamkeit zu stehen. Die Mädchen gingen seltener in die Mitte zum Spiel und mußten direkt und persönlich aufgefordert werden, Gefühle pantomimisch darzustellen. Dieses Bild der Mädchen paßt auch dazu, daß für sie die „Idealfrau“ nicht selbstbewußt zu sein braucht. Wir hatten den Eindruck, daß das angesprochene Selbstbewußtsein der Mädchen auch in Zusammenhang mit den verschiedenen Nationalitäten innerhalb der Klasse zusammenhing. Die türkischen Mädchen waren deutlich zurückgezogener als die serbischen, kroatischen und österreichischen Mädchen.

Erst gegen Ende der Woche sprachen wir mit dem Film „Wut im Bauch“[4] und dem „Kummerbüro“ die In-/Ausländerproblematik bzw. die Problematik verschiedener Kulturen und Nationalitäten direkt an. Im gezeigten Film geht es um einen türkischen Buben, der neu in eine deutsche Schulklasse kommt und dort der einzige Ausländer ist. Von Anfang an wird er von einem deutschen Buben gehänselt und gereizt. Eines Tages entführt er den Hund dieses Buben und schneidet ihm das Fell. Der Bub und die ganze Klasse sind entsetzt und drohen mit der Polizei. In einem Waldstück kommt es dann zur Konfrontation der beiden und auch zur Versöhnung. Der deutsche Bub erzählt von seiner Mutter, die immer behauptet, die Ausländer nehmen ihnen die Arbeitsplätze weg. Der gezeigte Film gefiel den Jugendlichen großteils sehr gut und so hatten wir eine gute Ausgangslage zur Diskussion. Vorsichtig näherten wir uns der Frage, ob ihnen Konflikte zwischen In- und AusländerInnen bekannt seien. Die Jugendlichen betonten, daß die Österreicher viel höflicher seien als die Deutschen und daß ihnen diese Probleme ziemlich unbekannt wären. Wir wiesen auf unseren Eindruck hin, daß es in der Klasse verschiedene Subgruppen gibt, also eine türkische Mädchengruppe und eine Mädchengruppe aus Exjugoslawien sowie eine Bubengruppe. Wir fragten nach, ob es bei den Mädchen auch interkulturelle Freundschaften gäbe. Die Mädchen erklärten, daß es solche Freundschaften kaum gibt. In einem Rollenspiel wollten wir das Thema „erlebte Fremdenfeindlichkeit und interkulturelle Beziehungen“ näher ansehen. Wir gaben die Spielanleitung, daß es ein „Kummerbüro“ (Beratungsstelle) gab, das speziell zur Lösung von Problemen zwischen In- und AusländerInnen eingerichtet wurde. In diesem Büro wurden Menschen einzeln beraten, wenn sie über ein solches spezielles Problem sprechen wollten. Vier bis fünf Jugendliche spielten das Beratungsteam, jeweils eine/r den/die Ratsuchende/n. Das Beratungsteam hatte die Aufgabe, Hilfestellungen und Problemlösungen anzubieten. Beim Kummerbüro waren die Probleme der Jugendlichen fast immer Arbeits- sowie Wohnungssuche und Aufenthaltsgenehmigung, also ganz existentielle Themen. Auch der Teufelskreis – keine Arbeit, keine Wohnung, kein Visum – kam in den Szenen immer wieder vor. Ein Ratsuchender wollte sich deswegen sogar das Leben nehmen. In einem Rollenfeedback und „Sharing“ wurde deutlich, daß dies Inszenierungen ihrer eigenen Lebens- und Familiendramen waren. Auffallend war auch, daß die Buben die Berater und die Mädchen das Hilfspersonal spielten. Da hatte sich sofort ein Mädchen als Sekretärin und eine andere als übersetzende Helferin angeboten, während die Buben die tatsächliche Beratungsarbeit machten.

Als „Feedback“ am Schluß der Projektwoche sagten die SchülerInnen und LehrerInnen vor allem, daß sie die Möglichkeit gehabt hatten, sich besser kennenzulernen und auch die unterschiedlichen Sichtweisen und Probleme in der Klasse besser verstehen gelernt hatten. Die LehrerInnen meinten auch, daß sie die verschiedenen gruppenpädagogischen Übungen und Spiele im Unterrichtsfach „soziales Lernen“ künftig anwenden wollten. Für uns wurde nochmals deutlich, daß dieses Präventionsprogramm von pädagogischen Fachleuten durchgeführt werden sollte, die schon eine Vertrauensbasis zu den Jugendlichen haben.

Anmerkungen

1 Daneben gibt es natürlich auch Theorien über die Ursachen von Rassismus, die dem rassistischen Diskurs selbst zugeordnet werden können und mit einem essentialistischen Kulturbegriff operieren. Es ist ein „kultureller Rassismus“, der mit der Unaufhebbarkeit kultureller Differenzen und der Schädlichkeit einer Grenzverwischung argumentiert. Demzufolge würde eine Überschreitung der kulturellen Grenzen natürlich Aggressionen auslösen (vgl. Balibar 1990:30).

2 Serie „Konflikte – Was würdet ihr tun?“ Medienservice des BMUK

3 Die Daten der Jugendlichen haben wir anonymisiert.

4 Verleih: Baobab, Bergg. 7, 1090 Wien

Literatur

Bailbar, E. 1990: Gibt es einen „Neo-Rassismus?“ In: Balibar, E./Wallerstein, I.: Rasse – Klasse – Nation: ambivalente Identitäten. Hamburg.

Baurmann, M. 1983: Sexualität, Gewalt und die Folgen für das Opfer: Zusammengefaßte Ergebnisse aus einer Längsschnittuntersuchung bei Opfern von angezeigten Sexualkontakten. Wiesbaden.

Breiter, M. 1996: Vergewaltigung. Ein Verbrechen ohne Folgen? Verlag für Gesellschaftskritik: Wien.

Gilmore, D. 1990: Mythos Mann. Rollen, Rituale, Leitbilder. München/Zürich.

Huhn, A./Meyer, A. 1986: „Einst kommt der Tag der Rache“. Die rechtsextreme Herausforderung 1945 bis heute. Freiburg.

Hummel, D. 1992: Frauen als Handelsware. In: IAF – Informationen 4 (1992). Frankfurt.

Kersten, J. 1994: „Constructing the enemy – Xenophobia and racism as gendered strategies of dehumanization“. Paper presented to: Symposium „Fremdenfeindlichkeit, Konflikte um die groben Unterschiede“, 27.- 28. Oktober (1994). Bundesministerium für Wissenschaft und Forschung: Wien.

Kiefl, W./Lamnek, S. 1986: Soziologie des Opfers. Theorie, Methoden und Empirie der Viktimologie. Wilhelm Fink Verlag: München.

Knecht, M. 1995: Bilder – Texte – Macht. Wie die Darstellung von „anderen“ Frauen als Opfer und „anderer“ Kulturen als frauenfeindlich zur Rechtfertigung von Ausgrenzung benutzt wird.

In: WIDEE (Hg.): Nahe Fremde – fremde Nähe: Frauen forschen zu Ethnos, Kultur, Geschlecht, 5. Tagung zur Frauenforschung vom 15.-18. Oktober 1995.

Lipka, S. 1989: Das käufliche Glück in Südostasien. Heiratshandel und Sextourismus. Münster.

Lutz, H. 1992: Rassismus und Sexismus, Unterschiede und Gemeinsamkeiten. In: Foitzik A./ Leiprecht R. et al.: „Ein Herrenvolk von Untertanen“. Rassismus – Nationalismus – Sexismus. Duisburg.

Mecheril, P./Teo, Th. (Hg.) 1997: Psychologie und Rassismus. Rowohlts Enzyklopädie: Reinbek bei Hamburg.

Osterkamp, U. 1987: Ausgrenzungsmechnismen als Mittel der Herrschaftssicherung. In: Forum kritische Psychologie 19 (1987),

S. 132-148.
Ottomeyer, K. 1997: Psychoanalytische Erklärungsansätze zum Rassismus. Möglichkeiten und Grenzen. In: Mecheril/Teo (Hg.), S. 111-131
Pilgram, A. 1980: Kriminalität in Österreich. Studien zur Soziologie der Kriminalitätsentwicklung. Verlag für Gesellschaftskritik: Wien.
Rabe, K.K. (Hg.) 1980: Rechtsextreme Jugendliche. Bornheim-Merten.
Rainer, B./Reif, E. 1997: Du schwarz?! Ich weiß! 10 Module gegen Fremdenfeindlichkeit und Gewaltbereitschaft bei Jugendlichen. Gesellschaft für bedrohte Völker: Wien.
Rommelspacher, B. 1991: Frauen und Rechtsextremismus. Wie sind Mädchen und Frauen verstrickt? In: PÄDEXTRA & Demokratische Erziehung, Jänner (1991),Wiesbaden.

Thomas Schweinschwaller, Barbara Rainer

EIN GEWALTIGES SCHAUSPIEL

Anmerkungen zu pädagogischer Theaterarbeit gegen Gewalt und Fremdenfeindlichkeit

„Das Lebensspiel selbst zu spielen
und nicht zum Spielball
eigener Lebensumstände zu werden ...“
(Wladimir N. Iljine)[1]

Wer kennt das nicht ...? Alle Jahre wieder werden zu Feiertagen und am Schulschluß Theaterstücke von Schülern aufgeführt. Bei dieser Theaterarbeit geht es in erster Linie um die Vorstellung.

Theaterspielen hat aber ein viel breiteres Anwendungsspektrum: Theater als Erlebnis- und Erfahrungsraum. In diesem Sinn wird den Akteuren eine Bühne zur Verfügung gestellt, auf der sie im geschützten Rahmen Handlungsspielräume erarbeiten können. Durch die szenische Darstellung werden Situationen erzeugt, die den TeilnehmerInnen die Gelegenheit bieten, sich mit einer Thematik nicht nur theoretisch auseinanderzusetzen, sondern eigene Reaktionsweisen und Gefühle zu erleben und zu reflektieren. Bei diesem Ansatz geht es also weniger um ein „vorstellbares Endprodukt“.

„Alle sollen gemeinsam lernen, Zuschauer und Schauspieler, keiner ist mehr als der andere, keiner weiß es besser als der andere: gemeinsam lernen, entdecken, erfinden, entscheiden.“ (Boal 1986: 10) Nicht das „Durchpushen“ zu einer schönen Szene hin, sondern das „Verdichten“ und „Verdeutlichen“ von Stimmungen, Einstellungen und Handlungsmustern ist das Ziel.

Diese Theaterarbeit ist grundsätzlich sowohl für Jugendliche als auch für Erwachsene geeignet, wobei die jeweils unterschiedlichen Kontexte, Haltungen und Anspruchniveaus zu berücksichtigen sind. So ist beispielsweise mit Erwachsenen, die sich selbstverantwortlich ihren fremdenfeindlichen Tendenzen stellen wollen, ein anderer Zugang angebracht, als in der Arbeit mit Jugendlichen, die

[1] zit. nach Schmid P.F. 1994: 359

von uns eingeladen werden, sich mit solchen Bereichen ihrer Identität auseinanderzusetzen. Im folgenden Artikel werden wir uns auf die Theaterarbeit mit Jugendlichen konzentrieren.

Chancen theatraler Mittel in der Arbeit gegen Gewalt und Rassismus

Handlungsunsicherheit sowie Ohnmachts- und Vereinzelungserfahrungen, denen Jugendliche in ihrer Entwicklung oft ausgesetzt sind, sind laut Wilhelm Heitmeyer (1992) auf der psychologischen Ebene die Hauptfaktoren für die Entstehung rassistisch motivierter Gewaltbereitschaft bei Jugendlichen. Diesen Ursachen ist auf der rein kognitiven Ebene kaum zu begegnen. Wenn Jugendliche jedoch durch eigenes Erleben den Zusammenhang zwischen ihren aggressiven Impulsen und abwertenden Tendenzen und den eigenen Bedürfnissen verstehen, bzw. Konsequenzen eigenen Handelns spielerisch erleben, dann ist eine Chance gegeben, alternative Handlungsweisen zu (ver)suchen (vgl. Rainer/Reif, 1997).

Darüber hinaus kann eine intensive Theaterarbeit zu einem anderen Umgang der Gruppenmitglieder untereinander führen, da unsere Erfahrung zeigt, daß in diesem Rahmen oft auch Bedürfnisse einzelner Gruppenmitglieder nach einem offeneren und respektvolleren Umgang miteinander ausgesprochen – und von den anderen wahrgenommen werden. Damit diese Arbeit nicht kontraproduktiv ist, ist es besonders wichtig, auf den Rahmen zu achten (dazu siehe weiter unten im Text).

Wir orientieren uns beim Einsatz theatraler Mittel zur Gewaltprävention an diesen Annahmen, wobei einige Aspekte im folgenden genauer ausgeführt werden.

Theaterspielen als erlebnisorientierte Pädagogik

Anders als beim Erarbeiten von Lehrstoff oder bei Diskussionen, ist Theaterspielen ein ganzheitlicher Akt, an dem man mit Herz, Hirn und Leib anwesend ist. Das Einbringen von „Eigenem“ und der Austausch darüber fördern die Person in ihrem Lernprozeß. Die Teilnehmer steuern diesen selbst, indem sie die Entscheidung treffen, sich auf oder in eine bestimmte Szene einzulassen oder draußen zu bleiben. Die Theaterarbeit verstehen wir als Angebot.

Niemand sollte zur Beteiligung gedrängt, sondern vielmehr ermutigt werden. Auch die, die „draußen stehen“ machen dabei Erfahrungen. Die Beteiligung, Aktivität oder Zurückhaltung der Gruppe, bzw. einzelner Mitglieder kann in der anschließenden Reflexion thematisiert werden.

Theater zu spielen eignet sich unserer Meinung nach auch sehr gut, *Spannung* bewußt zu erleben. Aggressives Verhalten wird auch oft aus *Sehnsucht nach Spannung und Abwechslung* gewählt (Bründel & Hurrelmann, 1995). Dabei handelt es sich unserer Meinung nach jedoch eher um die Sehnsucht, die inneren Spannungen nach außen zu verlegen, in der (trügerischen) Hoffnung, sie dadurch abzubauen. Weiters kann dieses Ausagieren innerer Spannungen auch als eine Sehnsucht, den eigenen inneren Zustand der Welt mitzuteilen, verstanden werden: *Wenn es innerlich stürmt, darf es außen keinen Sonnenschein geben. Deshalb muß ich ein Gewitter machen.* In diesem Bedürfnis, sich mitzuteilen, liegt unserer Ansicht nach ein Potential, in Kontakt zu treten, das in der theatralen Arbeit genützt werden kann.

Eine der Aufgaben des Theaters ist neben der Unterhaltung und Aktivität, betroffen zu machen. Betroffenheit bedeutet in diesem Sinn, zum Nachfühlen, Nachdenken und zu anderem Verhalten angeregt zu werden: Theater als Probehandeln (vgl. Koch, Steinweg & Vaßen, 1983).

Betroffenheit setzt Einfühlung voraus. Das Arbeiten an Szenen, der Rollentausch und die Aktivität können das *Einfühlungsvermögen* sich, anderen und der Rolle gegenüber fördern, wie theaterpädagogische Projekte in Deutschland zeigen (Verband der Theaterpädagogen, 1995).

Von Rollenzuschreibungen zum Rollenstudium

Wir alle nehmen permanent Rollen ein, meist jedoch nicht bewußt: „Die zwischenmenschlichen Spiele – und um die geht es hier – verlangen nach einer Metaebene, nach einer Verständigung darüber, daß ‚dies alles nur ein Spiel ist‘. Solche Spiele zu spielen ist dann sicher und fruchtbar, wenn ‚wir beide wissen, daß wir nur spielen, und keiner von uns gegen seinen Willen zum Spiel gezwungen wird oder ohne gegenseitiges Einverständnis darauf besteht, die Regeln zu ändern.‘“ (Kopp,, 1982, zitiert nach Schmid, 1994: 374)

„Im Spiel sein" heißt, offen sein für die Partner, den Raum und sich selbst. Handlungen können nach vereinbarten Regeln versucht, verändert und nachbesprochen werden, um *neue Alternativen zu gewinnen.*

Auch das Beharren auf bestimmten Haltungen, wie z.B. der Spruch „Heil ist geil!", kann dann in Improvisationen aufgegriffen werden, anstatt ihr auf „der moralischen Ebene" begegnen zu müssen. Wir verstehen unsere Aufgaben als SpielleiterIn nicht darin, die Person aufgrund einer solchen Haltung zu verurteilen oder abzulehnen, sondern darin, das Nachspüren, was diese Haltung mit der Person macht und wozu die Person als Handlungsträger diese Haltung braucht, zu fördern.

Von Opfern, Sündenböcken und Tätern

Szene: Ausländer sucht am Arbeitsamt einen Job. Dabei können neue Erfahrungen gemacht werden. Erfahrungen, die Fragen aufwerfen, wie: Hat er es wirklich so leicht? Wie verständigt er sich? ... In der Einnahme der *Sündenbockposition* liegt eine weitere Möglichkeit, Einfühlung herzustellen. Gruppendynamisch ist das Hineinversetzen in die Position des Sündenbocks sehr interessant, ermöglicht es doch, mit Stereotypen und verdrängten und unerwünschten Gefühlen wie Angst oder Minderwertigkeit in Beziehung zu treten.

Für rassistisch motivierte Gewalt werden oftmals auch die unsicheren oder schlechten Zukunftsaussichten der Jugendlichen angeführt (Bründel & Hurrelmann, 1995). D.h. oftmals ist die *voraussichtlich enge Lebensperspektive* und eine fast *demütige Haltung gegenüber der politischen Macht* für Gewaltentladung gegen Schwächere verantwortlich: die Wut bleibt aber kleben und auch an den eigenen sozialen Dilemmata ändert sich dadurch nichts (vgl. Galtung, 1981). Schon dieses Problem zu thematisieren und Menschen zu *„ermächtigen"* (vgl. Schmid, 1996), aktiv eine Rolle einzunehmen, kann ein „gewaltiges konstruktives Potential" jenseits der Ohnmacht freisetzen: Ein *„Engagement"* zur aktiven Lebensgestaltung.

Rahmenbedingungen

Was kann ich tun, um Menschen zu ermutigen, sich auf theatrale Erfahrungen einzulassen? Welche Bedingungen sind nötig, um den kreativen Ausdruck der Person wachsen zu lassen? Dazu wollen wir auf einige Rahmenbedingungen hinweisen, die für eine produktive Gruppenarbeit zum Thema Gewalt eine conditio sine qua non sind.

Bedürfnisorientierung

Es gilt abzuklären, was die Betroffenen selbst wollen; was sie erleben wollen und auf was sie gar keine Lust haben. *Neugierde und Interesse* gehören zu den Grundvoraussetzungen, unter denen sich der Mut zu Neuem oder die Bereitschaft zur Auseinandersetzung mit Altbekanntem entwickeln kann.

So haben wir beispielsweise bei einem themenzentrierten Theaterworkshop über „Gruppendruck, Gewaltbereitschaft und Ausländer" im Jugendzentrum Hirschstetten den Jugendlichen Vorgaben gegeben, die ihrer Lebenswelt entsprechen, und um die ihre Phantasien kreisen: Wir haben sie eingeladen, Jugendgangs zu spielen. Die Jugendlichen waren sehr schnell in ihrer Wirklichkeit: den Gangmitgliedern war eigentlich ziemlich langweilig. Um sich zu „spüren", inszenierten sie Vandalenakte und Übergriffe auf die andere Gruppe: Es wurden Geiseln genommen. Diese Dynamik nützten wir, um das Entgleiten von Regeln in sozialen Situationen aufzuzeigen. Dabei war es uns wichtig, daß es zu keinen Verletzungen der SpielerInnen kam (siehe „Sicherheit", weiter unten). Als die Stimmung schon sehr aufgeheizt war, griffen wir ein, um eine geregelte Geiselübergabe zu gestalten. Doch bei dieser friedlichen Übergabe kam es zu massiven Störungen und die Situation drohte zu eskalieren. In der nachfolgenden Reflexion griffen wir die offensichtlichen Muster der Gewalteskalation auf und stellten wieder den Zusammenhang mit der Lebenswelt der Jugendlichen her. Sie waren bestürzt und betroffen, als ihnen der Zusammenhang zwischen Langeweile, Frust und ihrer Bereitschaft, mit Gewalt zu (re)agieren durch den von ihnen selbst gestalteten Spielverlauf offensichtlich wurde.

Bedürfnisorientierung bedeutet für uns, die Jugendlichen *„dort abzuholen, wo sie sind"*; ihnen die Möglichkeit zu geben, mit den

Themen, die ihnen wichtig sind, herauszukommen. Unserer Erfahrung nach haben diese Themen sehr oft mit Gewalt zu tun, wie z.B. bei einem anderen Workshop mittels der Methode des freien Spiels: Auf unsere Frage: „Was wollt ihr gerne tun?“ antworteten die Jugendlichen: „Wir drehen einen Horrorfilm!“

Dieser selbst gewählte Rahmen wurde von den TeilnehmerInnen mit Themen aus dem Drogenmilieu gefüllt. Die Kids entwickelten Szene um Szene selbständig: Der Bogen spannte sich von der Abhängigkeit und Entzugserscheinungen über den Entschluß, „clean“ zu werden, die Bedrohung, einen Mordanschlag vom Dealer, Beschaffungskriminalität bis zur letzten Konsequenz, der Haft. Unsere Aufgabe bestand darin, die Szenen in Gang kommen zu lassen und ihnen Halt und Struktur zu geben. Unabhängig vom Spaß am Spiel, der großen Kreativität und Aktionsbereitschaft, machte sich bei den TeilnehmerInnen aber auch wieder Betroffenheit breit. In der uns sehr wichtigen Reflexionsphase arbeiteten wir die verborgenen Themen, wie Macht und Ohnmacht, Gewalt und Unterwerfung und den Reiz des Verbotenen heraus.

Die Rolle aufnehmen und aus ihr aussteigen

Da wir vor allem die Lebenswelt und -sicht der Jugendlichen in Arbeit integrieren wollen, ist uns eine klare Abgrenzung von der Bühne, als Ort des Geschehens, besonders wichtig: d.h. Karl betritt die Bühne als Schauspieler und nicht als Karl, auch wenn natürlich seine Persönlichkeit die Rolle auffüllt (Verfremdung). Dieser Schutz, als SchauspielerIn in der Szene angenommen zu werden, ist eine Hilfe, sich frei nach seinen Intentionen (innerhalb der Regeln) zu verhalten. Nach der Darstellung muß diese Rolle bewußt abgelegt werden, z.B. durch pantomimisches Abstreifen der Rolle oder durch die Worte: „Ich habe jetzt xxx gespielt, jetzt bin ich wieder Karl!“ (vgl. dazu Schellenbaum & Werthmüller, 1993).

In der Nachbesprechung wird von uns Wert darauf gelegt, daß der Rollenträger für seine Handlungen nicht verurteilt wird. Aber in dieser Phase versuchen wir sehr wohl, die Person und ihre Erfahrungswelt in die Reflexion mit einzubeziehen.

Sicherheit

Die Basis für jedes Spiel mit Gewalt ist Vertrauen. Gewalt in ihren verschiedenen Facetten ist ein Thema, das jeden betrifft: jede/r hat schon Gewalt ausgeübt und erlebt. Für die Theaterarbeit in diesem Bereich ist die *Regelklarheit* von größter Wichtigkeit!

(1) Die Grundregel lautet: es darf niemand – weder körperlich noch verbal – verletzt werden, d.h. in der Würde der Person mißachtet werden. Dennoch ist es in vielen Szenen, gerade bei diesem Thema – sehr wichtig, „mit Gewalt zu spielen". Daß das Einhalten von Regeln Schülern zugetraut werden kann, ist z.B. seit dem Engagement von deutschen Theaterpädagogen bekannt, die im wahrsten Sinn des Wortes „mit Gewalt gespielt haben" (Verband der Theaterpädagogen, 1995).

Die Darstellung von Gewalthandlungen ist vorher mit der Gruppe festzulegen und kann nur unter Inszenierung des Spielleiters durchgeführt werden. In diesem Zusammenhang haben sich vereinbarte Bewegungen mit voller Intensität in Zeitlupe, oder Standbilder, die die Bewegungen genau vor der Eskalation der Gewalt einfrieren lassen, bewährt. Auf jeden Fall muß darauf hingewiesen werden, daß die Anwendung körperlicher Gewalt verboten ist.

(2) Die STOP-Regel: „Auch sollte gesichert sein, daß jede/r TeilnehmerIn die Möglichkeit hat, das Spiel abzubrechen oder aus dem Spiel auszusteigen, wenn er/sie sich nicht mehr wohlfühlt oder bedroht fühlt. Dazu dient die ‚STOP'- Regel: die Gruppe soll darauf aufmerksam gemacht werden, daß jede/r TeilnehmerIn jederzeit ‚STOP' rufen kann, wenn er/sie aussteigen will." (Rainer/Reif, 1997: 10f.) Nach den meist sehr dichten Improvisationen muß der Gruppe genug Raum zur Nachbesprechung gegeben werden. Gerade in der Arbeit mit Jugendlichen sind aber die Gruppenleiter besonders gefordert, die Prozesse der GruppenteilnehmerInnen im Auge zu behalten.

Trotz aller Chancen der Theaterarbeit ein realistischer Schluß: Theater ist kein Allheilmittel. Es kann von den TeilnehmerInnen auch als Traumland und Fluchtort benutzt werden, und von den Spielleitern zur Manipulation: Dann wird es aber zur *Farce*.

Literatur

Boal, A. (1986): Theater der Unterdrückten. Frankfurt: Suhrkamp.

Bründel, Heidrun und Hurrelmann, Klaus (1995): Gewalt macht Schule.

Galtung, J. (1981): Strukturelle Gewalt. Reinbek: Rowohlt.

Heitmeyer, W. (1992): Die Bielefelder Rechtsextremismusstudie. Erste Langzeituntersuchung zur politischen Sozialisation männlicher Jugendlicher. Weinheim/ München.

Koch, G., Steinweg, R. und Vaßen F. (1983): Assoziales Theater. Spielversuche mit Lehrstücken und Anstiftung zur Praxis. Prometh: Köln.

Rainer, B. und Reif, E. (1997). Du schwarz?! – Ich weiß! 10 Module gegen Fremdenfeindlichkeit und Gewaltbereitschaft bei Jugendlichen. Gesellschaft für bedrohte Völker: Wien

Schellenbaum, B. und Werthmüller, H. (1993): Einfach eine Sauwut. TZT-Zinnober Nr. 17. Verlag SI TZT: Meilen.

Schmid, P. F. (1996). Personenzentrierte Gruppenpsychotherapie in der Praxis. Ein Handbuch. Die Kunst der Begegnung. Mit einem Beitrag von Carl R. Rogers. Paderborn: Junfermann.

Schmid, P. F. (1994): Personenzentrierte Gruppenpsychotherapie. Ein Handbuch. I. Solidarität und Autonomie. Humanistische Psychologie: Köln.

Verband der Theaterpädagogen (1995). Mit Gewalt gespielt. Kultusministerium des Landes Nordrhein-Westfalen.

Sprache und Sprachpolitik

Martin Reisigl

CUIUS OPS, EIUS LINGUA

Formen des sprachlichen Imperialismus

1. Das Dilemma

Immer häufiger entscheiden sich WissenschaftlerInnen, vorzüglich solche im Bereich der Mathematik und Naturwissenschaften, zunehmend aber auch der Sozial- und Geisteswissenschaften, dazu, unter den Insignien einer fortschrittlichen und kosmopolitischen Internationalität, der allerdings nicht selten auch der Geruch eines persönlichen karrieristischen Pragmatismus anhaftet, sich als Nicht-MuttersprachlerInnen eines „scientific English" als *lingua franca* zu bedienen. Diese oft wohlgemeinte und womöglich gar anti-provinziell motivierte Absicht einer Vergrößerung des eigenen kommunikativen Rezeptionsradius setzt sich jedoch nicht immer auch in die Erweiterung des Verständigungshorizontes um. Vielmehr wird sie sehr oft durch eine kommunikative Selbstbeschneidung quittiert, da die ungenügende Sprachbeherrschung notgedrungen zu einer mangelhaften sprachlichen Qualität der englischen Publikationen führt, die sich insgesamt durch den Charakter einer „Rudimentärsprache" (Ehlich 1997, 133), eines von vielen Reduktionismen geschlagenen Pidgin-Englisch auszeichnen, welches das gegenwärtig ohnedies sehr zeitliche wissenschaftliche Ablaufdatum vieler Arbeiten noch um einiges vorverlegen und einer Ephemerizität zuarbeiten dürfte, die ob der sprachlichen Dürftigkeit der Texte später vielleicht nicht einmal mehr auf ein wissenschaftshistorisches oder wissenschaftstheoretisches Interesse stoßen wird.

Gegen die klar sich abzeichnende Tendenz einer „neue[n] Monolingualisierung von Wissenschaftskommunikation" (Ehlich 1997, 131) mehren sich an sich berechtigte, gegen direkte ebenso wie indirekte Formen des Sprachimperialismus anwetternde Kassandrarufe, die sich einerseits allerdings oft aus einer sprachpatriotischen oder gar sprachnationalistischen Gesinnung speisen, und die sich andererseits, das heißt für den Fall, sie werden von Nicht-MuttersprachlerInnen auf Englisch vorgebracht, gar leicht in einen performativen Selbstwiderspruch verstricken.[1]

Wohlgemerkt: Nicht nur auf dem Gebiet der Wissenschaften, sondern in allen mit Problemen des Sprachkontakts assoziierten Bereichen erscheint eine weitgehend abstrakte, unempirische und unhistorische Befürwortung der Verwendung eines vermeintlich neutralen Englisch als internationale, europa- oder sogar weltumspannende Verkehrssprache in einer immer globaler werdenden Welt[2] ebenso fehl am Platz wie eine pauschale Ablehnung des Englischen als menschen- und staatenverbindendes Behelfsmittel der Verständigung. Die kontaktbezogenen, inter- und intralingualen sowie die damit zusammenhängenden sozialen „Wirklichkeiten" sind zu komplex, als daß sie sich ohne wesentliche Erkenntnisabstriche im entlarvenden politisierenden Kampfbegriff des „Sprachimperialismus" auf eine einfache Formel bringen ließen. Es ist daher sicherlich nicht angemessen, eine jede Form von Sprachverbreitung, Sprachwechsel, Sprachmischung und Sprachwandel ausschließlich unter dem obzwar griffigen Gesichtspunkt eines „sprachlichen Imperialismus" oder „Kolonialismus" zu betrachten, und zwar selbst nicht im Hinblick auf frühere britische Kolonien wie zum Beispiel Indien.

Um diesbezüglich etwa Salman Rushdie (1992, 64-65) zu zitieren, der sich in der post-kolonialen Debatte über den Gebrauch des Englischen im außerordentlich multilingualen Indien unter anderem folgendermaßen zu Wort meldet: „Was mich angeht, so glaube ich nicht, daß es immer nötig ist, die antikolonialen – oder ist es ‚postkolonialen' – Knüppel gegen das Englische in Anschlag zu bringen. Was meiner Meinung nach heute passiert ist, daß jene Völker, die einst durch die Sprache kolonisiert wurden, diese nun sehr rasch erneuern, domestizieren und immer lockerer werden in ihrer Art, sie zu gebrauchen – von der enormen Flexibilität und Ausbreitung der englischen Sprache unterstützt, bearbeiten sie innerhalb der Grenzen des Englischen große Gebiete für sich selbst. [...] Die Diskussion über die Angebrachtheit des Englischen im post-britischen Indien [...] ist heute, finde ich, [...] eine Diskussion, die nur für die ältere Generation von Belang ist. Die Kinder des unabhängigen Indien scheinen über das Englische nicht so zu denken, als wäre es hoffnungslos verdorben durch seine koloniale Herkunft. Sie verwenden es als eine indische Sprache, als eines der Werkzeuge, die sie zur Verfügung haben (ich vereinfache natürlich, aber die Aussage ist weitgehend zutreffend). Es gibt auch eine interessante Nord-

Süd-Spaltung hinsichtlich indischer Spracheinstellungen gegenüber dem Englischen. Im Norden, im sogenannten ‚Hindi-Gürtel', [...] ist es möglich, sich Hindi als eine zukünftige nationale Sprache vorzustellen; aber in Südindien, das zur Zeit unter den Versuchen der Zentralregierung leidet, ihm diese nationale Sprache *aufzuerlegen* [engl. ‚impose', Anm. d. Verf.], ist das Ressentiment gegenüber dem Hindi weit stärker als gegenüber dem Englischen. Nach einem längeren Aufenthalt in Südindien bin ich zur Überzeugung gelangt, daß Englisch in Indien eine essentielle Sprache ist, nicht nur wegen seiner technischen Vokabularien und der internationalen Kommunikation, die es ermöglicht, sondern einfach auch, weil es den beiden Indien erlaubt, in einer Sprache miteinander zu reden, die keine der beiden Parteien haßt."

Wie immer man zum Inhalt dieses Zitats im einzelnen stehen mag, so versucht Rushdie mit dieser Passage jedenfalls auch, dafür zu sensibilisieren, daß der Kampf um die Befreiung und Überwindung des externen Kolonialismus und seines schweren Erbes per se noch nicht gegen Anfechtungen eines etwaigen „internen Kolonialismus" gefeit ist. Zudem stellt er klar, daß es voreilig und vereinfachend sein kann, die Option für das Englische rein als Langzeitwirkung oder Ergebnis einer bewußten oder unbewußten Unterordnung unter sprachliche Dominanzverhältnisse oder als Hegemonieeffekte zu interpretieren, da es sich schlichtweg auch so verhalten kann, daß in ganz bestimmten Problemkonstellationen die Wahl des Englischen zum Medium der Kommunikation primär Ausdruck einer durchaus auch rational und emotional nachvollziehbaren pragmatischen „Politik des kleineren Übels" sein kann. Außerdem ist Rushdies Zeilen zu entnehmen, daß die Analyse einer Sprachsituation wie der in Indien über die Eigendynamik der aktiven, kreativen und transformativen Aneignung des Englischen von seiten der ehedem Kolonisierten und ihrer Nachkommen nicht einfach hinweggehen kann.

Die Warnung vor einer drohenden Monolingualisierung zugunsten des Englischen und auf Kosten sprachlicher Vielfalt ist nicht immer, wo sie öffentlich wird, nur den lauteren demokratischen Motiven einer pluralistischen Politik der Anerkennung verpflichtet. Hinter den augenscheinlich antiimperialistischen Alarmrufen kann sich bisweilen selbst eine Form imperialistischer Gesinnung verbergen. Dies zum Beispiel dann, wenn eine solche Warnung mit einem sprachnationalistischen Interesse verquickt ist, das die Eindämmung der zunehmenden Verbreitung des Englischen in erster Linie in der Absicht verfolgt, der eigenen Muttersprache möglichst erfolgreich expansionistischen Vorschub zu leisten. Gelegentlich lassen beispielsweise auch selbsternannte FürsprecherInnen des Deutschen (in welcher Standardvarietät auch immer) relativ laute expansionistische, sendungsbewußte quasi-missionarische Töne erklingen, zumal hinsichtlich osteuropäischer Staaten, und zwar vermehrt seit dem Fall des Eisernen Vorhangs und seit der „Deutschen Wiedervereinigung" in den Jahren 1989 und 1990.

Diese Form sprachimperialistischer Phantasien und Bestrebungen wird zuweilen mit dem kraftmeierischen Argument der potenteren deutschen Wirtschaft zu untermauern versucht. Was – metaphorisch und metonymisch gesprochen – bedeutet, daß der Wettbewerb zwischen den verschiedenen Sprachen auf dem sprachlichen Marktplatz als ein Kampf um die Eroberung oder – weniger militaristisch – Gewinnung neuer SprecherInnen und damit um die Expansion des eigenen kollektiven „Sprachkörpers" wahrgenommen wird – als ein Kampf im freien Spiel der kapitalistischen Kräfte, der von den ökonomisch Tüchtigsten gewonnen wird. Obwohl sehr viel Zutreffendes in diesem ökonomistischen Blick auf die „Dissemination" von Sprachen steckt, was wir weiter unten noch etwas detaillierter ausbreiten wollen, so ist die sozialdarwinistische Optik dieser Perspektive völlig blind gegenüber der Tragik, daß es keinen „Sieg" ohne VerliererInnen und Opfer gibt, oder, mit Calvets (1978 [1974]) zugegebenermaßen überzogener Metapher gesagt, daß die Schattenseite einer erfolgreichen, expansionistischen Sprach- und Sprachenpolitik einiger weniger, einflußreicher Sprachgemeinschaften die „Glottophagie", der von „Killersprachen" (ein von Anne Pakir 1991 geprägter Begriff) beziehungsweise, um es nicht metaphtonymisch auszudrücken, der von ihren hegemonialen SprecherInnen verursachte Niedergang sprachlicher Diversität ist, der im „Sprachtod" kleinerer Sprachen endet, die von dominierten Gemeinschaften gesprochen werden.[3]

Bevor wir nun einen genaueren Blick auf Curvets Konzept der „Glottophagie" werfen, halte ich es für angezeigt, die Begriffe des „Kolonialismus", „Imperialismus" und – im besonderen – des „sprachlichen Imperialismus" zu diskutieren, da zu befürchten steht, daß ein allzu inflationärer metaphorischer Gebrauch diese Ausdrücke zu unklaren und undifferenzierten macht. Zudem erscheint es mir in diesem Zusammenhang theoretisch fruchtbringend, Bourdieus Konzepte des „kulturellen" und „sprachlichen Kapitals" in die Überlegungen mit einzubeziehen.

2. „Kolonialismus", „Imperialismus", „sprachlicher Imperialismus" und „sprachliches Kapital" – Einige Begriffsbestimmungen

Bewußt charakterisiert Jürgen Osterhammel (1995, 21) „Kolonialismus" in einem eingeschränkten Sinne als Herrschaftsbeziehung zwischen Kollektiven, die dadurch gekennzeichnet ist, daß die fundamentalen Entscheidungen über die Lebensführung der kolonisierten Gruppen von einer kulturell andersartigen und kaum anpassungsbereiten Minderheit von KolonisatorInnen getroffen und durchgesetzt werden, die bei ihrer Unternehmung primär externe Interessen verfolgen. Osterhammel zufolge wird dieses Herrschaftsverhältnis in der Neuzeit in der Regel mit sendungsideologischen Legitimationsdoktrinen verbunden, die auf der Überzeugung der KolonisatorInnen fußen, kulturell höherwertig zu sein.

Mit einer solchen Begriffsbestimmung ist der Historiker bestrebt zu vermeiden, daß der Ausdruck „Kolonialismus" explizit auf den Begriff der „Kolonie" zurückgeführt wird, denn diesen will Osterhammel als ein durch militärische Invasion und/oder durch Besiedlung neu geschaffenes politisches Gebilde charakterisiert wissen, das in Anknüpfung an vorkoloniale Zustände geformt wurde und „dessen landfremde Herrschaftsträger in dauerhaften Abhängigkeitsbeziehungen zu einem räumlich entfernten ‚Mutterland' oder imperialen Zentrum stehen, welches exklusive ‚Besitz'-Ansprüche auf die Kolonie erhebt" (Osterhammel 1995, 16).

Weshalb Osterhammel „Kolonialismus" unabhängig von „Kolonie" zu charakterisieren wünscht, das liegt begreiflicherweise darin begründet, daß es gar nicht so wenige Grenzfälle gibt, in denen entweder Kolonien ohne Kolonialismus existieren oder ein Kolonialismus ohne Kolonien auskommt. Ersteres betrifft solche Fälle, in denen sich innerhalb kolonialer Gesellschaften keine einheimischen Bevölkerungsmehrheiten finden, das heißt, in denen sich diese Gesellschaften selbst als homogene und das Territorium, das sie besetzen und landwirtschaftlich oder industriell zu „erschließen" trachten, als ein „leeres“ und „wildes“ Land ohne EinwohnerInnen ansehen. Was zur Folge hat, daß sie die unter ökonomischem Gesichtspunkt abkömmlichen indigenen Bevölkerungsgruppen vertreiben und ermorden, wie dies in den Siedlungskolonien des „neoenglischen Typs“ betrieben wurde, also in den Kolonien Neuengland, Kanada und Australien. Letzteres bezieht sich auf Fälle, in denen nicht zwischen einem „Mutterland“ und einer örtlich entfernten Kolonie, sondern zwischen dominanten „Zentren“ und dominierten „Peripherien“ innerhalb eines Nationalstaates oder territorial geeinten Empires koloniale Abhängigkeitsverhältnisse bestehen. Als Beispiel dafür sei die „intern kolonialistische“ Herrschaftsbeziehung zwischen England und dem „keltischen“ Rand der Britischen Inseln (Wales, Schottland, Irland) angeführt.

Die kolonialistische Ideologie sieht Osterhammel erstens durch die Vorstellung einer unversöhnlichen Diversität und Fremdheit charakterisiert, durch die anthropologische Konstruktion von Gegenbildern, die über inferiore „Andersartigkeit“ und „Devianz“ bestimmt sind, seien sie biologistisch, religiös-theologisch, umweltdeterministisch, wissenschaftsgläubig, technizistisch oder sonstwie kulturalistisch unterfüttert. Als ein zweites Grundmerkmal kolonialistischen Denkens identifiziert er den anmaßenden Glauben an einen Sendungsauftrag, die Überzeugung von der Verpflichtung zur Führerschaft und zur Übernahme der Vormundschaft über die Gruppen von Kolonisierten und die geradezu manische Besessenheit von der Notwendigkeit eines „ordnenden“ und „zivilisierenden“ Eingreifens in das vermeintliche Chaos der „Wildnis“ und der „Fremden“. Damit eng zusammenhängend sieht Osterhammel die kolonialistische Ideologie drittens durch die „Utopie einer Nichtpolitik“, die Illusion eines „politikfreien“ Verwaltens gekennzeichnet, die sich tatsächlich in einer kulturzerstörerischen politischen Administration niederschlägt, welche den Kolonisierten den Weg zurück zu den ihnen bis dahin tradierten Politiken ein für allemal versperrt (Osterhammel 1995, 113-118).

Kolonialismus ist sehr eng verknüpft mit dem Phänomenkomplex des Imperialismus, der seinen Höhepunkt während des sogenannten „Zeitalters des Imperialismus“ im ausgehenden 19. und zu Beginn des 20. Jahrhunderts erreichte. In Anlehnung an Mühlhäusler (1996, 18) können wir „Imperialismus“ in einem relativ allgemeinen Sinne als das Auferlegen und Aufzwingen einer bestimmten – ungeschriebenen ebenso wie geschriebenen – „Satzung“ von ökonomischen, politischen oder kulturellen Normen durch eine mächtige externe Gruppe bestimmen. Mühlhäusler streicht heraus, daß Imperialismus am deutlichsten mit der kolonialen europäischen Expansion verknüpft ist, er weist allerdings auch auf andere, außereuropäische Formen des Imperialismus hin, so zum Beispiel auf den Imperialismus zur Zeit des „Inkareiches“, zur Zeit des „Chinesischen Empires“ und zur Zeit des mongolischen Expansionismus „unter“ Tschingis Khan.

Said (1995, 44) zufolge läßt sich „Imperialismus“ umschreiben als die Praxis, die Theorie und die Verhaltensstile eines dominierenden urbanen Zentrums, das über ein entferntes Territorium herrscht. „Kolonialismus“, der für Said fast immer eine Folge des Imperialismus darstellt, besteht darin, daß Siedlungen auf ein entlegenes Territorium „verpflanzt“ werden. Die Frage, wie es gegenwärtig um Kolonialismus und Imperialismus bestellt ist, beantwortet Said (1995, 44) folgendermaßen: „In unseren Tagen ist der direkte Kolonialismus weitgehend erloschen; der Imperialismus freilich lebt [...] eben da fort, wo er immer heimisch gewesen ist; in einer Art allgemeiner kultureller Formensprache ebenso wie in spezifisch politischen, ideologischen, ökonomischen und gesellschaftlichen Praktiken.“ Der Neokolonialismus nach dem Zweiten Weltkrieg erfuhr einen subtilen Wandel. Rein physisch verließen die ehemaligen Kolonialmächte ihre Kolonien in Afrika und Asien zwar, sie behielten sie aber „nicht nur als Märkte, sondern auch als Stützpunkte auf der ideologischen Landkarte, über die man moralisch und intellektuell zu gebieten fortfuhr: ‚Zeigen Sie mir den Zulu-Tolstoi!‘ – so hat das ein amerikanischer Intellektueller kürzlich ausgedrückt“ (Said 1995 , 63).

Wie kann nun vor dem Hintergrund der eben angeführten terminologischen Bestimmungen „sprachlicher Imperialismus“ als eine spezifische Form kultureller Domination charakterisiert werden?

Wie Peter Mühlhäusler (1996, 18) feststellt, läßt sich das Konzept des sprachlichen Imperialismus gegen den naturalisierenden Mythos ins Feld führen, wonach der Verlust sprachlicher Vielfalt und Diversität einem natürlichen Prozeß unterworfen sei – eine Sichtweise, die nicht zuletzt auch die oben angeführten Metaphern des „Sprachtodes“ und der „Glottophagie“ nahezulegen scheinen.

Gilliam (1986, 4) beschreibt „sprachlichen Imperialismus“ mit speziellem Bezug auf die sprachliche Lage im Pazifik als „eine Situation, in der praktisch die gesamte Kommunikation – sei sie gesprochen, geschrieben, gehört oder gesehen – von einer externen Macht kontrolliert wird“. Mühlhäusler (1996, 19) zufolge ergänzt diese Kennzeichnung Robert Phillipsons (1992, 47) allgemeine Bestimmung des sprachlichen Imperialismus des Englischen: „Eine Arbeitsdefinition des *englischen Sprachimperialismus ist die, daß die Dominanz des Englischen behauptet und aufrechterhalten wird durch die Etablierung und kontinuierliche Rekonstituierung struktureller und kultureller Ungleichheiten zwischen dem Englischen und anderen Sprachen.* Hier bezieht sich *strukturell* allgemein auf materielle Eigenschaften (zum Beispiel Institutionen, finanzielle Verteilungen) und *kulturell* auf immaterielle oder ideologische Eigenschaften (zum Beispiel Einstellungen, pädagogische Prinzipien). Englischer Sprachimperialismus ist ein Beispiel von *Linguizismus,* welcher definiert ist als ‚Ideologien, Strukturen und Praktiken, die gebraucht werden, um eine ungleiche Macht- und Ressourcenverteilung (sowohl materiell als auch immateriell) zwischen Gruppen, die auf der Grundlage von Sprache definiert werden, zu legitimieren, herbeizuführen und zu reproduzieren‘ [...] Englischer Sprachimperialismus wird als ein Subtyp von Linguizismus angesehen.“ (Siehe auch Skutnabb-Kangas/Phillipson 1992: 205).

Werfen wir einen etwas genaueren Blick auf Phillipsons Charakterisierung, dann erscheinen mehrere Punkte als revisionsbedürftig. Zwei davon spricht bereits Peter Mühlhäusler (1996, 20) an.

Er ist erstens der Meinung, daß das Konzept des „English linguistic imperialism“ ausgeweitet werden muß, um auch andere Sprachen als das Englische einschließen zu können, im besonderen etwa „Killersprachen“ wie das Mandarin, das Spanische und das Indonesische. Mit dieser Forderung dürfte Mühlhäusler bei Phillipson insofern offene Türen einrennen, als dieser allein schon durch das prämodifikatorische Epitheton „English“ andeutet, daß sprachlicher Imperialismus potentiell auch auf andere Sprachen als auf das Englische bezogen sein kann und als Phillipsons und Skutnabb-Kangas‘ Begriff des „Linguizismus“ ja ohnedies eine konzeptuelle Ausweitung und Verallgemeinerung des Phänomens darstellt.

Zweitens bemängelt Mühlhäusler an Phillipsons Begriffsbestimmung, daß sie der historischen Dimension entbehrt, die zu erklären und verstehen hilft, wie es zur aktuellen Situation kommen konnte, die es zu benennen und zu kennzeichnen gilt, das heißt, wie es vor sich ging und woran es lag, daß die edukativen Prinzipien der europäischen Schulsysteme (und besonders des französischen), welche sehr stark darauf hinzuwirken trachteten, daß eine bestimmte Sprache zum einheitlichen und alleinigen Kommunikationsmedium für eine national definierte Gruppe von Menschen wird, im Gefolge der Aufklärung und Romantik vielerorts adoptiert wurden, vor allem da, wo die romantische Vorstellung einer kulturell homogenen Sprachnation virulent wurde. Daß die historische Perspektivierung dessen, was als Sprachimperialismus kritisiert werden soll, ein unverzichtbares Ingrediens der Analyse ist, dürfte unschwer einleuchten, denn eine Kritik im Sinne eines prospektiven und präventiven Unternehmens muß blind und stumpf bleiben, wenn sie ihre Diagnosen und Prognosen nicht auf eine sorgfältige historische Rekonstruktion stützen kann.

Von Mühlhäuslers Anmerkungen zu Phillipsons heuristischer Charakterisierung abgesehen läßt sich meines Erachtens noch mindestens zweierlei einwerfen: Phillipsons dichotome Opposition zwischen „strukturell“ und „kulturell“ erscheint mir ebenso fragwürdig und unhaltbar wie die qualitative Bestimmung von „kulturell“ als „immateriell“. Um dies zu erläutern, greife ich auf Pierre Bourdieus Sozialtheorie und das Konzept des „kulturellen Kapitals“ zurück. Bourdieus von Marx entliehene und auf die verschiedenen sozialen „Felder“ transponierte ökonomistische Metapher des „Kapitals“ bezieht sich schon einmal eingedenk seiner wörtlichen Bedeutung auf Materialität. Zudem besteht eine sehr enge Beziehung zwischen den unterschiedlichen Formen des Kapitals, läßt sich also beispielsweise kulturelles Kapital in ökonomisches und soziales Kapital konvertieren. Darüber hinaus ist „kulturelles Kapital“ per se nicht rein symbolisch, sondern hochgradig materiell – den Umstand nicht mit eingerechnet, daß jedes Symbol auf einen physikalischen „Körper“, auf das von Charles Sanders Peirce unter anderem sogenannte „Repräsentamen“ angewiesen ist. Das wird sofort klar, wenn man sich Bourdieus Unterscheidung zwischen den drei Zustandsformen des kulturellen Kapitals vergegenwärtigt. Erstens kann kulturelles Kapital die Form materieller Objekte wie die von

Büchern, Kunstwerken, Maschinen und technischen Instrumenten annehmen (auch die Schrift kann als eine materielle Objektivierung angesehen werden; siehe Bourdieu 1990, 22 beziehungsweise Bourdieu 1992, 46) haben. In einem solcherart objektivierten Zustand ist die Materialität des kulturellen Kapitals am augenscheinlichsten, auch wenn die tatsächliche, aktive und nicht rein besitzerische oder eigentumsmäßige Aneignung dieser Objekte nach ganz spezifischen kulturellen Fähigkeiten verlangt. Diese zählen zur zweiten Zustandsform des kulturellen Kapitals. Das internalisierte, inkorporierte kulturelle Kapital ist Teil des Habitus. In der Form von Wissen und Fertigkeiten ist es an Person und Körper gebunden, und in dieser Hinsicht gleichfalls materiell. Zu dieser Form gehören sprachliche Kompetenz und Sprachgewandtheit. Drittens wird kulturelles Kapital institutionalisiert, indem es in der Gestalt von Titeln erziehungspolitisch und gesetzlich zuerkannt beziehungsweise verliehen wird. Bis zu einem bestimmten Grad sind Titel von den beiden anderen Zustandsformen des kulturellen Kapitals unabhängig. Wo die gesetzlich legitimierte Form des kulturellen Kapitals mit Prestige, positiven Sanktionen und symbolischer Macht verknüpft wird, ist sie gleichzeitig auch eine spezielle Form symbolischen Kapitals.

Als eine Sonderform des kulturellen Kapitals in seiner objektivierten, inkorporierten und institutionalisierten Beschaffenheit besteht das „sprachliche Kapital“ nicht einfach nur in der „kommunikativen Kompetenz“ in ihrem engeren linguistischen Sinn. „Das sprachliche Kapital ist die Macht über die Preisbildungsmechanismen für sprachliche Produkte. Es ist die Macht, die Gesetze der Preisbildung zugunsten des eigenen Profits sich entwickeln zu lassen und den Mehrwert zu absorbieren.“ (Bourdieu 1993, 118).

Will man das Konzept des „sprachlichen Imperialismus“ mit Hilfe Bourdieus Ansatz für die gegenwärtige Lage reformulieren, dann läßt sich sagen, daß der Wert einer bestimmten sprachlichen Kompetenz vom Markt und von den sprachlichen Marktverhältnissen abhängig ist, die über die Interaktionssituation hinausgehen und den Tauschwert ebenso wie den Gebrauchswert der sprachlichen Produkte bestimmen. Die Regeln oder Gesetze der „Preisbildung“ sind – wie wir noch sehen werden – sehr eng mit wirtschaftlichen Belangen verknüpft. Sie werden über die institutionelle Fixierung des Tauschwerts, das heißt des sozialen Prestiges und der sozialen

Wertschätzung von Sprachen, sowie über politische Authorisierung, unter anderem auch durch gesetzliche Legitimierung, festgesetzt. Spezifischen Sprachen oder bestimmten sprachlichen Varietäten wird so zu besseren Ausgangs- und Rahmenbedingungen auf dem sprachlichen Marktplatz verholfen als anderen, und zwar schon allein aufgrund des Umstands, daß der Tauschwert einer Sprache einen klaren Einfluß auf ihren Gebrauchswert hat. Längerfristig wird damit wesentlich dazu beigetragen, sprachliche Ungleichheiten zu etablieren und Monopolstrukturen in den öffentlichen Domänen des sprachlichen Marktplatzes zu perpetuieren. Innerhalb eines solchen Rahmens wird von einflußreichen Interessensgruppen aus Wirtschaft, Politik und Kultur darüber befunden, ob eine bestimmte Sprache oder Varietät ihre Funktion als kommunikative Währung verlieren, ihr das kulturelle Kapital abgesprochen und sie vom Markt genommen beziehungsweise ihr der Markt entzogen werden soll.

Der Markt kann einer Sprache auf unterschiedliche Weise entzogen werden. Eine der brutalsten Formen ist die der KolonisatorInnen, die die SklavInnen gewaltsam aus ihren afrikanischen Herkunftsländern herausrissen und in den neuen Kolonialgebieten absichtlich so gruppierten, daß fast nur SklavInnen mit unterschiedlichen Muttersprachen zusammenkamen. Das hatte zur Folge, daß die Erstsprachen der verschleppten SklavInnen nutzlos und ihr Gebrauchswert vernichtet wurden. Die SklavInnen wurden gewissermaßen in ein sprachliches Vakuum hineingezwungen. Der extrem restringierte sprachliche Input der KolonisatorInnen führte zur Pidginisierung. Nach und nach, nach dem vollständigen Abzug der gänzlich abgewerteten Muttersprachen vom sprachlichen Marktplatz, setzte bei den SprecherInnen der zweiten Generation dann die Kreolisierung ein.

Calvet (1978, 93) faßt diesen Prozeß, den er als eine Sonderform von „Sprachenfresserei", von „Glottophagie" ansieht, in aller anthropomorphisierenden Drastik zusammen: „Damit ein Kreolisch entsteht, muß man vorher die Sprachen der Sklaven [sic!] getötet haben, muß man sie überflüssig (nutzlos) gemacht haben, indem man die Sprecher unterschiedlicher Sprachen zusammenschloß. Man hämmerte ihnen nun das notwendige Minimum ein, um Befehle verstehen zu können, ein Minimum, auf dessen Grundlage sie ein neues Mittel zu ihrer Verfügung untereinander schufen."

3. Das Konzept der „Glottophagie“

Die konzeptuelle Metapher der „Glottophagie“ wird im vorliegenden Artikel bereits mehrmals bemüht. Es ist nun an der Zeit, daß wir unsere Aufmerksamkeit etwas genauer auf sie richten.

Louis-Jean Calvet hat diese kannibalistische Metapher in seiner explorativen Pionierarbeit über den Zusammenhang von Kolonialismus und Sprache geprägt. Er konzeptualisiert „Glottophagie“ als die Prozesse der Abwertung, Unterdrückung und allmählichen oder radikalen Ersetzung „anderer“ Sprachen, wobei diese Prozesse von den dominanten SprecherInnen einiger weniger, ideologisch als überlegen eingestufter Sprachen in Gang gesetzt und sowohl von den dominierenden als auch von den dominierten SprecherInnen in Gang gehalten werden. Der glottophagen Einverleibung und Vernichtung liegt das imperialistische Bestreben zugrunde, die eigene wirtschaftliche, politische und kulturelle Hegemonie zu erweitern, die unterschiedlichen Kulturen und Lebensformen der „anderen“ zu verdrängen und diese „anderen“ zu assimilieren. „Glottophagie“ läßt sich am besten am Beispiel des kolonialen Unternehmens beschreiben, das Calvet allgemein in drei Phasen unterteilt, nämlich in die des Präkolonialismus, des aktiven Kolonialismus und des Neokolonialismus.

Während der präkolonialistischen Phase theoretisierten die EuropäerInnen das Verhältnis zwischen dem europäischen zum außereuropäischen Denken und Handeln eurozentrisch als ein solches, bei dem die Unterschiede zwischen den Kulturen als Unter- und Überlegenheitsbeziehung erschienen. Dabei wurde kulturelle Andersartigkeit oft einfach teleologisch als ein früheres, primitiveres Stadium in der europäischen Geschichte interpretiert, als eine unvollkommene Form der eigenen Perfektion. Vor dieser Folie erschien das Vorhandensein der Sprachen der „anderen“ in erster Linie als ein Beweis für die Überlegenheit der eigenen Sprachen. Die „anderen“ Sprachen wurden so betrachtet und behandelt, als würden sie nur in einem negativen Sinne existieren, als Erinnerungsspuren der eigenen Ursprünge, „als Fossilien eines überlebten Stadiums unserer eigenen Evolution“ (Calvet 1978, 24). Calvet zufolge bildet gerade diese ideologische Haltung die Keimform des Rassismus und die Quelle für die Rechtfertigung der aktiven Kolonialpolitik, wie sie in der zweiten Phase des kolonialen Unternehmens betrieben wurde.

Wie bereits angeschnitten, waren in die Praxis des aktiven, „glottophagen" Kolonialismus neben dem ideologischen und sprachlichen Moment zumindest auch ökonomische Faktoren (Produktionsbedingungen und Produktionsmittel), administrativ-institutionelle Faktoren (die gesetzliche und staatliche Stützung der Mechanismen der Reproduktion der kolonialen Machtverhältnisse, die sich in den spezifischen Erziehungs- und Schulsystemen konkretisierten) und militärische Faktoren involviert. Nach der Zerstörung der indigenen politischen, sozialen und wirtschaftlichen Strukturen – falls erforderlich, durch militärische Gewalt – zwang der weitgehende politische Ausschluß aus den wichtigsten gesellschaftlichen Einflußsphären die Kolonisierten in ein politisches „Vakuum". Hand in Hand mit der politischen Exklusion ging die sprachliche Ausschließung, das heißt die Aussperrung der dominierten Sprachen aus den politischen, institutionellen, erzieherischen Handlungsfeldern. Diese Situation der sprachlichen Isolation und Repression bildete die Grundlage für das Erscheinen und die Verbreitung der neuen, von den KolonisatorInnen gesprochenen Sprache, für die „Semiophanie", um es mit einer Metapher Roland Barthes' (1986 [1971], 59-63) auszudrücken, die Calvet aufgreift und rekontextualisiert. Nur jene Kolonisierten, die bereit waren, die Sprache der KolonisatorInnen zu erlernen und zu adoptieren, hatten, wenn überhaupt, eine Chance, ihre ökonomische und soziale Lage zu verbessern. Schritt für Schritt diffundierte die dominante Sprache von der herrschenden Klasse der KolonisatorInnen über die kollaborierende Schicht in den Städten in die bäuerliche Bevölkerung.

Da, wo sich die dominierte Sprache halten konnte, wurde dieser Prozeß von Phasen des Bilingualismus begleitet. Genauer gesagt, wurde die Phase der Koexistenz einer externen einsprachigen Herrscherklasse und einer indigenen einsprachigen urbanen sowie ruralen Bevölkerung zunächst von einer Phase abgelöst, in der eine einsprachige Klasse von KolonisatorInnen, eine zweisprachige städtische Bevölkerung und eine einsprachige bäuerliche Bevölkerungsgruppe nebeneinander lebten. Auf diese Phase folgte sodann eine solche, in der eine ausländische monolinguale HerrscherInnenklasse und eine urbane monolinguale Population einer bilingualen bäuerlichen Bevölkerungsschicht gegenüberstanden. Wo sich kein Widerstand regte und damit die Praxis der „Glottophagie" vollendet wurde, „verschlang" die dominante Sprache die beherrschte zur

Gänze. Auf diese Weise verlief der ökonomische Prozeß der Monokulturalisierung parallel zu jenem der Monolingualisierung, in welchem die Sprachwissenschaft eine sehr unrühmliche Rolle als ideologischer Überbau spielte, der hierarchische, rassistische Typologisierungen und „Beschreibungen" von Sprachen lieferte.

Wenn das Unternehmen der „Glottophagie" gelingt, dann bleiben, falls überhaupt, nur mehr einige wenige „archäologische" Spuren der verschwundenen Sprache zurück. Das war in Gallien der Fall, wo das Gallische unterdrückt und durch das Lateinische ersetzt wurde, so daß heute nur mehr LinguistInnen in der Lage sind, von bestimmten Toponymen die gallische Vergangenheit abzulesen. Gerade Toponyme sind die augenfälligsten Indikatoren, welche die Prozesse der Glottophagie bezeugen, sieht man einmal von der schon erwähnten Kreolisierung und den spezifischen lexikalischen Resten beziehungsweise den Entlehnungen aus der Sprache der KolonisatorInnen ab, die sich sprachlich da niedergeschlagen haben, wo der Kolonisierung erst nach einer bestimmten Periode der Beherrschung erfolgreich Widerstand geleistet werden konnte.

Apropos Entlehnungen: Sie sind eines der geeignetsten Kriterien dafür, um das Verhältnis zwischen zwei Sprachen und Gesellschaften unter den Gesichtspunkten von Hegemonie, Dominanz und Sprachimperialismus einigermaßen zutreffend einschätzen zu können. Ein gleicher oder ähnlicher, das heißt bidirektionaler Fluß von Übernahmen spiegelt ein ziemlich symmetrisches Verhältnis zwischen zwei Sprachen und Gesellschaften, die miteinander in Kontakt stehen, wider. Ein asymmetrischer, einseitiger Fluß von einer Sprache zur anderen reflektiert dagegen eine Beziehung der Dominanz und Hierarchie zwischen den miteinander in sprachlichem Austausch befindlichen Gruppen oder Gemeinschaften. Vor dem Hintergrund dieser Beobachtungen läßt sich über die Geschichte des Englischen und des Französischen sagen, daß es vom 11. bis zum 13. Jahrhundert keine Übernahmen aus dem Englischen ins Französische gab, sehr wohl aber zahlreiche Entlehnungen aus dem Französischen ins Englische, vor allem lexikalische Adoptionen aus den Bereichen der Gastronomie, der Kultur, der Politik und dem Militärwesen. Zu dieser Zeit, so kann man schlußfolgern, war das Englische einem französischen Kolonialismus ausgesetzt.

Allerdings erhebt sich an diesem Punkt die Frage, ob es wirklich einen klaren, umgekehrt proportionalen Zusammenhang gibt zwischen der Anzahl der Übernahmen und dem Grad an Abhängigkeit oder Unabhängigkeit? Ist es zutreffend, einfach davon auszugehen, daß weniger Entlehnungen zu einem bestimmten historischen Zeitpunkt auch mehr sprachliche Autonomie und weniger kulturelle Dominanz bedeuten? Für eine einigermaßen zutreffende Beschreibung der Komplexität sprachlicher „Wirklichkeiten“ erscheint der Rückgriff auf derart simple Gleichungen nicht angemessen. Obwohl es auf den ersten Blick etwas sonderbar anmuten mag: Übernahmen aus der dominanten Sprache nehmen besonders in der Phase des Übergangs von einer sprachlichen Konstellation kolonialer oder neokolonialer Art zu einer Situation der Ein- oder Mehrsprachigkeit auf der Grundlage der indigenen Sprachen sehr rapide zu (Calvet 1978, 83). Die meisten der Übernahmen aus dem Französischen ins Englische fanden zwischen 1350 und 1400 statt, also gerade dann, als der französische Einfluß abnahm und sowohl bei Gericht als auch im Parlament Französisch durch Englisch ersetzt wurde – in Parenthese sei darauf hingewiesen, daß beide englischen Ausdrücke, „court“ ebenso wie „parliament“, Spuren einer sprachlichen Hegemonie des Französischen darstellen.

Der Grund für dieses Phänomen – das auch in Teilen des postkolonialen Afrikas vorzufinden ist, wo die Situation zumindest in dieser Hinsicht eine ähnliche war bzw. ist – liegt darin, daß die Befreiung von der sprachlichen Vorherrschaft in den sozialen Handlungsfeldern, die von den KolonisatorInnen dominiert wurden, ein sprachliches „Vakuum“ zurückließ, das von den lokalen Sprachen ausgefüllt werden mußte bzw. muß, die noch nicht für die sprachliche Aneignung dieser frisch zugänglich gemachten Sektoren der Gesellschaft geeignet waren oder sind.

Der neu entstandene Benennungsbedarf konnte und kann auf zweierlei Art befriedigt werden, nämlich durch Erfindung, Neuschöpfung oder durch Übernahme. Letztere ist zwar der einfachere Weg, das eigene Lexikon in jenen semantischen Bereichen zu erweitern, in denen es erforderlich ist, jedoch haftet der Übernahme stets auch der unangenehme Beigeschmack eines sprachlichen Kolonialismus an. Die Beobachtung, daß das Bretonische von französischen Wörtern durchdrungen ist und daß Französisch selbst nichts aus dem Bretonischen importiert, ist keineswegs frei vom Verdacht sprachlicher Hegemonie und des sprachlichen Imperialismus, um so weniger, als „Frankreich seine Waffe als imperialistische Macht auf seinem eigenen Territorium geschmiedet hat" (Calvet 1974, 150) und als die französische Sprach(en)politik äußerst penibel – und bisweilen sogar bis jenseits der Grenze zur Lächerlichkeit – darauf bedacht ist, jedweden lexikalischen Einfluß von anderen Sprachen, vorzüglich dem Englischen, zu unterbinden. Was zeigt, daß die kulturellen und politischen Eliten Frankreichs Übernahmen bzw. Entlehnungen als ein Offizialdelikt gegen die sprachliche „Reinheit" und „Unversehrtheit" betrachten, als eine gefährliche Schwächung der französischen Bemühungen um die Konsolidierung oder Ausweitung sprachlicher Vorherrschaft.

Gegenwärtig wird eine dermaßen ideologisierte Sprach(en)-politik nicht mehr von der *Académie Française* vorangetrieben, die Richelieu 1635 gegründet hatte, um „[dem Französischen] fixe Regeln zu geben und es rein, elegant und geeignet zu machen, um sich mit den Künsten und der Wissenschaft befassen zu können", wie es in der könglichen Gründungsurkunde niedergelegt ist. Eine absolutistische und zentralistische Sprach(en)politik wird heute von der französischen Regierung und vom französischen Parlament verfolgt. Die 1994 erlassene *loi Toubon* verbietet jeden Gebrauch eines „terme étrange" oder einer „expression étrangère", wenn ein französisches Wort oder eine französische Bezeichnung existiert, das oder die dieselbe Bedeutung bzw. denselben Sinn hat, besonders dann, wenn ein Wort oder eine Bezeichnung im Reglement bezüglich der Bereicherung der französischen Sprache gutgeheißen wird. Diese präskriptive Bestimmung kann in Ankündigungen und öffentlichen Anzeigen (zum Beispiel in öffentlichen Verkehrsmitteln), in Verträgen im allgemeinen und in Arbeitsverträgen im besonderen, in der Schule, bei Prüfungen und bei öffentlichen Wettbewerben sowie im Bereich der Markennamen durchgesetzt werden. Gemäß diesem Gesetz ist der Polizei und den Justizbehörden sogar gestattet, bei einer betreffenden Kontrolle das Hausrecht zu ignorieren. Gesetzesübertretungen können mit einer Gefängnisstrafe von bis zu 6 Monaten und einer Geldstrafe von bis zu 50.000 Französischen Francs geahndet werden. Der Gebrauch des Französischen ist für die Medien, aber beispielsweise auch für wissenschaftliche Konferenzen verpflichtend, bei denen die Programme französisch abgefaßt sein müssen und die Vorträge bzw. Lesungen zumindest auf Französisch zusammengefaßt werden müssen (s. Reiterer 1996, 79).

Es ist offensichtlich, daß eine derart extreme Illegalisierung und Kriminalisierung von Sprachgebrauch, die in Lettland im lettischen Sprachengesetz gegenüber der russischsprachigen Minderheit sogar in noch schärferer Form rechtlich institutionalisiert ist (die Slowakische Republik konnte vom Europarat zum Glück noch dazu gebracht werden, auf ein ähnlich repressives Sprachengesetz zu verzichten), gegen die Menschenrechte verstößt. Und tatsächlich hob der französische *Conseil Constitutionnel* inzwischen zumindest einige der weitestgehenden und verfassungswidrigen Eingriffe in die Privatsphäre auf, die im *loi Toubon* fixiert waren.

Dessenungeachtet ist es auf jeden Fall erstaunlich, daß eine Nation wie die französische, die lange Zeit als eine klassische „Konsensualnation" oder „Willensnation" galt, welche rein theoretisch und abstrakt auf der freiwilligen und wechselseitigen Übereinkunft darüber beruhte, sich zu einer gemeinsamen, politischen Gemeinschaft und einer republikanisch definierten Verfassung zu bekennen, sich einem derartigen sprachlichen Nationalismus verschreiben konnte und immer noch eine dermaßen restriktive und repressive Sprach(en)politik verfolgt, die bestenfalls von relativ undemokratischen Staaten zu befürchten wäre, welche sich von ihrem nationalen Selbstverständnis her als „Kulturnationen" definieren, das heißt, die sich gewissermaßen „präpolitisch" bestimmen und im „Kern" ihrer Nationsdefinition einen völlig statischen, essentialisierenden, hypostasierenden und zum Teil sogar apotheotischen Sprach-, Kultur- und Abstammungsbegriff positionieren.

Was für eine Ironie der Geschichte, daß gerade die französische Regierung und das französische Parlament den Anschein erwecken, als würden sie Französisch als eine Minderheitensprache ansehen, die vor jedweder sprachlichen „Verunreinigung" geschützt werden müsse, wo doch der französische Imperialismus im Vergleich zum englischen für eine insgesamt doppelt so verheerende „Sprachenfresserei" verantwortlich ist, bei der die sprachliche Kolonialisierungspraxis im übrigen immer ideologisch und theoretisch untermauert war und die immer den gesamten verfügbaren gesellschaftlichen Apparat einsetzte, um diese Ideologie ins Werk zu setzen (Calvet 1978, 137). Während die angelsächsischen KolonisatorInnen in erster Linie auf die wirtschaftliche Ausbeutung abzielten und deswegen in der Regel weit toleranter gegenüber unterschiedlichen Varietäten des Englischen waren (siehe Coulmas 1985, 176), unterfütterten die postrevolutionären französischen – und etwas weniger auch die spanischen und portugiesischen – KolonisatorInnen ihre expansionistischen Unternehmungen weit stärker mit den missionarischen Ideologemen der Verpflichtung zur „zivilisatorischen“ Zwangsbeglückung (siehe Schlieben-Lange 1992, 7-11).

Einige der Ausführungen in den letzten Absätzen tangierten bereits die dritte Phase des von Calvet analytisch aufgedröselten, de facto aber ein Kontinuum bildenden sprachlichen Kolonialismus. In der Phase des Neo- oder Postkolonialismus nimmt das glottophage Desaster seinen Lauf, indem es seinen Höhepunkt darin findet, daß die Vernichtung oder völlige Verkümmerung von tausenden von Sprachen allmählich Realität wird und sich das Sprachenproblem zu einem Hauptaufgabenbereich auf der Ebene politischer Aktion und Gegenaktion auswächst. Nunmehr wird die sprachliche Vorherrschaft des Englischen, Französischen, Spanischen und Portugiesischen richtigerweise als das Ergebnis von Kolonialismus und Imperialismus interpretiert, und die sprachliche Hegemonie als eine stillschweigende Voraussetzung, aber auch als Deckmantel für die politische und ökonomische Dominanz sowie für andere Verhältnisse neokolonialer Abhängigkeiten offengelegt.

Aus einer linguistischen Perspektive sieht die aktuelle Situation der ehemaligen Kolonien ziemlich vertrackt aus. „Sprachtod“ ist nur die extremste Ausprägung eines erfolgreichen Sprachimperialismus. Einmal von diesem abgesehen ist die oft weitgehende sprachliche Entfremdung vieler Sprecherinnen und Sprecher der (vormalig oder immer noch) beherrschten Sprachen von ihren Muttersprachen ein, wenn oft auch schleichendes, so doch sehr einschneidendes und langfristiges Resultat, das meistens von der Verinnerlichung eines Minderwertigkeitsgefühls begleitet wird. Die Praktiken und Prozesse der Europäisierung durch Literalisierung bzw. Verschriftlichung der indigenen Sprachen haben viele ihrer glänzenden Kulturen der Mündlichkeit entfremdet, ganz zu schweigen davon, daß jene Sprachen, die nicht einmal in den Genuß einer Literalisierung kommen konnten, heute unter extremer Marginalisierung zu leiden haben.

Gegenwärtig hängen die meisten der afrikanischen Exkolonien sprachlich von Westeuropa ab, von dem sie sich für politisch unabhängig erklärten (Mateene 1985, 43). Dies ist nicht zuletzt deshalb so, weil viele der ehemaligen Kolonien die Sprachen der KolonisatorInnen zum Mittel des antikolonialistischen und antidiskriminatorischen Widerstands wählten, zur sprachlichen Grundlage für die Koordination des Kampfes für die politische, staatliche Unabhängigkeit. Zumal in sehr polyglotten Ländern wie zum Beispiel Indien entschied man sich für die Sprachen der KolonisatorInnen. Nach der erfolgreichen Befreiung erhoben einige der neu gegründeten Staaten diese Sprachen zu offiziellen Amtssprachen, so beispielsweise auch in Namibia, das sich für das Englische entschied. Heute läuft Namibia Gefahr, in eine fatale Abhängigkeit zum Englischen zu geraten. Es steht ein Brain-Drain hochqualifizierter namibischer ExpertInnen zu befürchten, die ihre Ausbildung auf Englisch erhielten und erhalten (Melber 1985, 25). Auf der anderen Seite sind viele der ehemaligen Kolonien einschließlich Namibia mit dem Problem konfrontiert, die politische Einheit und Zusammenarbeit zu riskieren oder sich vom internationalen Raum zu segregieren. Sie unternehmen eine Gratwanderung zwischen einer konstruktiven regionalen Sprachautonomie und einem desintegrativen tribalistischen Obskurantismus (Melber 1985, 23).

Angesichts dieser intrikaten Spannungsverhältnisse zwischen persönlicher ebenso wie „kollektiver“ Autonomie und Heteronomie, zwischen nationalistischer Isolation und internationalistischer, „globalisierender“ Assimilation, zwischen Fragmentarisierung und Vereinigung sowie zwischen Exklusion und Integration ist guter Rat teuer. Es steht außer Zweifel, daß, wie Phillipson/Skuttnabb-Kangas/Africa (1985, 23) kritisieren, die Abneigung gegen die Verwendung der einheimischen Sprachen Ausdruck eines kolonisierten Bewußtseins ist, das den Interessen der Systeme des globalen und lokalen Kapitalismus dient. Es wäre aber eine zu starke Vereinfachung, jedwede Verwendung der Sprachen der ehemaligen KolonisatorInnen als Unterwerfung unter neokoloniale Verhältnisse und als die Fortschreibung einer hegemonialen Dominanz zu verdammen. Ein solch vorschneller Blick würde das Moment der Sprachwahl und die vielen Faktoren vernachlässigen, die mit dieser in Zusammenhang stehen und von denen einige – zum Beispiel auch der mehr oder minder erfolgreiche Versuch einer Konfliktmilderung oder Konfliktvermeidung – schon von Rushdie im obigen Zitat angeführt wurden.

4. Das Prinzip des „cuius ops, eius lingua“ gegen die positive Utopie einer „Einheit in der Differenz“

Über die gegenwärtige Lage läßt sich mit ziemlicher Bestimmtheit behaupten, daß der stärkste Motor der progressiven Sprachverbreitung die Wirtschaft ist (Coulmas 1992, 252): „Was die Weltkarte der Sprachen heute verändert, ist mehr als alles andere ihre Wirtschaftlichkeit“ (Coulmas 1992, 366). Um diese Feststellung auf die Formel zu bringen und dabei ein klassisches Diktum wiederzuverwerten: Cuius pecunia, eius lingua. Wenn Gesellschaften ihre ökonomischen Produktionsbedingungen ändern, dann passen sie immer auch ihre kommunikativen Gewohnheiten an die neue Wirtschaftssituation an. Klarerweise sind es aber nie nur die ökonomischen und technologischen Determinanten (im engeren Sinne) alleine, die eine spezifische Konstellation des sprachlichen Austausches in Isolation von anderen Momenten herbeiführen (siehe unter anderem Calvet 1985, 99). Ganz im Gegenteil, und das aufzuzeigen war ein Anliegen dieses Aufsatzes, wird die wirtschaftlich fundierte Hegemonie einer Verkehrssprache wesentlich von symbolisch-ideologischen (kulturellen, ästhetisch bewertenden, religiösen und pseudo-wissenschaftlichen), politisch-institutionellen (legalen, erziehungs- und wissenschaftspolitischen), massenmedialen (Presse, Radio, Fernsehen, Internet usw.) und militärischen sowie geographischen, historischen und sozialpsychologischen (identitätsstiftenden, sozial kohäsiven und sozial exklusiven) Faktoren flankiert. Alle diese Momente, die sich keineswegs klar und scharf voneinander abgrenzen lassen, tragen einerseits zur Legitimierung und Reproduktion eines sprachlichen Status quo bei und führen andererseits zum Sprachwandel bis hin zum „Sprachtod“. Darüber hinaus steht zu bedenken, daß Sprachgebrauch und Linguistik (als eine spezielle Form des Sprachgebrauchs) nie ideologisch indifferent und unschuldig sind. In Abhängigkeit von historischem Fokus und soziologischer Akzentuierung läßt sich die mnemotechnische Formel nicht nur in der eben angeführten Variante des verkürzten lateinischen Konditionalsatzes ausdrücken, sondern zumindest auch noch in die beiden Formen des „cuius regio, eius lingua“ (siehe Coulmas 1985, 113-147) und „cuius religio, eius lingua“ (siehe Osterhammel 1995,100-106 und Coulmas 1985: 117) abwandeln bzw. „deklinieren“.

Florian Coulmas (1985, 119) faßt die Geschichte des Kolonialismus mit dem ersten dieser beiden Dikta zusammen: „cuius regio, eius lingua [...] Das ist der gemeinsame Nenner, auf den sich die sprachlichen Aspekte des Kolonialismus bringen lassen. Wer mit den Herrschenden sprechen will, muß in ihrer Sprache zu ihnen sprechen. Den Fall, daß niemand mit den Herrschenden sprechen wollte, hat es in der Geschichte nicht gegeben. Sprachliche Verhältnisse sind daher in vielen Fällen unmittelbarer Ausdruck von Machtverhältnissen."

Das Prinizip des „cuius regio, eius lingua" kann am besten mit der Beobachtung belegt werden, daß dem Wechsel einer Kolonialmacht in mehreren Kolonien die Ersetzung der dominanten Sprache auf dem Fuße folgte. Die KolonisatorInnen „ersetzten sogar entwikkelte und internationale Sprachen durch ihre eigenen. So ersetzten die Franzosen im ehemals deutschen Kamerun das Deutsche, die Engländer ersetzten es in Kamerun und Tansania, die Belgier in Ruanda und Burundi, auf den Philippinen und in Puerto Rico; die Amerikaner ersetzten Spanisch, die Briten ersetzten Französisch auf Mauritius und teilweise in Kanada. Machtverschiebung schließt Sprache mit ein. Es scheint uns an der Bereitschaft zu gebrechen, Macht in einem anderen als dem politischen Feld anzunehmen. Und doch ist politische Unabhängigkeit alleine nicht von großer Dauer, da sie von denen bedroht wird, die uns wirtschaftlich und kulturell dominieren." (Mateene 1985, 69).

Was das zweite Prinzip angeht, so ist es viel spezifischer als das erste, das heißt, es ist historisch und konfessionell stärker gebunden und damit weniger allgemein bzw. allumfassend. Religion spielte und spielt immer noch eine sehr ambigue Rolle im Zusammenhang mit sprachlichem Imperialismus und Kolonialismus. Die christliche missionarische Doktrin, die immer von fanatischem Haß gegen den Islam erfüllt war, wurde von vielen katholischen KolonisatorInnen stürmisch propagiert, während dagegen die protestantischen KolonisatorInnen über weite historische Strecken, zum Beispiel auch während der ganzen frühmodernen Periode, vom Projekt der Christianisierung und „Zivilisierung" der indigenen Bevölkerung größeren Abstand nahmen. Während die iberischen KolonisatorInnen, die von der katholischen Kirche von allem Anfang ihrer expansionistischen Unternehmung an kräftig unterstützt wurden, bereits im 16. Jahrhundert ihre exzessive assimilatorische und annihilierende Mission im ideologischen und wirtschaftlichen Bereich heftig vorantrieben, zum Beispiel auf den Philippinen und in Amerika, waren die Holländer noch im 17. und 18. Jahrhundert in erster Linie am ökonomischen Profit interessiert und drangen in die kulturelle Sphäre der dominierten und unterdrückten Bevölkerung in den Kolonien kaum ein (siehe Osterhammel 1995, 100 und Riesz 1992, 38). Für sie war Sprache hauptsächlich ein Mittel zur Realisierung praktischer Zwecke, ein Instrument, um Anordnungen zu geben, Befehle zu erteilen und geschäftliche Transaktionen abzuwickeln, und nicht so sehr, um die indigene Bevölkerung ideologisch zu indoktrinieren.

Die starke Ambivalenz der Religion im Hinblick auf den Kolonialismus ist unter anderem darauf zurückzuführen, daß sie nicht nur eine treibende Kraft und ideologische Superstruktur, sozusagen ein religiöser Überbau für den imperialistischen Expansionismus war. Sie spielte und spielt auch eine entscheidende Rolle im Widerstand gegen die „Glottophagie" und bei der Sprachbewahrung. Während die katholischen französischen Missionare nicht sonderlich an den autochthonen Sprachen interessiert waren, beeinflußten britische Missionare die britische Sprach(en)politik teilweise dahingehend, daß den lokalen Sprachen immerhin einige Beachtung zuteil und sogar eine gewisse Bedeutung zugesprochen wurde, vor allem im Zuge der Proselytenmacherei. Bei ihren Bestrebungen, die kolonisierten „HeidInnen" zum Protestantismus (oder auch zum Katholizismus) zu „bekehren", versuchten protestantische englische Missionare (aber auch einige der katholischen Missionare), die Sprachen der Einheimischen zu erlernen und – wiewohl eurozentrische und damit auf den flektierenden Sprachbau fixierte – Grammatiken und Glossarien zu entwerfen. Sie verschrifteten viele der lokalen Sprachvarietäten, indem sie Bibelübersetzungen in diesen Sprachen anfertigten. Nichtdestotrotz aber trug und trägt ihr *furor religiosus* sehr viel zur Zerstörung der indigenen Kulturen bei. Aber gleichwohl: Einige der „ausgestorbenen" Sprachen sind heute nur mehr dank der „Missionarslinguistik" (Schlieben-Lange 1992, 9) überliefert.

Will man die Erfahrungen mit und Erkenntnisse über die alten und neuen Formen von sprachlichem Kolonialismus und Imperialismus zusammenfassen, so kann man den verkürzten Konditionalsatz einmal mehr reformulieren. Vom polysemen lateinischen „ops" profitierend, das sich unter anderem mit „Macht", „(religiöse) Unterstützung", „Vermögen/Reichtümer", „Einfluß" und „Truppen" übersetzen läßt, können wir resümieren: cuius ops, eius lingua. Wobei es mehr als nur eine gelehrte Laune ist, wenn wir über die koloniale Geschichte lateinisch Bilanz ziehen. Es steckt eine leichte Ironie in diesem Diktum: Latein, einst die Sprache des riesigen römischen Imperiums, ist heute eine „tote" Sprache, die höchstens noch bildungsbürgerlich, in Sinnsprüchen und Idiomen, „zu Tode geritten" wird. Gerade das mag als ein utopischer Wink dahingehend und als leise Hoffnung darauf gelesen werden, daß mit den hier zur Diskussion stehenden ökonomischen, sozio-kulturellen und ideologischen Kausalitäten gebrochen werden kann, zugunsten von größerem sprachlichen Pluralismus und mehr Toleranz gegenüber der „Alloglossie".

Strategien gegen sprachlichen Imperialismus führen nur dann zum Ziel, wenn sie auf der Grundlage einer klaren Identifikation der subtilen neokolonialistischen Mechanismen sprachlicher Hegemonie operieren. Prinzipiell stehen fast jede Praxis und jeder Prozeß sprachlicher Zentralisierung, sprachlicher Homogenisierung und sprachlicher Assimilation unter dem Verdacht einer schleichenden „Glottophagie", mögen davon ganze Sprachen, bestimmte Standardvarietäten oder einzelne Subvarietäten bzw. Dialekte betroffen sein. Zumindest was die Analyse der Bedingungen der Möglichkeit von „Glottophagie" angeht, sollte man stets die Gefahr eines „cuius lingua, eius regio" (siehe Coulmas 1985, 147) gewärtigen. Diese invertierte Konklusion mag als heuristische Nullhypothese beim Erkennen von Dominanzverhältnissen und imperialistischen Effekten dienen.

Einer der Gründe, die der Dominanz des Englischen als einer Sprache der internationalen Verständigung zugrunde liegen, ist der Prozeß der zunehmenden wirtschaftlichen und kulturellen „Globalisierung", und dieser wirft schwierige Fragen auf. Einerseits birgt die sogenannte „Globalisierung" viele bereichernde Chancen eines wachsenden Kosmopolitismus, zunehmender Demokratisierung und weltweiter Verständigung sowie überhaupt des kulturellen Austausches in sich. Andererseits führt sie in jeder Hinsicht auch die Gefahr der Uniformität mit sich, das heißt die Gefahr des Verlustes von Heterogenität und Vielfalt, die Gefahr von Machtkonzentrationen und von zunehmender Fremdbestimmung. Insofern ist ihr zumindest potentiell ein weitreichender antidemokratischer Impetus eingeschrieben. Ist es daher wünschenswert, so es überhaupt möglich wäre, die Prozesse der „Globalisierung“ zu stoppen? Auf jeden Fall sollte der Preis der Einheit nicht ein repressiver Egalitarismus und eine Einebnung der Vielfalt sein. Vielmehr wären wir dazu aufgerufen, in einer produktiven Spannung zwischen Einheit und Differenz zu leben und daraus einen Teil unserer Kreativität zu schöpfen. In der Differenz vereint zu sein, das heißt eine „differenzempfindliche Inklusion“ (siehe Habermas 1996, 172-75), die natürlich auch die sprachlichen Verhältnisse miteinbezieht, das erscheint als Desiderat und Garantie für die Erhaltung sprachlicher Diversität. Und natürlich ist diese Forderung leichter formuliert als realisiert.

Zwei- und Mehrsprachigkeit als wissens-, erkenntnis- und erfahrungserweiternde hermeneutische Chancen (Ehlich 1997, 34ff), das sind für mich vielleicht die stärksten Gründe überhaupt, die für die Bewahrung von sprachlicher Pluralität sprechen. „Zweisprachigkeit“ ist dabei allerdings keineswegs in dem Sinne zu verstehen, daß die Zweitsprache so gut wie überall nur das Englische oder eine andere „Weltsprache“ sein soll, so daß jene, deren Muttersprache das Englische oder eben eine andere „Weltsprache“ ist, immer davon profitieren und in den Genuß eines „Kommunikations-Erstgeburtsrechts“ (vgl. Ehlich 1997, 131) kommen würden. Und selbstverständlich kann es auch keine solche Zweitsprache sein, die der unfairen Privilegierung der „kommunikativ Erstgeborenen“ in der Form einer – wenn auch gutgemeinten – Kunstsprache wie dem Esperanto begegnen will. Davon abgesehen, daß Esperanto letztlich ein romanisch- und zum Teil auch germanisch-lastiges sprachplanerisches Konstrukt ist, geben die Diktate der Pragmatik und Empraxie derart handlungsabgelösten Sprachen ohnedies kaum eine Chance. Denn auch wenn es demokratische Sprach(en)politik sein sollte, die den Ausschlag gibt, so ist es gegenwärtig leider immer noch der Markt, der den Ton angibt.

Anmerkungen

1 Eine englische Version des vorliegenden Artikels, die in Reisigl/Wodak (1999) erscheinen wird, ist von diesem möglichen Vorwurf einer performativen Selbstkontradiktion nicht ganz freizusprechen.

2 Selbst in Habermas (1996, 191) findet sich eine unkritische Propagierung des Englischen als gesamteuropäische „zweite Erstsprache". Habermas macht es sich sicherlich zu einfach, wenn er hinsichtlich der Notwendigkeit einer staaten-übergreifenden Verständigung in einem in Aussicht gestellten zukünftigen Europäischen Verfassungsstaat meint: „Nichts spricht jedenfalls a fortiori dagegen, daß sich, sofern der politische Wille da ist, in einem ökonomisch, gesellschaftlich und administrativ längst zusammenwachsenden Europa, welches sich zumal auf einen gemeinsamen kulturellen Hintergrund und die geteilte historische Erfahrung des glücklich überwundenen Nationalismus stützen kann, der politisch notwendige Kommunikationszusammenhang herstellen kann, sobald er verfassungsrechtlich angebahnt ist. Auch das Erfordernis einer gemeinsamen Sprache – Englisch als second first language – dürfte, beim gegenwärtigen Stand der formalen Schulbildung, kein unüberwindliches Hindernis bilden. Europäische Identität kann ohnehin nichts anderes bedeuten als Einheit in der nationalen Vielfalt; [...]."

3 Daß ich mir der Problematik all der drastischen und hyperbolischen, animalisierenden, kannibalistischen, anthropomorphisierenden oder sonst wie naturalisierenden Metaphern („Glottophagie", „Killersprachen", „Sprachtod", „Sprachökologie") völlig bewußt bin, die in den einschlägigen politischen und wissenschaftlichen Diskussionen nicht nur rein als dem Stilprinzip der Anschaulichkeit und Evidenz verpflichtete rhetorische Figuren, sondern durchaus auch als theoretische Kategorien umlaufen, welche die meines Erachtens völlig unzulässige biologisierende Vorstellung von der Notwendigkeit eines sprachlichen „Artenschutzes" evozieren, das sollen die hier und im weiteren distanzierend eingesetzten Anführungszeichen anzeigen.

Literatur

Barthes, Roland (1986 [1971]): Sade – Fourier – Loyola. Suhrkamp: Frankfurt am Main.

Bourdieu, Pierre (1990): Was heißt Sprechen? Die Ökonomie des sprachlichen Tausches. Braumüller: Wien.

Bourdieu, Pierre (1992): Language and Symbolic Power. Polity Press: Cambridge.

Bourdieu, Pierre (1993): Soziologische Fragen. Suhrkamp: Frankfurt am Main.

Calvet, Louis-Jean (1985): Mehrsprachige Märkte und Vehikelsprachen: Geld und Sprache. In: OBST 31 (Sprachkonkurrenz und gesellschaftliche Planung. Das Erbe des Kolonialismus). 91-101.

Calvet, Louis-Jean (1978 [1974]): Die Sprachenfresser. Ein Versuch über Linguistik und Kolonialismus. Das Arsenal: Berlin.

Coulmas, Florian (1985): Sprache und Staat. Studien zur Sprachplanung. de Gruyter: Berlin/New York.

Coulmas, Florian (1992): Die Wirtschaft mit der Sprache. Eine sprachsoziologische Studie. Suhrkamp: Frankfurt am Main.

Ehlich, Konrad (1997): Internationale Wissenschaftskommunikation 2000fff. Eine Verlust- und eine Suchanzeige. In: Moelleken, Wolfgang W./Weber, Peter J. (Hrsg.) (1997): Neue Forschungsarbeiten zur Kontaklinguistik. Dümmler: Bonn (Plurilingua XIX). 128-138.

Gilliam, A.M. (1986): Language, Communication and Power. Some Ethical Considerations. Paper presented at the Waigani Seminar on the Ethic of Development. Port Moresby, Papua New Guinea (zitiert in Mühlhäusler 1996).

Habermas, Jürgen (1996): Die Einbeziehung des Anderen. Studien zur politischen Theorie. Suhrkamp: Frankfurt am Main.

Mateene, Kahombo (1985): Failure in the Obligatory Use of European Language in Africa and the Advantages of a Polity of Linguistic Independence. In: OBST 31 (Sprachkonkurrenz und gesellschaftliche Planung. Das Erbe des Kolonialismus). 41-73.

Melber, Henning (1985): Ein sprachloses Volk stirbt einen lautlosen Tod. Fremdherrschaft, Befreiungskampf und Dekolonisation: Probleme der Sprachpolitik für ein befreites Namibia. In: OBST 31 (Sprachkonkurrenz und gesellschaftliche Planung. Das Erbe des Kolonialismus). 13-39.

Mühlhäusler, Peter (1996): Linguistic ecology. Language change and linguistic imperialism in the Pacific region. Routledge: London/ New York.

Osterhammel, Jürgen (1995): Kolonialismus. Geschichte, Formen, Folgen. Beck: München.

Pakir, Anne (1991): Contribution to workshop on endangered languages, International Conference on Austronesian Linguistics, Hawaii (zitiert in Mühlhäusler 1996).

Phillipson, Robert (1992): Linguistic Imperialism. Oxford et al. Oxford University Press.

Phillipson, Robert/Skuttnabb-Kangas, Tove/Africa, Hugh (1985): Namibian educational language planning. English for liberation or neo-colonialism? In: Skuttnabb-Kangas, Tove/Phillipson, Robert (1985): Educational Strategies in Multilingual Contexts. Roskilde. 4-26.

Reisigl, Martin (1999): „Cuius ops, eius lingua." Forms of linguistic imperialism. in: Reisigl, Martin/Wodak, Ruth (Hrsg.) (1999): The Semiotics of Racism. Approaches in Critical Discourse Analysis. Passagen-Verlag: Wien (in Vorbereitung).

Reiterer, (1996): Kärntner Slowenen: Minderheit oder Elite? Neuere Tendenzen der ethnischen Arbeitsteilung. Drava: Klagenfurt.

Riesz, János (1992): Assimilation oder Assoziation? Die französische Sprache im Widerstreit der Kolonial-Theorien um 1900. In: Schlieben-Lange, Brigitte (Hrsg.) (1992), 33-52.

Rushdie, Salman (1992): „Commonwealth literature" does not exist. In: Rushdie, Salman (1992): Imaginary Homelands. Essays and Criticism 1981-1991. Granta: London. 61-70.

Said, Edward W. (1994): Kultur und Imperialismus. Einbildungskraft und Politik im Zeitalter der Macht. Fischer: Frankfurt am Main.

Schlieben-Lange, Brigitte (1992): Einleitung: Die Kolonisierung der Sprachen und Diskurse. In: Schlieben-Lange, Brigitte (Hrsg.) (1992), 7-11.

Schlieben-Lange, Brigitte (Hrsg.) (1992): Zeitschrift für Literaturwissenschaft und Linguistik 22. Band 85: Sprache und Kolonialismus. Vandenhoeck & Ruprecht: Göttingen.

Skutnabb-Kangas, Tove/Phillipson, Robert (1992): Linguizismus. Kontrolle durch Sprache. In: Institut für Migrations- und Rassismusforschung (Hrsg.): Rassismus in Europa. Argument-Verlag, 204-215: Hamburg.

Brigitta Busch

DIE LETZTE SPRACHE, DIE MAN NICHT ERLERNEN KANN ...

Aspekte der Sprachenpolitik im Schulunterricht am Beispiel Madagaskars

„Teny frantsay – teny faran'ny tsa hay" (die französische Sprache – die letzte Sprache, die man nicht erlernen kann), lautet ein geflügeltes Wort in Madagaskar. Ich habe es zunächst von Solo Randriamahaleo, dem Dekan der Universität von Fianarantsoa, gehört. Er hielt einen Vortrag an einem Lehrerfortbildungsseminar in der Provinz Ambatofinandrahana, zu dem auch Wissenschafter der Universität Klagenfurt eingeladen waren, um über ihre Erfahrungen mit der zweisprachigen Schule zu berichten. Zwei Studienreisen nach Madagaskar, die Teilnahme an diesem Seminar und der regelmäßige Erfahrungsaustausch mit madagassischen Kollegen haben mir geholfen, einen gewissen Einblick in Fragen der Sprachen- und Bildungspolitik in Madagaskar zu gewinnen.

1992 wurde in Madagaskar die französische Sprache als Unterrichtssprache wiedereingeführt. Diese Regelung gilt für alle Schulstufen ab dem zweiten Primarschuljahr. Nur jene Bereiche werden weiterhin in der Grundschule in Madagassisch unterrichtet, die „authentische madagassische Werte betreffen, nämlich: Moral, Staatsbürgerkunde, Hygiene, madagassische Geschichte, Kunsterziehung, produktive Aktivitäten"[1]. Damit kehrte das madagassische Schulsystem ungefähr dreißig Jahre nach der Erreichung der staatlichen Unabhängigkeit und einer 25 Jahre dauernden Politik der „Malgachisation", einer forcierten Förderung des Madagassischen, zur Sprache der ehemaligen Kolonialherren zurück. Diese sprachen- und bildungspolitische Entscheidung war von heftigen kontroversen Diskussionen begleitet.

Die dominante Sprache, die von einer Minderheit gesprochen wird...

In verschiedenen Domänen ist in Madagaskar das Französische nach wie vor die dominante Sprache. Auf sprachlicher Ebene hat die Kolonialzeit, eine relativ kurze Periode in der Geschichte, hartnäckige Folgen hinterlassen. In der Wirtschaft und in den Medien dominiert das Französische. Die drei großen in Madagaskar erscheinenden Tageszeitungen, die zusammen eine Auflage von ca. 41.000 Stück erreichen, erscheinen in französischer Sprache, dem Madagassischen räumen sie nur einige Spalten mit Chronikmeldungen ein. In den Fernsehstationen, staatlichen wie privaten, herrschen französischsprachige oder französisch synchronisierte Filmproduktionen vor. Einzig im Radio-Sektor überwiegt das Madagassische.

Die madagassische Verfassung von 1992 hält fest, daß die Nationalsprache die madagassische ist. In der Praxis von Politik und Verwaltung werden Gesetze, Verordnungen und Dokumente in der Regel zunächst in französischer Sprache verfaßt, um dann ins Madagassische übersetzt und in beiden Sprachen im „Journal Officiel" abgedruckt zu werden (Rabenoro 1997, S. 3). In der mündlichen Kommunikation – Politikerreden, Parlamentsdebatten, Kommunikation mit Behörden – hat in diesem Bereich eindeutig das Madagassische die Vorrangstellung. In der Wissenschaft dominiert das Französische, Diplomarbeiten und Dissertationen werden überwiegend in dieser Sprache verfaßt.[2]

In anderen Domänen wie denen der Familie und der Kirche dominiert das Madagassische in seinen diversen Varietäten. In traditionellen kulturellen Veranstaltungen kommt dem madagassischen literarischen Ausdruck in seiner oralen Form (z. B. Kabary – öffentliche Rede, Hira gasy – Theater) eine Schlüsselstellung zu. In der Musik hat sich jene Strömung durchgesetzt, die Anfang der siebziger Jahre eine eigene madagassische Musikströmung, welche Unterhaltungsmusik und Lieder mit engagierten sozialkritischen Texten umfaßt, begründete. Etwas anders ist es in der Literatur: Sie teilt sich in einen französischsprachigen und einen madagassisch-sprachigen Zweig, manche Autoren schreiben in beiden, andere ausschließlich in einer der beiden Sprachen.

Aus dieser knappen Beschreibung der Domänenaufteilung zwischen den beiden Sprachen läßt sich ablesen, daß in den kapitalintensiven Bereichen (Wirtschaft, Film- und Printmedienproduktion) und in den „prestigereichen" Sektoren (Verwaltung, Wissenschaft) das Französische seine Vormachtstellung behaupten kann. Sozialer Aufstieg ist nach wie vor untrennbar mit Kenntnissen der französischen Sprache verbunden. Das Französische spielt im täglichen Leben der Ober- und Mittelschicht, die in den Städten wohnt und in den oben angeführten Sektoren tätig ist, eine Rolle.

Die Sprache(n) der Mehrheit

Im ländlichen Raum, in dem über 80% der madagassischen Bevölkerung leben, ist das Französische im Alltag nicht präsent, eine Fremdsprache. In den lokalen und regionalen Wirtschaftsbeziehungen dominiert das Madagassische. Viele Regionen sind relativ isoliert, weil das Verkehrs- und Kommunikationsnetz wenig ausgebaut ist. Mit Ausnahme des Radios sind Medien in diesen Regionen derzeit noch kaum präsent. Eine Änderung kündigt sich insofern an, als Videoclubs, die französische bzw. französisch synchronisierte Filme zeigen und das Fernsehen, das nicht über ausreichende Mittel zu einer eigenen Produktion oder zur Synchronisation verfügt und daher überwiegend in französischer Sprache sendet, langsam auch in den ländlichen Regionen Verbreitung finden.

Die Aufteilung der Sprachdomänen zwischen der Sprache der ehemaligen Kolonialmacht und der/den Sprache/n der Mehrheit entspricht in Madagaskar in den Grundzügen jener in anderen afrikanischen Ländern. Es gibt allerdings einen wesentlichen Unterschied: Die madagassische Sprache wird im gesamten Inselstaat gesprochen. Sie wird zur malaiisch-polynesischen Sprachfamilie gezählt, Einflüsse aus dem Suaheli, dem Arabischen, dem Englischen und dem Französischen zeugen von einer wechselhaften Besiedlungs- und Kolonialgeschichte des Landes (vgl. Verin 1990). Die madagassische Sprache ist dialektal wenig gegliedert, so daß eine Verständigung auch zwischen den Sprechern der verschiedenen regionalen Varietäten möglich ist (Rajaonarimanana 1995, S. 8). Ca. 60% der Wörter sind zwischen den am weitesten entfernten regionalen Varietäten identisch (Domenichini-Ramiaramanana 1976, S. 20, zit. nach Witwer). Die Schriftsprache hat die Varietät, die um die Hauptstadt von der Oberschicht gesprochen wird, als Grundlage. Von den Sprechern anderer regionaler Varietäten – insbesondere von den Eliten – wird die Prädominanz der Varietät des zentralen Hochlands teils als negativ empfunden. (Rabenoro 1995, S. 3) Außerdem hat Madagaskar im Zuge der Auflösung des Ostblocks eine politische Wende hinter sich. Das sozialistische Regime förderte das Madagassische in allen Domänen und war um die Durchsetzung des Malagasy iombonana, des gemeinsamen Madagassischen, bemüht. Die madagassische Standardsprache wird daher auch teils mit dem früheren Regime verbunden (Interview mit Jean-Luc Raharimana, Radio Zinzine, August 1998).

Die wechselhafte Geschichte der Unterrichtssprache

Die ersten Schulen im europäischen Sinn wurden Anfang des 19. Jahrhunderts von britischen Missionaren in der Region um die madagassische Hauptstadt Antananarivo gegründet. Es waren auch britische Missionare, die eine Bibelübersetzung ins Madagassische anfertigten und damit verbunden eine Kodifizierung der Sprache nach europäischem Muster sowie die Einführung der lateinischen Schrift vorantrieben, wobei sie die im Hochland gesprochene Varietät, das Merina, als Grundlage benützten. Im zentralen Hochland, der Einflußsphäre der protestantischen Mission, verbreitete sich die Schule nach der Gründung von Lehrerseminaren vor Ort rasch. Anders war die Situation in den Küstenregionen, in denen sich teils die katholische Mission behauptete, teils der muslimische Glaube vorherrschte und sich teils keine europäischen Einflüsse durchsetzen konnten. Die protestantische Mission förderte nach dem Grundsatz des immanenten Charakters der Verkündigung einen Unterricht in der Muttersprache, bzw. in jener Sprache, in die die Bibel von den Missionaren übersetzt worden war. Die katholische Mission, ausgehend vom Grundsatz der Transzendenz der Verkündigung, hielt in Kirchenbelangen am Lateinischen fest und förderte einen Grundschulunterricht, in dem lokale Varietäten der Verständigung dienten (Clignet 1995, S. 69).

1896 wurde Madagaskar zur französischen Kolonie. Um den Einfluß der protestantischen Mission und der Merina zurückzudrängen und die eigene Macht zu stabilisieren, förderte die französische Kolonialmacht zunächst einen Primarschulunterricht in den regionalen Varietäten der madagassischen Sprache. Als die französische „Politique des races“ fehlschlug, und Literatur und Publikationen in madagassischer Sprache zu einem Symbol des Widerstands wurden, setzte Frankreich zunehmend auf eine Politik der Assimilation und führte die französische Sprache als Unterrichtssprache für das gesamte Schulsystem, das nach dem Modell der französischen Metropole organisiert war, ein. Noch in der Zeit nach der Unabhängigkeit, die 1960 erreicht wurde, blieb Französisch die Unterrichtssprache.

Hauptforderungen der Schüler- und Studentenstreiks des Jahres 1972 waren die Stärkung der madagassischen Identität und eine größere Chancengleichheit durch die Abschaffung der französischen Unterrichtssprache. Als 1975 die Demokratische Republik Madagaskar ausgerufen wurde, wurden in der „Charta der madagassischen Revolution" neue Grundsätze für das Bildungswesen und die Sprachenpolitik festgesetzt, die auf einen breiteren Zugang zur Bildung abzielten und dem Malagasy iombonana (dem gemeinsamen Madagassischen) zum Durchbruch verhelfen sollten. Die Politik, die madagassische Sprache zu fördern und als Unterrichtssprache zu benützen, befand sich im Einklang mit der von der UNESCO empfohlenen Politik (UNESCO 1953) und der Kulturcharta der OAU (Organization for African Unity 1976). Nachdem zwischen 1976 und 1979 der Unterricht auf die madagassische Sprache umgestellt worden war, setzte in den achtziger Jahren eine gegenläufige Bewegung ein. Zuerst wurde in der Sekundaroberstufe die französische Sprache als Unterrichtssprache wiedereingeführt. 1992 fiel der Beschluß, schrittweise im gesamten Unterrichtssystem zum Französischen zurückzukehren.[3]

Chancengleichheit durch die französische Unterrichtssprache?

Berichte zur Schulsituation in den afrikanischen Ländern sprechen von einer Krise des Schulsystems. Das trifft auch für Madagaskar zu (vgl. UNESCO 1993, Heneveld 1994). Die Wirtschaftskrise hat in den ärmsten Ländern der Welt, zu denen Madagaskar zählt, dazu geführt, daß der Staat nicht über ausreichende Mittel verfügt, um Ausgaben im Bildungsbereich zu bezahlen. In Madagaskar deckt der Staat die Lohnzahlungen für Lehrerinnen und Lehrer sowie für das administrative Personal. Investitionen wie Reparaturen an den Gebäuden, Lehrmittel (wie z. B. Bücher für die Schulbibliothek) müssen zum Großteil von lokalen Behörden oder den Elternvereinigungen getragen werden. Das führt dazu, daß die öffentlichen

Schulen extrem schlecht ausgerüstet sind. So verfügen beispielsweise nur etwas über 50% der Schulen über ausreichende Sitzgelegenheiten für die Schüler, 14% der Schulen über fließendes Wasser, 6% über einen Stromanschluß und nur 10% über eine Schulbibliothek (Clignet 1995, S. 85 f). Ein Drittel der Lehrer hat keinen Zugang zu einem Lehrerhandbuch für das betreffende Unterrichtsfach. 1/4 der Schulen kann den Schülern kein Madagassisch-Lehrbuch zur Verfügung stellen, 1/3 kein Mathematiklehrbuch, 10% kein Französischlehrbuch (Clignet 1995, S. 87).

In den ländlichen Regionen und in den Slumvierteln der Städte können es sich viele Familien nicht leisten, auf die Arbeitskraft der Kinder zu verzichten und sie in die Schule zu schicken. Eine Studie, die im Auftrag des OIT (Organisation Internationale du Travail) 1998 durchgeführt wurde, kommt zum Schluß, daß ca. ein Drittel der 7-14 jährigen einer regelmäßigen Arbeit nachgeht. Von diesem Drittel haben ca. 38% niemals eine Schule besucht, 33% haben ihre Schullaufbahn frühzeitig abgebrochen. (Vgl. Bericht über diese Studie in der Tageszeitung Midi Madagasikara, 2. 4. 1998)

Auf der anderen Seite besteht in den Städten unter der Ober- und Mittelschicht ein anhaltender Trend zu Privatschulen. 1992 besuchten ca. 25% der Primarschüler und 40% der Schüler in der Unterstufe der Sekundarschule eine solche Privatschule (Heneveld 1994, S. 1). Konfessionelle und nicht-konfessionelle Privatschulen bestanden auch während der Zeit der 2. Madagassischen Republik, also zur Zeit des sozialistischen Regimes. In den Privatschulen wurde auch zur Zeit der „Malgachisation“ und wird heute weiterhin die Tradition der französischen Unterrichtssprache aufrecht erhalten. Für universitäre Studien in Madagaskar sind ausreichende Kenntnisse der französischen Sprache eine Voraussetzung.

In dieser Situation hat die Diskussion um die Frage der Unterrichtssprache Anfang der neunziger Jahre eingesetzt, eine Diskussion, die sich kaum auf empirisches Material über die Erfahrungen aus der Zeit der „Malgachisation“ bzw. aus Zeitabschnitten, in denen die französische Sprache Unterrichtssprache war, stützen kann (Clignet 1995, S. 178). Die Debatte wurde entsprechend emotionell geführt, wobei drei unterschiedliche Standpunkte zum Ausdruck kamen: Grundschulunterricht in den regionalen Varietäten, Grundschulunterricht in Malagasy iombonana, Grundschulunterricht in Französisch. Mit dem Argument, daß die Einführung der französischen Unterrichtssprache eine größere Chancengleichheit im beruflichen Fortkommen bedeute, fiel schließlich die Entscheidung des madagassischen Ministeriums zugunsten des Französischen. Paradoxerweise war es dasselbe Argument, mit dem vor einem Vierteljahrhundert die Einführung der madagassischen Unterrichtssprache begründet wurde. Die Umstellung wird vom Programm PRESEM (Programme de renforcement du système éducatif malgache, Programm zur Stärkung des madagassischen Bildungssystems) begleitet. Das Programm wurde von der französischen Entwicklungszusammenarbeit konzipiert und wird teilweise von ihr finanziert (Dumont 1995, S. 34 f).

Französisch und Madagassisch in der Unterrichtspraxis

Unsere Teilnahme am Lehrerseminar im Bezirk Ambatofinandrahana hat uns einen Einblick in die Unterrichtspraxis geboten. In praktisch allen Klassen sowohl der Primarschulstufe als auch der Unterstufe der Sekundarschule, in denen wir hospitierten, erfolgte der schriftliche Anteil am Unterricht in französischer und die mündliche Kommunikation in madagassischer Sprache. Um dem Lehrbuchmangel abzuhelfen, schrieben Lehrerinnen und Lehrer Texte in französischer Sprache an die Tafel, die in der Folge von den Kindern in Hefte kopiert wurden. Für Fragen zu Unterrichtsinhalten und in der Klassenzimmerkommunikation bedienten sich die Schüler ausschließlich des Madagassischen, auch die Antworten und Erläuterungen der Lehrer waren nahezu ausschließlich in Madagassisch. Auch wenn Französisch formal die Unterrichtssprache ist, so sind in den Klassen beide Sprachen präsent, allerdings in einer diglossischen Art: die schriftliche Kommunikation erfolgt in Französisch, die mündliche überwiegend in Madagassisch.

Auch in der Kommunikation mit uns, den Besuchern aus Europa, zogen es einige Lehrer vor, die Hilfe eines Übersetzers in Anspruch zu nehmen. Sie begründeten ihre Wahl damit, daß sie selten Gelegenheit hätten, die französische Sprache zu hören oder im Gespräch mit anderen Französischsprachigen zu praktizieren. Der Großteil der heute aktiven Lehrerinnen und Lehrer hat die Ausbildung entweder ganz oder teilweise in Madagassisch absolviert. Erst als unsere Gesprächspartner feststellten, daß unser Französisch alles andere als perfekt war, wechselten manche zur französischen Sprache.

Weiterbildungskurse für Lehrerinnen und Lehrer werden zwar punktuell durchgeführt, jedoch vor allem für den Unterricht in der Sekundarstufe. Außerdem sind diese Kurse primär zur Verbesserung der Französischkenntnisse gedacht und geben kaum eine Hilfestellung für den Umgang mit den beiden Sprachen in der Unterrichtspraxis.

Schulbücher gab es in den Klassen, die wir besuchten, kaum. Die Lehrer zeigten uns einzelne Exemplare, die sie in der Schulbücherei hatten, und wiesen uns darauf hin, daß sie den regionalen Gegebenheiten kaum entsprechen. Lektionen im Französischlehrbuch handeln vom Kauf einer Fahrkarte für eine Autobusfahrt oder von einem Telefongespräch mit Verwandten in Frankreich oder vom Einkauf in einem Geschäft. Situationen, die in einer Region, in der nur wenige Straßenkilometer geteert sind, nur auf der Post und im Krankenhaus Telefonanschlüsse bestehen, Einkäufe ausschließlich am lokalen Samstagmarkt getätigt werden, fremd sind.

Viele unserer Gesprächspartner wie Odette Raharinoro, die Direktorin des C.E.G. (Sekundarunterstufe) in der Bezirkshauptstadt, führen die Krise des Schulsystems vor allem darauf zurück, daß die Schule in ihrer derzeitigen Form auf eine lohnabhängige Arbeit vorbereitet und zukünftiges Personal für die Verwaltung und den Staatsdienst „produziert". Die Umstellung auf die französische Unterrichtssprache entspricht diesem unausgesprochenen Bildungsziel der Schule. Doch gerade in diesen Bereichen ist die Möglichkeit, ein Auskommen zu finden für Kinder aus einer Region wie Ambatofinandrahana nahezu aussichtslos. Zur Lösung der dringendsten regionalen Fragen wie der Verbesserung der landwirtschaftlichen Produktion und der Umweltsituation sowie zur Förderung von Aktivitäten im „informellen Sektor" könne die Schule nur wenig bieten. (Interview mit Odette Raharinoro, Sept. 1997).

Genau dieses Unbehagen, das in den Gesprächen mit Lehrerinnen und Lehrern in Ambatofinandrahana deutlich wurde, hat Albert Memmi in der 1955/56 geschrieben Studie „Der Kolonisator und der Kolonisierte" beschrieben: Lehrpläne und Bücher „sprechen von einer Welt, die ihn [den Schüler] in nichts an die eigene erinnert. (...) Die Schule tut letztlich alles andere, als den Heranwachsenden darauf vorzubereiten, sein Geschick ganz in die Hand zu nehmen, sie errichtet in seinem Inneren vielmehr eine folgenschwere Dualität." (Memmi 1994, S. 100 f).

In den letzten Jahren haben in Madagaskar private, konfessionelle oder laizistische Organisationen die Initiative ergriffen, einen angepaßteren Schulunterricht zu konzipieren. So bietet z.B. der Verein Tefy saina in einer Schule in der Nähe von Fianarantsoa Sekundarschulunterricht an, der neben den üblichen Fächern einen deutlichen Schwerpunkt im landwirtschaftlichen Bereich setzt. Für die „traditionellen“ Fächer wie Sprachunterricht, Mathematik, Biologie etc. werden eigene Lehrmaterialien konzipiert, die von der Lebensumwelt der Kinder ausgehen. Die Organisation Malagasy mahomby in Fianarantsoa hat einen Lehrgang entwickelt, der an die Sekundarschule anschließt. Es werden Fähigkeiten vermittelt, die für eine lokale Entwicklung nötig sind. In beiden Schulen ist die Unterrichtssprache Madagassisch. Französisch wird als Fremdsprache unterrichtet.

Förderung gesellschaftlicher Mehrsprachigkeit

Für viele Länder in postkolonialen Situationen trifft zu, daß die Sprache der früheren Kolonialmacht eine wichtige Rolle im aktuellen Bildungssystem spielt. Selbst wenn nationale Sprachen in der Primarschule Unterrichtssprache sind, wie etwa in Tansania, so spielt die Sprache der früheren Kolonialmacht in der Sekundarstufe und darüber die dominante Rolle. Ist die Sprache der früheren Kolonialmacht im täglichen Leben nur in wenigen Domänen präsent, so erweist sie sich als wenig effektiv im Unterricht. Robert Phillipson zitiert verschiedene Studien, die zum Schluß kommen, daß sich die Schere zwischen einer Bildungselite und den anderen Bevölkerungsgruppen dort besonders ausgeweitet hat, wo die Sprache der früheren Kolonialmacht als Unterrichtssprache eingesetzt wurde (vgl. Phillipson 1995, S. 342 f).

Dennoch hat nicht nur in Madagaskar eine Rückkehr zur Sprache der ehemaligen Kolonialmacht als Unterrichtssprache stattgefunden. Ähnlich war die Entwicklung in Guinea: Nachdem Mitte der sechziger Jahre mit der Einführung nationaler Sprachen als Unterrichtssprachen begonnen worden war, fand Mitte der achtziger Jahre eine radikale Rückkehr zum Französischen statt. In Guinea werden – anders als in Madagaskar – eine Vielzahl von regionalen Sprachen gesprochen und sechs von ihnen sind als nationale Sprachen anerkannt. Als Gründe dafür, daß sich die nationalen Sprachen in Guinea nicht als Unterrichtssprachen durchsetzen konnten, führt Louis-Jean Calvet mehrere Gründe an. Einerseits gab es innerhalb der Staatsgrenzen keine Verkehrssprache, die eine symbolische Funktion als einigende Klammer hätte übernehmen können, und auch beträchtliche Schwierigkeiten, in den nationalen Sprachen entsprechendes Lehrmaterial herzustellen. Andererseits waren weder Lehrer noch die Eltern der Schüler davon überzeugt, daß der Unterricht in einer afrikanischen Sprache ebensoviele Arbeitsplätze eröffnen könne, wie der Französischunterricht. (Calvet 1988, S. 1539 f) Im Fall von Madagaskar – auch wenn Differenzen zwischen den verschiedenen regionalen Varietäten eine gewisse Rolle spielen – fällt das erste Argument im wesentlichen weg. Der zweite Punkt, auf den Frantz Fanon bereits 1952 in „Schwarze Haut und weiße Masken“ hingewiesen hat, scheint heute noch genauso aktuell zu sein: „Man muß verstehen, daß der Schwarze Französisch sprechen will, denn das ist der Schlüssel, der ihm Türen öffnen kann, die für ihn versperrt waren.“ (Fanon 1975, S. 30)

Das in den meisten europäischen Ländern dominierende monolinguale Konzept der Staatssprache scheint der Situation in der Mehrzahl der postkolonialen Länder nicht zu entsprechen. Der Politikwissenschafter David Laintin beschreibt den Prozeß der sprachlichen Entwicklung in mehreren afrikanischen Ländern nach dem Modell 3±1, d.h. eine Sprache der lokalen Kommunikation, eine afrikanische Lingua franca (in der überregionalen Kommunikation) und eine Sprache des kolonialen Kontakts (in Technik und Wirtschaft bzw. in der internationalen Kommunikation) werden gelernt. Fallen Lingua franca und Regionalsprache zusammen, so müssen nur zwei Sprachen gelernt werden, entspricht die eigene Erstsprache nicht jener der Region, in der man lebt, so sind es vier. (Vgl. Laintin 1992) Irène Rabenoro plädiert für Madagaskar für eine sprachliche Vielfalt, die grundsätzlich auf folgendem Muster beruht: Sie spricht sich für eine Aufwertung der regionalen Varietäten aus und für die konsequente Verwendung des Madagassischen im Grundschulunterricht bei gleichzeitiger Förderung des Französischen. Sie weist aber auch darauf hin, daß sich die wirtschaftlichen Beziehungen im Raum des Indischen Ozeans vertiefen und daß dadurch das Englische eine verstärkte Bedeutung erhält (Rabenoro 1997, S. 8).

War die Zeit der Affirmation der staatlichen Unabhängigkeit in Madagaskar mit dem Versuch, einer Staatssprache zum Durchbruch zu verhelfen, verknüpft, so scheint heute in einer Zeit der Deregulierung, der Krise und der Globalisierung eine Förderung der Mehrsprachigkeit einem breiten Wunsch zu entsprechen – jedenfalls in jenen Schichten, die das Vertrauen in den Staat und seine Einrichtungen noch nicht ganz verloren haben. Für den Schulunterricht heißt die Förderung der gesellschaftlichen Mehrsprachigkeit, daß Modelle eines zwei- oder mehrsprachigen Unterrichts entwikkelt werden müssen, die diglossische Rollenteilungen vermeiden können und daß Lehrpläne entwickelt werden müssen, die den lokalen Bedürfnissen und Gegebenheiten entsprechen ohne von internationalen Entwicklungen auszuschließen. Eine schwierige Aufgabe für ein Bildungswesen, das mit der Wirtschaftskrise zu kämpfen hat und dem von der Weltbank eine „Radikalkur" zur Strukturverbesserung verordnet wurde. In den Vorschlägen zur Restrukturierung des Bildungswesens wird die Frage der Unterrichtssprache nur „nebenbei" angeschnitten (vgl. Heneveld 1994). Das europäische Bildungswesen, dessen Probleme, die aus dem „monolingualen Habitus der Schule" (Gogolin 1993) erwachsen, nicht mehr zu übersehen sind, ist hier kein geeignetes Modell.

Anmerkungen

1 Ministère de l'Instruction Publique: Note et Circulaire No. 92/0015418-MIP/DEP/I du 7. 7. 1992. Zit. Nach: Witwer 1994.

2 Irène Rabenoro zitiert die Zahl der vor der Madagassischen Akademie der Wissenschaften präsentierten Arbeiten im Studienjahr 1993/94, in dem 25% auf in Madagassisch abgefaßte Texte und 75% auf französische Texte entfielen.

3 Zur Geschichte der Schule vgl.: Clignet 1995. Zur Sprachenpolitik vgl.: Rabenoro 1997.

Literatur

Calvet, J. 1988: Kolonisation und sprachpolitische Forderungen. In: Handbücher zur Sprach- und Kommunikationswissenschaft, Band 3 Sociolinguistics. De Gruyter: Berlin, New York, S. 1535-1154[1].

Clignet R., Ernst B. 1995: L'école à Madagascar. Évaluation de la qualité de l'enseignement primaire public. Éditions Karthala: Paris.

Domenichini-Ramiaramanana, B. 1976: Le Malgache. Essai de description sommaire. SELAF: Paris.

Dumont, D. 1995: Le problème de la langue d'enseignement. In: Déléris, F.: Madagascar 1995. Le marais. Éditions l'Harmattan: Paris, S. 11-42.

Fanon, F. 1975: Peau noire, masques blancs. Éditions du Seuil, Paris.

Gogolin I. 1993: Der monolinguale Habitus der multilingualen Schule. Münster.

Heneveld, W. 1994: Towards a school-based strategy for improving primary and secondary education. Report No. 13450-MAG. In: World Bank Findings. Africa Region. Number 29.

Laintin D. 1992: Language repertoires and state construction in Africa. Cambridge University Press: Victoria.

Memmi, A. 1994: Der Kolonisator und der Kolonisierte. Zwei Portraits. Europäische Verlagsanstalt: Hamburg.

OAU 1976: Cultural Charter for Africa. OAU.

Phillipson, R. 1995: Language rights in postcolonial Africa. In: Linguistic Human Rights. Overcoming Linguistic Discrimiation. Mouton de Gruyter: Berlin, New York, S. 335-345.

Rabenoro I., Rajaonarivo S. 1997: A l'aube du 21è siècle, quelle politique linguistique pour Madagascar?. In: Mots/Les langages du politique, Nr. 52, Sept. Presses de la Fondation Nationale des Sciences Politiques, Paris, S. 105-119.

Rajaonarimanana, N. 1995: Grammaire moderne de la langue malgache, Volume 1, L'Asiathèque: Paris.

Raharimanana, J. 1998: Interview auf Radio Zinzine (Forcalquier, Frankreich).

UNESCO 1953: The use of vernacular languages in education. UNESCO: Paris.

UNESCO. 1993: Rapport sur l'éducation mondiale. UNESCO: Paris.

Verin, P. 1990: Madagascar. Karthala. Paris.

Witwer, K. 1994: Zur sprachlichen Situation in Madagaskar. Das Madagassische zwischen Normalisierung und Substitution. In: SCIENTIA Schriftenreihe der Innsbrucker Gesellschaft zur Pflege der Einzelwissenschaften und interdisziplinären Forschung, Band 37, S. 54.

Das Interview mit Odette Raharinoro wurde von der Autorin 1997 geführt.

Bettina Rohrauer

„DU NIX HAMMEL BRATEN IN HOF ..."

Rassismus in der Sprache über „Fremde"

Medien spielen in Zeiten einer ständig wachsenden Informationsfülle eine wichtige Rolle: sie selektieren, informieren, unterhalten. Damit verfügen sie allerdings auch über einen gewissen Macht- und Manipulationsspielraum. Denn das, was über den Filter und die Wortwahl der Medienberichterstattung zum Leser/zur Leserin dringt, prägt neben anderen Faktoren deren Weltbild und Sichtweisen.

Mit der Schlagzeile „Du nix Hammel braten in Hof ..." der Neuen Kronen Zeitung (Steiermarkausgabe vom 1.11.1992) über einer doppelseitigen Reportage signalisiert der Redakteur nicht nur seine sprachliche Überlegenheit gegenüber „Fremden", sondern auch seine intellektuelle, kulturelle. Das Muster „*wir* sind nicht nur anders als *ihr*, sondern *wir* sind *euch* überlegen" ist das konstituierende Muster des Rassismus.

Die Reportage stammt – wie alle anderen hier angeführten Beispiele – aus der Studie „Fremdenbild und Ausländerpolitik in Grazer Printmedien" (Graz, 1995). Dort habe ich im Auftrag des Grazer Büros für Frieden und Entwicklung den Versuch unternommen, das Bild, das von Printmedien über „Fremde" gezeichnet wird, aufzunehmen, zu analysieren, mit der regionalen und nationalen Ausländerpolitik in Beziehung zu setzen und die Wechselwirkung zwischen medialer Darstellung und Politik zu beobachten. Anlaß und Zeitraum der Untersuchung richteten sich einerseits nach dem Beginn der Aufnahme bosnischer Flüchtlinge in Österreich Anfang Mai 1992 und andererseits nach dem von der FPÖ initiierten Ausländervolksbegehren, das Ende Jänner 1993 durchgeführt wurde. Der Analysezeitraum von etwa neun Monaten und die nach den Gesichtspunkten der Überparteilichkeit und Zugänglichkeit ausgewählten Grazer Printmedien – die Tageszeitungen Kleine Zeitung, Neue Zeit, Neue Kronen Zeitung, die Wochenzeitungen Die Woche, Steirische Wochenpost, Sonntagsblatt, Der neue Grazer und die Monatszeitung Die Große Stadtillustrierte – ergaben ein Korpus von 2800 Artikeln.

Unter der Bezeichnung „Fremde“ sind jene Personen gemeint, die zum einen in Österreich leben oder Zuflucht suchen, und von denen zum anderen angenommen wird, daß sie nicht begütert sind und den Staatshaushalt belasten. Dadurch sind zwar Touristen, Wirtschaftstreibende, Diplomaten oder Einwanderer aus westeuropäischen oder nordamerikanischen Staaten ausgenommen, postgraduate-Studenten aus dem südamerikanischen, afrikanischen oder asiatischen Raum aber in der Definition inbegriffen, selbst wenn sie aus reichen Familien stammen. Das ausschlaggebende Kriterium ist das psychologische, eine Person für bedürftig zu *halten.*

Auch der Terminus „Rassismus“ weist Erklärungsbedarf auf: wurde er vor 1775 als Klassifizierungsinstrument wertfrei verwendet, erfolgte zu diesem Zeitpunkt „die Zuordnung positiver bzw. negativer geistiger und moralischer Werte zu biologisch angeblich konstanten ‚Rassen‘ [und damit] der moderne Rassismus im engeren Sinn.“ (Geiss, 1988:17)

Wird der Terminus – wie im Titel – im übertragenen Sinn verwendet, rekurriert er nicht auf biologische Merkmale, sondern auf kulturelle Unterschiede, deren Gültigkeit – um ein System der Vorherrschaft aufrechterhalten zu können – laufend reproduziert werden muß. Klarerweise spielen Sprache und Kommunikation in diesem Prozeß der Aneignung und Festigung bestimmter Vorstellungen eine herausragende Rolle: „Diskurse sind das wichtigste Mittel dieses Aneignungsprozesses: die Politik, die Wissenschaft, Verbände und Körperschaften sowie insbesondere die Medien führen eine Diskussion, die systematisch die eigene Gruppe hervorhebt und sich gegen ImmigrantInnen, Flüchtlinge, Minderheiten und andere Newcomer, insbesondere nicht-europäischer Herkunft, richtet.“ (van Dijk, 1993:82)

Die Diskriminierung „Fremder“ in der Berichterstattung der untersuchten Printmedien beginnt bei der Wahl von Themen, Beiträgen und Bildmaterial und manifestiert sich auf allen sprachlichen Ebenen.

Folgende Schwerpunkte können diese Thematik betreffend gesetzt werden:

a) Welches Bild wird von „Fremden“ gezeichnet und verändert sich dieses im Lauf der Berichterstattung?
b) Wie wird über Ausländerpolitik berichtet? Verändert sich diese Art der Berichterstattung mit dem Heranrücken des Volksbe-

gehrens? Korreliert die Präsentation des politischen Diskurses mit dem jeweils gezeichneten „Fremdenbild“?

c) Präsentation markanter sprachlicher und diskursiver Mittel, deren sich die Medienberichterstattung bedient.
d) Erläuterungen zur Analyse von Texten und Durchführen solcher Analysen anhand verschiedener Textbeispiele.

Die folgenden Ausführungen behandeln vor allem die sprachlichen Mittel und Argumentationsweisen, die besonders häufig in der Medienberichterstattung zum Thema „Fremde“ verwendet wurden.[1]

Metaphern

Die sprachlichen Bilder, die für die Schilderung der Vertreibung vieler Bosnier aus ihren Heimatgebieten verwendet werden, sind in allen untersuchten Printmedien, die sich zu diesem Thema äußern[2], dieselben. Eine eigene Metaphorik, die **Naturerscheinungen und -katastrophen** als Bildspender heranzieht, hat sich bereits derart im Sprachgebrauch der Medien etabliert, daß es schwer fällt, alternative Ausdrücke zu finden. *„Flüchtlings**strom**“*, *„Flüchtlings**welle**“*, *„Ausländer**flut**“* oder *„Zuwanderungs**ströme**“* sind gängige Bezeichnungen, die relativ unabhängig von der tatsächlichen Menge der flüchtenden Personen verwendet werden. So finden diese Etiketten sowohl für 700.000 nach Kroatien Geflüchtete, als auch für einige Tausend Personen, die in Österreich Zuflucht gesucht haben, Verwendung.

> ... Flüchtlings**strom** aus Bosnien. (Sobl, 31.5.)[3]
> Durch die Einführung der Visumpflicht für Serben konnte der Flüchtlings**strom** gebremst werden. (NKZ, 3.7.)
> ... vor dem Hintergrund eines nicht endenwollenden Flüchtlings**stroms** (Kl.Z, 25.7.)
> ... Flüchtlings**ströme** bewältigen. (StWp, 12.11., Text unter einem Foto, das einen Zöllner bei der Zollabfertigung zeigt.)
> ... Der **Zustrom** von Flüchtlingen aus dem ehemaligen Jugoslawien verunsichert viele Steirer. (Gra, 24.9.)
> ... neue Flüchtlings**welle**, die über 700.000 Frauen, Kinder und ältere Männer vor allem Richtung Westen **treiben** dürfte. (Kl.Z, 22.5.)

... Falls die Steiermark von der Flüchtlings**welle** aus Bosnien erfaßt werden sollte, ... (NKZ, 12.6.)
.... zur Eindämmung der Flüchtlings**welle** (NZ, 2.7.)
... Seit Beginn der Flüchtlings**welle** aus dem früheren Jugoslawien ... (Gra, 24.9.)
... Die ansteigende Flüchtlings**flut** übersteigt slowenische Möglichkeiten. (Kl.Z, Gastkommentar, 22.5.)
... Proteste gegen die zunehmende Flüchtlings- und Einwanderer**flut** ... (NKZ, 27.9.)

Durch diese Metaphern werden dem Leser verschiedene Vorstellungen suggeriert:

1. Ströme und Fluten werden mit Naturgewalten assoziiert, deren Ausmaße und Kräfte die Widerstandskraft des Menschen übersteigen. Mit der Vorstellung von kontinuierlichen und unaufhaltsamen Massen verbindet sich das Gefühl von Bedrohung.
2. Wenn Menschen mit Strömen, Wellen oder Fluten verglichen werden, so verlieren sie ihre Individualität. Sie werden damit zu entpersonalisierten Kollektiva. Ein besonders markantes Beispiel dafür ist die Metapher von den *„bosnischen Flüchtlingen, die Kroatien und Slowenien **überschwemmen**“* (NZ, 8.5.).
3. Auch die Frage nach den Ursachen und Verursachern stellt sich mit dem Bild der Naturkatastrophe zunächst nicht: diese wird als schicksalhaft begriffen.

Zu den **Funktionen**, die Metaphern erfüllen können, zählt aber nicht nur die Verstärkung der **Expressivität**, indem bestimmte Vorstellungen suggeriert werden. Es darf nicht übersehen werden, daß damit auch immer **Wertungen** verbunden sind. Denn eine Ähnlichkeit zwischen Objekten, auf die sich die Bezeichnungen beziehen – Flüchtlinge und Ströme – liegt nicht in der Natur der Objekte, sondern wird in sie hineingelegt, d.h. durch die Auswahl eines Merkmals – [+ kollektiv] – wird die Analogie zwischen *„Flüchtlingen“* und *„Strömen“* **geschaffen**.[4]

Die **Wirkung** dieser Metaphern liegt darin, daß bei ihrer sprachlichen Realisierung sowohl die übertragene, als auch die ursprüngliche Bedeutung gegenwärtig ist. In welchem Grad die Bedeutungskomponenten aus wörtlicher und übertragener Bedeutung im

Sprachbewußtsein der Leser präsent sind, hängt von der Konventionalisiertheit der Metapher ab.[5]

Nach der „Kritischen Diskursanalyse“ von Jäger/Link (Siehe Jäger, 1993)[6] konstituieren solche Bilder ein System von Kollektivsymbolen im Diskurs einer Gesellschaft. Durch sie wird den Mitgliedern der Gemeinschaft das Gefühl vermittelt, in ihrer Kultur „stets zuhause zu sein“, denn sie fungieren als „Kitt der gesellschaft“[7]. Link verdeutlicht dies an einem pointierten Beispiel:

> wir wissen nichts über krebs, aber wir verstehen sofort, inwiefern der terror krebs unserer gesellschaft ist ...[8]

In diese Funktion der **Identitätsstiftung** und **Bewahrung kultureller Identität**, die Link den Symbolen zuschreibt, fügt sich auch die Strategie, **Bedrohungsbilder** zu zeichnen. Indem die Fremdgruppe durch Zuschreibung von gruppenkonstituierenden Merkmalen in möglichst scharfen Kontrast zur eigenen Gruppe gesetzt wird, kann das Zusammengehörigkeitsgefühl für die Eigengruppe gestärkt werden. Im Extremfall wird aus dem Kontrastbild der anderen – der anderen Religionsgemeinschaft, der anderen Kultur, ... – ein **Feindbild** konstruiert.

Wahl der Etikettierung:

Ein grundlegendes Mittel, ein bestimmtes Bild von anderen zu zeichnen, liegt in der Wahl der Bezeichnung selbst. In der Berichterstattung über Kriminaldelikte, in denen Ausländer als Täter oder Opfer involviert sind, lassen sich die unterschiedlichen Hervorhebungen (des Status, der Nation, des Geschlechts, des Alters, etc.) beobachten:

Vergleicht man die **Schlagzeilen** der Texte, in denen **Ausländer als Täter** thematisiert werden, so lassen sich Unterschiede in der Nennung der **Nationalität** bzw. des **Ausländerstatus** feststellen:

Das relativ häufigste Vorkommen der **Nationalitätsbezeichnung** in der Schlagzeile findet sich in der **Kl.Z** (35%). In zwei Drittel dieser Schlagzeilen steht die Nationalitäts- oder Statusfestlegung an erster Stelle (topikalisiert). Z.B.:

Kl.Z:
27.6.: [S] **Rumäne** wollte junge Frau vergewaltigen
3.9.: [S] **Ausländer** stach Kellner nieder
28.1.: [S] **Libanesin** verletzte mit Besen fünf Gendarmen

Bezieht man nun auch jene Beiträge mit ein, in denen die Staatszugehörigkeit in Ober- oder Unterschlagzeile ([o] bzw. [u]) – also immer noch „auf den ersten Blick" – erkennbar ist, so erhöht sich ihr Anteil an der gesamten Kriminalberichterstattung in der Kl.Z über ausländische Täter auf 67%!

In der **NKZ** ist der Hinweis auf die Nationalität der Täter folgendermaßen verteilt: In 29% der Beiträge findet er sich in der Schlagzeile (davon zwei Drittel topikalisiert) und in 48% – also rund der Hälfte – ist er sofort wahrnehmbar.

Ein deutlicher Kontrapunkt zu den Gepflogenheiten in Kl.Z und NKZ wird durch die Berichterstattung der **NZ** gesetzt: Sie nennt die Herkunft der Täter in nur 8% der Beiträge in der Schlagzeile (4% topikalisiert) und in 12%, wenn man auch die Ober- und Unterschlagzeile heranzieht.

Ganz anders verhalten sich die Medien allerdings in der Berichterstattung über Ausländer, die **Opfer** von Kriminaldelikten sind:

In zwei Drittel der Berichte in der **Kl.Z** geht aus der Schlagzeile nicht hervor, daß die Opfer Ausländer sind. Zusammen mit Ober- und Unterschlagzeile wird ihre Staatszugehörigkeit allerdings in vier Fünftel der Beiträge klar.

Die **NKZ** umgeht die Nennung des Ausländerstatus' von Opfern in der Schlagzeile in 87% (!) aller Beiträge. Auch wenn man das Umfeld der Schlagzeile mit einbezieht, merkt der Leser in zwei Drittel der Beiträge nicht, daß hier Ausländer Opfer der Kriminaldelikte sind.

Die **NZ** nennt in der Hälfte ihrer Beiträge Nationalität oder Status der Opfer in der Schlagzeile – im weiteren Blickfeld erscheint der Hinweis in zwei Drittel aller Beiträge.

Vereinnahmung auf der Wortebene

Sieht man das Untersuchungsmaterial auf Bezeichnungen für die verschiedenen Gruppen von Ausländern (Flüchtlinge, Asylwerber, ausländische Arbeitskräfte, Einwanderer) durch, so zeigen sich unterschiedliche Grade an Differenzierung bzw. intendierter Verschleierung.

Die stärkste Vermengung der Begriffe erfolgt in der NKZ, die häufig von *„Einwanderern"* (*„türkische oder bosniakische Einwanderer"*, NKZ, 14.10./K) bzw. *„Zuwanderern"* (*„Problem der Zuwan-*

dererbewegung", NKZ, 20.10.) spricht, wenn als Denotat auch Flüchtlinge in Frage kommen. Häufig werden einfach beide Etikettierungen (*„Flüchtlings- und Einwanderungsfrage/-politik"*, NKZ, 30.5./K, 5.10.; *„Ausländer- und Flüchtlingspolitik"*, NKZ, 30.7.) verwendet, wodurch eine differenzierte Betrachtungsweise unmöglich gemacht wird. Auch die Verwendung der „Flut"- und „Strom"-Metaphorik in den Lexemen *„Ausländerflut"* (NKZ, 29.7.) und *„Einwanderungsströme"* (NKZ, 12.11.: *„... die Einwanderungsströme und die Flüchtlingsproblematik einigermaßen im Griff hat ..."*) hat verzerrende Wirkung, da diese eng mit den Flüchtlingen aus den Kriegsgebieten Ex-Jugoslawiens verbunden ist und den Leser zu einer undifferenzierten Betrachtungsweise verleitet.

Generell ist in der NKZ mit dem Übergang von der Berichterstattung über *„Kriegsflüchtlinge"* zu jener über *„Asylanten"*, *„Illegale"* bis zur Rede von bloßen *„Zuwanderern"* eine zunehmende Verschleierung der Sachverhalte verbunden. Den Endpunkt dieser Entwicklung stellt jene Auffassung dar, die beispielsweise in einem Kommentar von Wolf Martin folgendermaßen ausgedrückt wird:

> NKZ, 31.1. (W. Martin, „In den Wind gereimt")
> „Anständige"[9] wollen heut durchaus, daß Österreich ein offnes Haus *für jeden in der weiten Welt, dem's auszuwandern grad gefällt.*

PERSPEKTIVIERUNG

Sprachgebrauch bedingt zwangsläufig eine bestimmte Perspektivierung des Besprochenen, da jeder kommunikative Akt zur Selektion aus dem Wahrgenommenen zwingt. Ein Beispiel, in dem eine bestimmte Sichtweise mit offenkundig irreführender Intention eingeführt wird, bietet die Berichterstattung über Kriminaldelikte:

In jenen Beiträgen, in denen sowohl Opfer als auch Täter Ausländer sind, läßt sich die unterschiedliche **Perspektivierung** in den Medien besonders deutlich ablesen:

Während in den folgenden Schlagzeilen die NZ durch Agenstilgung und Topikalisierung das Opfer in den Mittelpunkt rückt, hebt die Kl.Z den (ausländischen) Täter hervor. Für den Leidtragenden wird die allgemeinste Bezeichnung (*„Opfer"*) gewählt:

12.12.:
NZ: [S] *Türke* in Leoben *ausgeraubt*
Kl.Z: [S] **Türke bedrohte** *Opfer* mit einem Messer

Ambiguitäten

Schließlich kann **Mehrdeutigkeit** der sprachlichen Formulierung eine richtige Zuordnung der Rollen verhindern. In einem Beitrag der NKZ sind Subjekt und Objekt formal nicht gekennzeichnet:

NKZ, 3.6.[10]
[S] Millionenbetrüger nützten Wohnungsnot in Wien aus
[L] Vorwiegend *Gastarbeiter* hatten *Bernhard Bottensteiner (26) und Werner Hösel (28)* um ihr ganzes Geld gebracht.
[...]

In einem anderen Beispiel liegt die Zweideutigkeit in einem Kompositum:

Gra, 29.10.
[o] Bauarbeiter werden nur für ein paar Tage beschäftigt
[S] **Ausländer-Trick**

Die Ambiguität dieser Schlagzeile (Trick der Ausländer oder Trick mit Ausländern?) wird auch durch den Begleittext zum Bild nicht aufgelöst:

Das Bau-Geschäft mit illegal beschäftigten Ausländern blüht auch in Graz: **Findige** vertrauen dabei auf einen Trick.

Ironie

Ironische Äußerungen müssen von den Lesern als solche erkannt werden, sollen sie ihre Wirkung nicht verfehlen. In geschriebenen Texten werden die „klassischen“ Ironiesignale – wie Augenzwinkern oder entsprechende Intonation – durch andere ersetzt. Abweichungen von sprachlichen Normen auf den verschiedenen Ebenen[11] – beispielsweise Übertreibungen – machen den Leser darauf aufmerksam, daß die Äußerung nicht wörtlich gemeint ist. Letztlich verläßt sich der Textproduzent aber immer auf das Vorwissen des Lesers, wenn er damit rechnet, daß ironische Äußerungen auch verstanden werden.[12] Dieses Vorwissen bezieht sich im Fall der Zeitungskommentare nicht nur auf den sprachlichen und außersprachlichen Kontext, auf Äußerungssituation und Weltwissen, sondern auch auf Hypothesen über den Kommentator, seine Einstellung und seinen Stil, die der Leser im Lauf der Zeit gebildet hat. So werden Ironiesignale auch eingespart, da der Kommentator sich darauf verläßt, daß der Leser Grundzüge seiner Meinung bzw. seines Stils kennt.

Ein gutes Beispiel dafür ist der **Kommentar** von Richard Nimmerrichter *(„Staberl")* **vom 9.5.**

Voraussetzung für das richtige Verständnis des Kommentars ist das Wissen um die Auffassung des Autors, der von einer permanenten Verleumdungskampagne ausgeht: Seiner Ansicht nach gibt es eine Gruppe von Leuten, die die Österreicher als „Faschisten", „Nazis", „Rassisten", „Reaktionäre", etc. diffamieren.[13] Die entsprechenden Textstellen sind daher nicht wörtlich, sondern als ironische Anspielungen auf jene Gruppe zu verstehen:

> NKZ, 9.5. (Kommentar, Nimmerrichter)
> [S] Heimische oder fremde Taxler?
> In der Bundeshauptstadt Wien hat sich unlängst ein Taxichauffeur schon wieder einen *faschistischen Akt von Ausländerhaß und Fremdenfeindlichkeit* zuschulden kommen lassen. In einem auf Flugblättern gedruckten Aufruf forderte *der offenbar rassistisch gesinnte Taxler* die Fahrgäste auf, sich künftig nur noch von einheimischen Lenkern chauffieren zu lassen.

Nimmerrichter hat sich sein eigenes Repertoire an Ironiesignalen geschaffen. Dazu gehören auf der einen Seite die bereits erwähnten Bezeichnungen „Faschist", „Nazi", „Neonazi", „Rassist", „Reaktionär", „Ausländerfeind", „Fremdenhaß", u.ä.; auf der anderen Seite verwendet er bestimmte Benennungen für jene Gruppe, deren Meinung er nicht teilt: „Fortschrittliche", „Pseudofortschrittliche ...", „Links- und Rechtsfortschrittliche", „linke Utopisten", „Visionäre", „Ultralinke", „linksradikale und linksrabiate ..." – oft durch Attribute verstärkt: „sogenannte Progressive", „sattsam bekannte(r) ..."[14]:

... Dies hat wiederum *die in vorbildlicher Weise fortschrittlich orientierte* Österreichische Hochschülerschaft nicht ruhen lassen. Ob *die auf den öffentlichen Verkehrsmitteln Freifahrt genießenden Studenten* als besondere Zielgruppe für das Taxigewerbe anzusehen wären, entzieht sich vielleicht der exakten Nachforschung; ganz sicher hingegen, daß die Hochschülerschaft empfohlen hat, aus Solidarität mit *unseren neugewonnenen Mitbürgern* und als *demonstrativen Akt gegen Ausländerfeindlichkeit und Rechtsextremismus* im Bedarfsfall künftig nur mit ausländischen Taxlern zu fahren.

Der Kommentator drückt seine Meinung über die Österreichische Hochschülerschaft und deren Engagement durch Häufung übertreibender Beiwörter *(„die in vorbildlicher Weise fortschrittlich orientierte ...“)* und durch den Hinweis aus, daß Studenten öffentliche Verkehrsmittel kostenlos benützen dürfen. Davon abgesehen, daß Studenten auch nur für die Strecke von der Wohnung bis zum jeweiligen Institut einen Freifahrtschein beantragen können, handelt es sich um ein sachfremdes „Argument“, das zur Imageverschlechterung der betreffenden Gruppe beitragen soll. Wie auch in der Bezeichnung *„unsere neugewonnenen Mitbürger“* setzt Nimmerrichter die Dementi-Strategie „Abwertung durch Aufwertung“ ein: die positiv besetzten Attribute *(„vorbildlich“, „fortschrittlich orientiert“, „neugewonnen“)* sollen die so Bezeichneten abwerten.

Hervorhebung von Irrelevantem und Lächerlichmachen der „anderen“

Eine weitere Möglichkeit des diskriminierenden Umgangs mittels Sprache besteht darin, Texte ohne erkennbare Relevanz für den Leser – ein fragwürdiger Unterhaltungswert auf Kosten „der anderen“ ausgenommen – zu veröffentlichen.

> Kl.Z, 6.12.
> [S] „Raubopfer“ mit zuviel Phantasie
> Ilz. – Mit einer Hautabschürfung am Bein kam ein 56jähriger Pensionist am Freitag abend zum Gendarmerieposten Ilz und erstattete Anzeige: **Ein großgewachsener Schwarzer und ein Zigeuner** seien in sein Wohnhaus eingedrungen, hätten ihn mit einer Pistole bedroht, mit einem Messer am Bein verletzt und dann Geld gefordert. Doch die Erhebungen ergaben Überraschendes: Der verwirrte Mann, der auch gern dem Alkohol zuspricht, hatte sich das Ganze nur eingebildet!

Die Aufbereitung eines Kriminalfalls zur „amüsanten Geschichte“ geht mit einem **Lächerlichmachen** des Ausländers einher.

In der folgenden Meldung bedient sich der Autor neben eines Sprachspiels mit Farbwörtern und Idiomen auch einer biologistisch-rassistischen Argumentation, wenn er impliziert, daß äußere Merkmale die Ethnizität einer Person immer erkennen lassen:

> Kl.Z, 16.7.
> [o] *Haariger Genzfall*
> [S] Iraki **mutierte** zum blonden Schweden
> Linz/Passau. – *Ganz blauäugig* sind die bayrischen Grenzpolizisten auch nicht. Als sie in Passau plötzlich einen als *blonden „Schweden"* getarnten Iraki vor sich hatten, *sahen sie rot* – und schickten den *ursprünglich Schwarzhaarigen* zurück nach Österreich.
> Nach längerem Leugnen gestand der 20jährige, der mit dem Reisezug „Donaukurier" nach Deutschland einreisen wollte, *die haarige Geschichte.* Er hatte den fremden Paß aus Schweden zugeschickt bekommen und sich dann mittels Haartönung dem Paßbild angepaßt.

Solche „Scherze" lassen die für die Flüchtlinge oft brutale Realität nicht einmal anklingen – es könnte sich beispielsweise um jemanden handeln, der über eine Schlepperorganisation aus dem Irak flüchten wollte, da er an seinen Chancen, Asyl zu bekommen, aufgrund der verschärften Bedingungen zweifelt. Die Idiome, die den Ernst der Lage für den Flüchtling andeuten könnten *(„haariger Grenzfall", „haarige Geschichte")* werden nur des Sprachspiels wegen eingesetzt.

Die Präsentation von Vermutungen als Fakten

Ein weiteres Element unfairer Berichterstattung, die immer zu Lasten des Bildes vom Fremden geht, besteht in der Präsentation von **Vermutungen als Fakten:**

Um der effektvollen Schlagzeile willen dramatisiert die **Kl.Z** Verdächtigungen, selbst wenn sich der Autor im Text selbst von den Aussagen des Opfers distanziert:

> Kl.Z, 3.9.
> [o] Mysteriöser Raub
> [S] **Ausländer stach Kellner nieder**
> Graz. – Schon wieder ein mysteriöser Raubüberfall in Graz:

> Nachdem erst Montag nacht ein türkischer Geschäftsmann einen Überfall in der Griesgasse angezeigt hat, *will* nun ein 32jähriger Kellner in der Oeverseegasse Opfer eines Raubes *geworden sein.* Camillo Rosa de P. war am Dienstag gegen 21.30 Uhr auf dem Heimweg von einem Bekannten, als ihm plötzlich ein Unbekannter von hinten einen Messerstich in den Bauch *versetzt haben soll.* Dann raubte ihm der Mann – **nach Angaben des Kellners ein Ausländer in einer schwarzen Lederjacke,** den er nur von hinten *gesehen haben will* – die Kellnerbrieftasche mit 6000 S. [...]

Der Leser muß sich fragen, weshalb die Schlagzeile überhaupt von einem *„Ausländer"* spricht, wenn der Autor derart starke Zweifel – mit der durchgehenden Verwendung von Modalverben ausgedrückt – an den Angaben des Opfers hegt. Schließlich merkt der Leser am Ende des Artikels, daß die Behauptung in der Schlagzeile insgesamt *(„Ausländer stach Kellner nieder")* stark übertrieben ist:

> [...] P. kam mit einem *tieferen „Kratzer"* davon, wurde aber ins LKH Graz eingeliefert.

3. Die wenigen hier angeführten Beispiele, die sich vor allem auf die lexikalisch-semantische Ebene beziehen, mögen einen Einblick in verschiedene Mittel zur verbalen Diskriminierung „Fremder" zulassen, zeigen aber noch nicht das ganze Spektrum an Möglichkeiten. Auf der Ebene der Diskurse werden mehrere Strategien verfolgt, die aufgrund ihrer ständigen Präsenz umso unauffälliger erscheinen. Aber auch im orthographischen und phonetisch-phonologischen Bereich brachte das Untersuchungsmaterial auf oft subtile Weise gesetzte diskriminierende Akzente zutage.

ANMERKUNGEN

1 Eine Zusammenfassung der Ergebnisse der Studie finden Sie in der Publikation (Rohrauer, 1997: 198ff); auf die Vorgehensweise bei der Analyse wird im „Arbeitspapier zur linguistischen Textanalyse“ (Rohrauer, 1995) näher eingegangen.

2 Mit Ausnahme von „Die Woche“ und „Die Grazer Stadtillustrierte“ sind dies alle untersuchten Zeitungen.

3 Sobl ... Sonntagsblatt, NKZ ... Neue Kronen Zeitung, Kl.Z ... Kleine Zeitung, NZ ... Neue Zeit, StWp ... Steirische Wochenpost, Gra ... Der neue Grazer.

4 Am Beispiel der Metapher „Parasit“, die zur Zeit des Nationalsozialismus auf Juden angewendet wurde, beschreibt Heringer ([2]1988: 18) die mögliche Wirkung von Metaphern: „Das Ungeheuerliche dieser Metapher liegt in einer Realitätsveränderung, insofern diese metaphorische Redeweise Ähnlichkeiten aufzeigt oder postuliert. Für den, der diese Ähnlichkeit schluckt, besteht sie auch realiter, ist Tatsache, gehört zu seiner Welt.“

5 Nöth (1985: 511) unterscheidet zwischen
(a) kreativer Metapher,
(b) lexikalisierter Metapher (z.B.: „Flaschenhals“),
(c) verblaßter Metapher (z.B.: „radikal“ bedeutet wörtlich: „von der Wurzel“) und
(d) toter Metapher (z.B.: „Nachrichtenmagazin“, wobei „Magazin“ wörtlich „Lagerraum“ bedeutet.)
In dieser Skala sind die oben genannten Metaphern (Strom, Welle, Flut, Lawine) vermutlich an der Schwelle zu den lexikalisierten Metaphern angesiedelt.

6 Die kritische Diskursanalyse wurde am Duisburger Institut für Sprach- und Sozialforschung (DISS) unter Siegfried Jäger entwickelt, wobei die Arbeiten von Jürgen Link eine zentrale Position im Analyseansatz einnehmen.

7 Link, 1982: 11; zitiert nach Jäger, 1993: 162.

8 Link, 1982: 11; zitiert nach Jäger, 1993: 162.

9 Es handelt sich um eine Anspielung auf die Mitglieder der Gruppe „SOS Mitmensch – Anständigkeit zuerst“.

10 [S] ... Schlagzeile, [K] ... Kommentar, [L] ... Lead, [o] ... Oberschlagzeile, [u] ... Unterschlagzeile

11 Einen Überblick über sprachliche Ironiesignale gibt Murgg (1988: 40-49), wobei er zwischen folgenden Ebenen unterschei-

det: phonologisch-graphemische E., morphologisch-syntaktische E., intensionale E., Sprechaktebene, Ebene der feldspezifischen und situationsaffinen Konventionen und Ebene der Konversationsmaximen.

12 Eine Ausnahme bildet die „konventionelle Ironie", die keiner Hintergrundinformation bedarf; z.B.: „Du bist mir eine schöne Freundin!"

13 An dieser Sichtweise in den Kommentaren Nimmerrichters hat sich seit rund 20 Jahren nichts geändert, wie die Dokumentation „In Sachen Staberl" (Arbeitsgemeinschaft, 1977) beweist.

14 Die Beispiele stammen aus dem Untersuchungsmaterial und sind auch in der Dokumentation (Arbeitsgemeinschaft, 1977) belegt.

Literatur

Arbeitsgemeinschaft für Sozialwissenschaftliche Publizistik (Hg.) 1977: Staberl. Eine Dokumentation. (= In Sachen. Heft 4). *[zu beziehen beim Herausgeber, 1050 Wien, Castelligasse 5, um 40,- ÖS]*: Wien.

van Dijk, T. A. 1993: Eliten, Rassismus und die Presse, In: Jäger/ Link (Hg.): Die vierte Gewalt. Rassismus und die Medien. Duisburger Institut für Sprach- und Sozialforschung: Duisburg, S 80-130.

Geiss; I. 1988: Geschichte des Rassismus. Suhrkamp Verlag: Frankfurt/Main.

Heringer, H. J. (Hg.) [2]1988 (1982): Holzfeuer im hölzernen Ofen. Aufsätze zur politischen Sprachkritik. Narr Verlag: Tübingen.

Jäger, S. 1993: Kritische Diskursanalyse. Eine Einführung. Duisburger Institut für Sprach- und Sozialforschung: Duisburg

Murgg, G. 1988: Ironische Sprechhandlungen in der Alltagskommunikation. Diplomarbeit: Graz.

Nöth, W. 1985: Handbuch der Semiotik. Metzler Verlag: Stuttgart.

Rohrauer, B. 1995: „Du nix Hammel braten in Hof ..." Arbeitspapier zur linguistischen Textanalyse. Wissenschaftsladen, Arbeitspapier 18/95: Graz.

Rohrauer, B. 1997: „Du nix Hammel braten in Hof ..." Eine linguistische Analyse. Südwind-Verlag: Wien.

Wiseman Ngwata

TRACING THE SOUTH AFRICAN LANGUAGE POLICY DEBATE

Die Rolle des National Language Project von 1984 bis 1994

1. Einleitung

Diese Darstellung versucht, 14 Jahre der Diskussion über Sprachpolitik in Südafrika, gespiegelt durch die Erfahrung einer Non-Governmental Organisation (NGO), des National Language Project (NLP), darzustellen. Obwohl dieser Artikel auf einem Beitrag von Nigel Crawhall, – dem früheren Direktor von NLP – aufbaut, und diesen weiterentwickelt, möchte ich betonen, daß er keine akademische oder sprachwissenschaftliche Abhandlung über Sprachpolitik darstellt. Dies ist die Präsentation eines Laien über die Erfahrungen in der konkreten Arbeit des NLP in den Bereichen Sprache und Basisarbeit während der letzten 14 Jahre.

Es gibt unzählige Beteiligte in der Diskussion um Sprachpolitik, aber ich möchte mich hier auf die Rolle, die NLP, ein NGO, das in Cape Town angesiedelt ist und 1986 gegründet wurde, einnimmt und die unterschiedlichen Wahrnehmungen von Sprachpolitik innerhalb von NLP beschränken.

2. Die Zeit während der Apartheid

Wie überall auf der Welt, hat auch in ganz Südafrika Sprache auf unterschiedliche Weise eine wichtige Rolle im politischen Leben gespielt, zumindest seit der Ankunft der Europäer auf dem Subkontinent. Der Grund dafür ist unschwer zu sehen. Sprache spielt eine besonders wichtige Rolle als Zugangsregulativ, und zwar soziologisch, ökonomisch und politisch. Sprache und Macht überschneiden sich in einer Unzahl von Möglichkeiten. Sprache kann als Instrument der Kontrolle innerhalb einer Struktur verwendet werden und wo sie nicht hinterfragt wird, trägt sie dazu bei, die Ideologie der Machtstrukturen zu reproduzieren.

Speziell in Südafrika war Sprache extrem politisiert. Vic Webb[1] sagt:

- *Als Instrument der ethno-kulturellen Identität spielte Sprache eine zentrale Rolle beim Definieren von Rassengruppen und hat so die Apartheid unterstützt.*
- *Als Instrument der Mobilisierung spielte Sprache eine zentrale Rolle bei der Etablierung der politischen Macht der weißen Afrikaans sprechenden Wählerschaft.*
- *Als Instrument, um Zugang zu bestimmten Rechten und Privilegien zu bekommen (wie zum Beispiel Arbeitsplätze), hat die frühere Sprachpolitik[2] die sogenannten Weißen Gemeinschaften bevorzugt und so als Instrument der Diskriminierung gedient.*

Fragen der Sprache sind nie nur Fragen der Funktion und der Bequemlichkeit. ... Die Sprachenfrage ist eine Frage der Kommunikation, aber auch der Identität und der Stärkung und Schwächung[3].

Die enge Beziehung von Sprache und Macht bedeutet, daß wenn Macht in Bewegung gerät, Sprachfragen eine höhere Priorität bekommen. Salamini bemerkt, wenn er Gramscis Beitrag zu Politiko-Linguistik analysiert, daß:

... immer, wenn die Frage der Sprache auf die eine oder andere Weise auftritt, beginnen eine Reihe von Problemen aufzutauchen: Die Bildung und Ausbreitung der herrschenden Klasse, die Notwendigkeit engere und festere Verbindungen zwischen den führenden Gruppen und populär nationalen Massen zu gestalten, das bedeutet die kulturellen Hegemonie neu zu organisieren. (Salamini, 1981:35)

Instabilität im südafrikanischen politischen System hat Sprache im Vordergrund des nationalen Bewußtseins gehalten. Sowohl die Etablierung als auch die Abschaffung der Apartheid waren eng mit Sprache und Sprachpolitik verbunden.

Der wohl spektakulärste Ausdruck von Sprache als Ort der Auseinandersetzung war die StudentInnenrevolte gegen die zwangsweise Einführung von Afrikaans in Schulen in Soweto 1976. Die blutige Auseinandersetzung warf Südafrikas Zukunft in ein besonderes Licht und definierte sprachpolitische Fragen als solche der Befreiungsbewegung.

Obwohl der Aufstand von Soweto eine Tragödie war, gelang es hier dennoch letztendlich, die von oben verordnete Sprachpolitik der Apartheid zu stoppen. Das Bewußtsein, daß Sprache ein Werkzeug der Veränderung sein kann, eröffnete einen ideologischen Raum, den NLP und andere NGOs im letzen Jahrzehnt zu füllen imstande waren.

3. Das National Language Project (NLP)

Das NLP wurde in der Zeit der großen Unruhen in Südafrika gegründet. 1985 war durch eine sehr schwere Krise in den Schulen gekennzeichnet, als sich die Unzufriedenheit über Pädagogik und Politik in politische Aktion verwandelte. Im Juni wurde ein (teilweiser) Ausnahmezustand ausgerufen, der die wenigen unter der Apartheid existierenden Bürgerrechte scharf einengte. In schwarzen Schulen fand als Ergebnis von Boykott und politischer Aktion kein Unterricht statt.

Die Krise führte dazu, daß Aktivisten Strukturen schufen, um ein grundlegendes Bildungsservice für die communities anzubieten, die von der staatlichen Versorgung abgeschnitten waren. Die revolutionäre Debatte dieser Zeit war, ob Bildung beiseite gelegt werden und zuerst für die Befreiung gekämpft werden solle oder ob Bildung ein Teil des Befreiungskampfes sein könnte. Letzteres Prinzip drang in die Arbeit im rasch wachsenden Sektor der NGOs ein. Kleine verstreute Gruppen versuchten, den communities, die ihrer bedurften, diverse Leistungen anzubieten.

NLP wurde nach einer Tagung zur Koordinierung der Bildung in Südafrika gegründet (ECCSA). Wie andere NGOs verstand es seine Arbeit als die Zurverfügungstellung von Bildung, die die Menschen bewußter machen und sie mit Kraft für die noch zu führenden Kämpfe ausstatten würde. StudentInnen und ArbeiterInnen sollten aktiv Agierende des Wandels sein.

Anfänglich arbeitete NLP an Strategien, um Englisch den Menschen als Zweitsprache zugänglicher zu machen. Paradigmatisch sah NLP den beschränkten Zugang zu Englisch als ein Ergebnis der Bantu-Erziehung. Die Gegenideologie war der Aufbau der Nation und der Zugang zu Englisch als der mächtigsten Sprache. Diese Perspektive wurde von fast allen NGOs geteilt.

Als sich die Türen öffneten, hatte NLP seinen ausschließlich anglo-zentrischen Fokus aufgegeben. Es vertrat den Aufbau einer Nation durch den Unterricht afrikanischer Sprachen und Englisch. Da es am Western Cape gesprochen wird, fiel die Wahl natürlich auf Xhosa.

Interesse am Unterricht von Xhosa als Zweitsprache (Xhosa Second Language [XSL]) wurde von Gruppen mit einer Tradition des Schwarzen Bewußtseins ausgedrückt. Gruppen wie Black Student Study Project, Azanian National Youth Unity (AZANYU), Council for Black Education and Research (COBERT) und Students of Young Azania (SOYA) nahmen an Programmen für Xhosa als Zweitsprache für Jugendliche teil. Die Methoden wurden aufbauend auf der Erfahrung eines Mitarbeiters von NLP aus dem Bereich Englisch als Zweitsprache in Großbritannien zusammengestellt.

Zur gleichen Zeit kooperierte das NLP mit anderen NGOs wie zum Beispiel South African Council for Higher Education (SACHED), Use Speak and Write English (USWE), und solchen aus der Tradition der United Democratic Front (UDF), wie Careers Resource and Information Centre (CRIC) und dem Centre for Continuing Adult Education (CACE).

Die Bereitschaft des NLP, in einer Zeit der extremen Polarisierung mit Gruppen verschiedener ideologischer Auffassungen zu arbeiten, war Teil seiner Gründungsphilosophie, Diversität anzuerkennen.

Sogar der Unterricht von Xhosa wurde nicht als politisch neutral gesehen. Seit dem Aufstand von Soweto wurde die Förderung von afrikanischen Sprachen in geheimem Einverständnis mit der Apartheid durchgeführt. Das NLP öffnete einen neuen Weg für alternative Ansichten nationaler Einheit, indem es XSL und ESL (Englisch Second Language) anbot und damit eine Ausgewogenheit schuf, die in wenigen NGOs vorhanden war.

Aufgrund der starken ideologischen Strömungen am Western Cape begann das NLP seine Existenz mit einem gemischten Paradigma von Multikulturalität und Assimilation. Im Verlangen nach dem Aufbau einer Nation, war das Anliegen des assimilierenden Drucks, Unterschiede auszubügeln, inhärent. Der Schwerpunkt des NLP, Englisch als Zweitsprache in einer Art und Weise zu stärken, die nicht zu einer Mehrsprachigkeit führen sollte, ist bezeichnend für das assimilierende Klima dieser Zeit.

Nachdem das Verständnis von NLP aus der Erfahrung und im Kontakt mit der Welt wuchs, wurden die assimilatorischen Tendenzen abgelegt und ersetzt von einem proaktiven Multikulturalismus. Das NLP unterschied sich von anderen Institutionen durch ein ständiges Engagement für eine funktionelle Sprachenplanung. Für NLP waren Sprachen immer sekundär in bezug auf größere Fragen wie soziale und ökonomische Gerechtigkeit.

Das NLP hatte eine starke sozialistische/basisorientierte Konzeption seiner Prioritäten in der Mitte der Achtziger Jahre. Größtenteils arbeitete es mit Gewerkschaften, Kooperativen und sehr benachteiligten Community groups in den Cape Flats und an der Westküste. Seit seiner Gründung versuchte das NLP, wie andere NGOs, Krisen auf einer Ad-hoc-Basis anzugehen. Es antwortete direkt auf Bedarf und Bedürfnisse, die von communities ausgesprochen wurden. Oftmals nahm das die Form des Nachlaufens von einem Notfall zum anderen an, immer darauf bedacht, Englisch als Zweitsprache, Alphabetisierung oder andere Sprachdienste anzubieten.

Nach einigen Jahren hatte NLP grundlegende Erfahrungen mit der Schwierigkeit eines so unstrukturierten Ansatzes der Bearbeitung von Sprachproblemen gemacht, die von communities artikuliert wurden. Das Sprachproblem an sich schien sich in Richtung ganzheitlicher Strategien zur Stärkung der communities zu verlagern, nachdem die Ad-hoc-Interventionen keine wirklichen Ergebnisse zeitigten.

Aus seiner Erfahrung verallgemeinerte NLP eine Strategie, die besagte, daß Sprachpolitik und Sprachplanung von Bedürfnissen der Basis gesteuert werden und sogar von diesen Gruppen selbst erarbeitet werden sollten. Dieser Prozeß war schwierig und von vielen Fehlern begleitet. Alphabetisierung und ESL-Programme wurden von den Lernenden torpediert, die ihren tieferen Sinn nicht erkennen konnten. Speziell junge Frauen konnten Programme nicht beenden, da sie von ihren Familien zurückgeholt wurden. All dies wurde mit einer substraktiven Pädagogik vermischt, die auch im Fall von XSL-Unterricht angewendet wurde.

In der Zwischenzeit wurde die Sprachenfrage von den NGOs immer wichtiger genommen, und das NLP übernahm immer mehr die Rolle eines Sprechers für Sprachenangelegenheiten in nationalen Foren. Das NLP fand sich in einem Kapazitätenengpaß, der zum Ergebnis hatte, daß seine Fähigkeit, in engem Kontakt mit den lokalen communities zu verbleiben, geringer wurde und es sich immer mehr in einer Serviceposition für andere NGOs wiederfand und auch zunehmend Bewußtseinsbildungsarbeit übernahm.

Die Wichtigkeit der Basisarbeit in der Sprachenplanung war immer klar, auch wenn der Anfang sehr schwer war. Das Thema der Sprachenplanung von unten erreichte mit der Publikation von Neville Alexanders Aufsatz „Language Policy and National Unity in South Africa/Azania" und seinem klaren Statement anläßlich der Soziolinguistik-Konferenz in Afrika zu Beginn 1990[4] nationale Aufmerksamkeit.

Alexanders Aufsatz markiert den Übergang von einer starken Ideologie der nationalen Einheit, die bis in die frühen Neunziger anhielt, zu dem danach auftauchenden Thema der Planung von unten. Dieser Wechsel findet parallel zu einem Ansteigen des Nachdenkens über die Rollen des Staates und der Zivilgesellschaft statt, einer Debatte, die in den frühen Neunzigern nationale Dimensionen annahm, als sich das Land auf seine ersten demokratischen Wahlen vorbereitete.

Obwohl das Thema der Sprachenplanung von unten NLP auf den Wechsel zu einer radikaleren multikulturellen Politik vorbereitet hatte, gab es noch einen paradigmatischen Widerspruch zum Thema der nationalen Einheit. Trotz der Widersprüche wurde das Thema der Sprachenplanung von unten von der Befreiungsbewegung weitverbreitet aufgenommen.

In seinem Buch schlug Alexander spezifisch vor, daß große Sprachfamilien in zwei schriftliche Formen restandardisiert werden könnten: Standard Nguni (das Zulu, Xhosa, Swati und Ndebele kombiniert) und Standard Sotho (das Northern Sotho, Southern Sotho und Tswana kombiniert). Dieser Prozeß wurde Harmonisierung genannt.

Dieser Vorschlag löste heftige Debatten in den Universitätsgremien aus, denen er vorgestellt wurde. Eine Gruppe schwarzer Akademiker sah dies als eine assimilatorische Maßnahme, die die afrikanischen Sprachen zugunsten der Nützlichkeit entwertete.

Auf der einen Seite bedrohte die Harmonisierung die Errungenschaften der Segregation des Apartheid Regimes, indem es die engen

Definitionen der einzelnen Sprachen und Ethnizitäten in Frage stellte. Auf der anderen Seite stellte sie selbst als Paradigma die Problematik der sprachlichen Diversität dar.

Das Thema der Harmonisierung forderte das Interesse der Sprachplanungsautoritäten und einflußreichen Akademiker in Pretoria heraus. Allgemein jedoch wurde sie von afrikanischen Sprachwissenschaftlern nicht positiv aufgenommen[5].

Das NLP nahm die Position der Harmonisierung nie offiziell ein, aber es gab auch seine Position nie auf, daß Englisch die natürliche lingua franca des post-Apartheid-Staates sei. Sowohl Englisch als lingua franca als auch die Harmonisierungsthese waren tief im assimilatorischen Paradigma verhaftet. Dies stand im Konflikt mit seiner Überzeugung, daß Sprache eine Ressource und kein Problem sei und daß aus der Erfahrung aus Ländern wie Sambia das Argument des „Englisch zuerst" negative Auswirkungen auf das Wachsen der Demokratie hatte. Die funktionalen Argumente um Englisch und die Harmonisierung wurden durch die wachsende Erkenntnis, daß Diversität kein Problem, sondern eine Chance ist, erschüttert.

1991 organisierte NLP eine große Tagung unter dem Titel „Democratic Approaches to Language Planning and Standardisation". Die Tagung fand zu einer Zeit des Übergangs von NLP statt, als es begann, seine Position dem Englischen gegenüber zu verändern und es sich zu einer unbedingten Anerkennung der Mehrsprachigkeit durchrang.

Die Anwesenheit von Akademikern aus anderen Entwicklungsländern und die wichtige Anwesenheit afrikanische Sprachen sprechender Akademiker[6] und Aktivisten machten die Tagung zu einem Wendepunkt in der nationalen Debatte um Mehrsprachigkeit. Die Tagung von 1991 gab auch die Gelegenheit, die Arbeiten von Rama Kant Agnihotri in Südafrika vorzustellen. Agnihotris Beschreibung von Indiens fruchtbarer Verwendung von 1.600 Sprachen und sein Einsatz von zwei Zulu-Sprecherinnen, die eine sehr lebendige Zulu-Unterrichtseinheit darboten, begannen die Debatte in Südafrika zu verändern, ohne daß letztendlich das Paradigma der Sprache als Problem in akademischen und politisch progressiven Kreisen verschwand.

Agnihotri stärkte die Verpflichtung des NLP der Mehrsprachigkeit gegenüber, betonte aber auch die Notwendigkeit, Politik aus der Praxis zu entwickeln. Die Tagung führte einige andere wichtige Themen in die Sprachpolitikdebatte ein. Die Workshops bei der Tagung fanden multisektoriell mit Referaten zu Sprache und Gewerkschaften, Gesundheitsdiensten, Publishing und Gender statt. Sie eröffnete auch ein Forum für die Diskussion über den Status der (community) languages[7], die bis dahin ignoriert worden waren.

Die Tagung brachte auch das Konzept der Minderheitensprachen vis-à-vis der Mehrheitssprachen aufs Tapet. Es gab Besorgnis im NLP, daß ein oder zwei afrikanische Sprachen in der neuen Verfassung verankert werden würden und daß die Ressourcen, die vom Apartheid-Regime für andere Sprachen zur Verfügung standen, in einer demokratischen Ära aufgrund assimiliatorischen Denkens austrocknen würden. Sprachen wie Tsonga und Venda wurden als besonders gefährdet erachtet. Dieses Konzept wurde von den Wissenschaftlern der Universität des Nordens vehement abgelehnt, die das Etikett der Minderheiten als bevormundend ansahen und meinten, daß damit diesen Sprachen ein Status zweiter Güte zugeordnet würde[8].

Diese heiß geführte Debatte nahm die Aufnahme aller elf Sprachen in die Verfassung zwei Jahre später voraus. Sowohl vor als auch nach der NLP-Tagung fanden zwei sehr wichtige Tagungen zum Thema der Sprachenrechte statt, die die nationale Aufmerksamkeit auf sich zogen. Die erste war: *Languages in Contact and Conflict in Africa* (LiCCA), eine Tagung über Forschungsprogramme (April 1991), die zweite war die *Human Sciences Research Council's*-Konferenz über *Language, Law and Equality* (April 1992)[9].

Der Diskurs in der Debatte über die Sprachenrechte war passend innerhalb des integrationistischen Paradigmas und markierte damit eine klare Abwendung vom alten Denken der Apartheid. Das Statement der LiCCA nach der Konferenz nannte sprachliche Diversität eine Stärke und keine Schwäche und betonte die Wichtigkeit des Rechts auf Sprache[10]. Das Konzept der Veränderung des Status der afrikanischen Sprachen wurde wiederholt verwendet, was eine nicht funktionale Annäherungsweise an Veränderung bedeutet. Sprache wurde mit Bildung in Verbindung gebracht und es gab keine Diskussion über Sprache in anderen Sektoren. Die Konferenz zu Sprache, Gesetz und Gleichheit ging einen Schritt weiter, indem sie einige Fälle von Fehljustiz, die überall in Südafrika stattgefunden hatten, als Resultat von Sprachpolitik und nicht professioneller Ausbildung von Dolmetschern hervorhob. Eine Reihe von südafrikanischen Referenten definierte Sprachenrechte als die wichtigsten Rechte in einer multikulturellen Gesellschaft und fuhren so fort, das integrationistische Paradigma zu entwickeln.

Die Debatte um Sprachenrechte wurde von NLP nie massiv unterstützt und in seinen Projekten reflektiert. NLP hatte nie eine integrationistische Phase. Die nationale Debatte war da, um die Sprachplanung aus der segregationistischen Tradition der Apartheid und die assimilatorischen Tendenzen der Befreiungsbewegung zu versöhnen. Ein integrationistisches Paradigma stellte die natürliche Synthese dieser Gegensätzlichkeiten dar.

NLP war nie unter Druck, den Segregationisten oder den Assimilationisten zu Gesichte zu stehen, daher gab es auch keine Notwendigkeit, ein integrationistisches Paradigma anzunehmen, das potentiell eine modifizierte Form der assimilatorischen Praxis ist. Der Schwerpunkt bei der Lobby für Sprachenrecht half dem NLP, seine Analyse zu verfeinern, wo Sprache als Recht mit einer paradigmatischen Analyse übereinstimmt[11].

Als das gesamte theoretische Bezugssystem von NLP Gestalt annahm, gab es Unterstützung aus der internationalen Literatur über Sprachenplanung, Tollefsons bahnbrechende Arbeit über Sprache und Ungleichheiten drückte viele der Schlußfolgerungen NLPs aus. Die Auseinandersetzung mit der Australischen Sprachplanung 1991-92 und die Bestätigung, die aus der internationalen Literatur kam, halfen NLP, seine neue Phase des funktionalen Multikulturalismus zu beginnen.

Zu einem Funktionalismus

NLPs Sicht von Sprache war immer funktionalistisch in dem Sinne, daß Sprache als Werkzeug gesehen wurde, um die Ideologie der Apartheid zu widerlegen. NLPs Verständnis vom Zusammenhang zwischen Funktionalismus und einer kohärenten Entwicklung wurde durch den verstärkten Kontakt mit Australien im Jahre 1990 klarer und zentraler. 1992 besuchte die Projektmitarbeiterin Kathleen Heugh Australien und sah, wie ein funktionaler Ansatz, verbunden mit einer multikulturellen Perspektive von Gesellschaft sowohl soziale Gerechtigkeit als auch ökonomische Motivation bieten könnte.

Zuvor waren die Vertreter des Multilingualismus kritisiert worden, da sie eine soziologisch wünschenswerte Politik vorschlugen, die aber ökonomisch impraktikabel war. Die australischen Erfahrungen halfen, die Bedeutung des Konzepts: Verwenden von Sprache als Ressource, zu klären.

Diese Gedanken fanden Widerhall in den prinzipiellen Aussagen der Regierung der Nationalen Einheit (Government of National Unity's (GNU)) und dem Wiederaufbau und Entwicklungsprogramm (Reconstruction and Development Programme (RDP)). Interessanterweise bezieht sich das RDP wenig auf Sprache, und wenn dann nur in den Bereichen Bildung, Kultur und Tourismus. Diese Bereiche sind, wie wir auf der Kwaluseni Konferenz gesehen haben, sichere Bereiche, in denen afrikanische Regierungen immer linguistische Vielfalt toleriert haben.

Eine weitere Entwicklung in NLPs Prozeß der Aneignung des funktionalen Multikulturalismus kam nach Kwaluseni mit dem einmonatigen Besuch des mexikanisch-amerikanischen Wissenschaftlers David Ramirez. Seine schulbezogenen Reformprogramme in multilingualen Gemeinschaften in Kalifornien brachten noch mehr Klarheit in die Ziele einer multilingualen/multikulturellen Politik und Praxis.

Die zwei Schlüsselkonzepte, die aus Australien importiert wurden, waren Zugang und Gleichheit. NLP hatte bereits das Thema des Zugangs in bezug auf das RDP in Hinblick auf Bildung, Gesundheitsversorgung und Justiz angesprochen, und sein Verständnis von Gleichheit wurde während der Herausgabe der auf Rechten aufbauenden Interimsverfassung[12] erhöht. Es gibt in Südafrika Ressourcen, die linguistisch und kulturell auf eine Art und Weise strukturiert sind, daß sie die Mehrheit der potentiellen Benützer ausschließen und deren Rechte untergraben.

Ramirez half dem Projekt bei der Definition von Gleichberechtigung und fügte das einfache Konzept der Bildung hinzu. Aus einer kalifornischen Perspektive stellte er die Frage: gehen Spanisch sprechende Kinder in die Schule? Und wenn, erbringen sie Leistungen auf dem Niveau der Englischsprechenden? Wenn nicht, haben sie vollen Zugang zum Curriculum? Unvermeidbar ist die Antwort nein, weil die Schulen ihre Ressourcen für die dominante Kultur entwikkelt haben.

Die Prinzipien von Zugang und Gleichberechtigung helfen, die Schuld der Ungleichheit vom Kind auf das Erziehungssystem zu verlagern. Im Fall Kaliforniens muß der Staat die Gleichheit des Zugangs zu sinnvoller Bildung beweisen oder mit gerichtlichen Schritten der Eltern rechnen.

Der Ansatz von Ramirez basiert auf grundsätzlichen pädagogischen Prinzipien, wie daß der Lernende im Zentrum des Bildungssystems steht und einer Bewertung der Ressourcen, die alle Kinder in den Unterricht mitbringen. Wenn alle Kinder sprachliche Ressourcen in den Unterricht mitbringen, warum dürfen diejenigen mit marginalisiertem Hintergrund ihre Ressourcen nicht verwenden?

Durch community-verankerte Schulaustausch-Programme hat Ramirez gezeigt, daß multilinguale, multikulturelle Bildung Ergebnisse bringt: Zugang und Gleichberechtigung. Wenn diese mit dem australischen Plan des Anzapfens der Diversität als Ressource für ökonomisches Wachstum in Verbindung gebracht wird, haben wir eine starke Basis für unser politisches Programm.

1994 unterstützten NLP und andere SprachexpertInnen die State Language Services und die Language Commission des ANC beim Ausrichten der Enquete zu einem funktionalen Paradigma des Pan-South African Language Board (PanSALB).

Die Konferenz bot eine Reihe von Vortragenden aus den verschiedensten Bereichen wie Landrechte, Gesundheitsversorgung, Justiz, öffentlicher Sektor, Regionalregierungen, Alphabetisierung und Medien.

Die Auswirkung der cross-sektorialen Präsentationen war sofort spürbar. Während bislang Bildung und Kultur die Diskussionen dominiert hatten, waren die Präsentationen aus den Bereichen Landrechte, Gesundheitsversorgung, Justiz, öffentlicher Sektor in ihrer Präsentation der grundsätzlichen und entfremdenden Erfahrungen dramatisch.

Seit seiner Gründung hat NLP darauf hingearbeitet, eine demokratische Sprachpolitik und Planungsinstrumentarien zu definieren und zu entwickeln. Das Entstehen der neuen Verfassung und die neue Rechtssprechungveränderten den Kontext, in dem NLP operierte.

Hatte NLP früher auf die Planung der Apartheid-Regierung geantwortet, hatte es nach den Wahlen die Vorgaben des Staates in neuem Licht zu analysieren. Der veränderte Kontext hatte Auswirkungen für die strategische Planung von Nichtregierungs-Organisationen, die an einer demokratischen Sprachenpolitik arbeiten.

3. Der Veränderung im sprachpolitischen und -planerischen Verständnis von NLP auf der Spur.

Die Veränderung im Verständnis von Sprachpolitik und -planung bei NLP nachzuvollziehen, ist bedingt durch die unterschiedliche Projektstruktur und den Mangel an durchgängiger Dokumentation sehr schwierig. Eine Möglichkeit, der Entwicklung – den Prioritäten und Wahrnehmungen innerhalb von NLP – auf die Spur zu kommen, ist, seine Vierteljahresschrift genauer anzusehen. **Language Projects' Review** (später **BUA!**) dokumentiert die Arbeit von NLP und anderen NGOs und Community Organisationen.

4. Die Post-Apartheid-Zeit

Absatz 3 der Verfassung liefert ein Referenzsystem, innerhalb dessen Sprachaktivisten arbeiten können. Es beschreibt aber nicht, wie ein Mehrsprachigkeitsplan umgesetzt werden soll. Wie in allen anderen Bereichen der Regierungsarbeit ist auch diese Umsetzung ein Prozeß der Verhandlung. NGOs, die gewohnt sind, in Isolation zu arbeiten und in einem Umfeld, das durch Feindseligkeit der Regierung gekennzeichnet ist, sehen sich nun in einer Situation, in der es eine potentielle Öffnung für sie gibt, mit dem Staat in Fragen der Politik zu interagieren.

4.1 Prinzipien der Verfassung

Die Entwicklung und der Schutz der Grundrechte ist einer der Eckpfeiler der neuen Südafrikanischen Verfassung.

Die Präambel zur Verfassung besagt zum Beispiel, daß ein neues System der nationalen Einheit in Südafrika geschaffen werden muß, in welchem ***„alle BürgerInnen in der Lage sein müssen, ihre***

grundsätzlichen Rechte und Freiheiten zu genießen und auszuüben".

Das folgende Verfassungsprinzip ist ebenfalls Teil der Sprachenfrage.
X1: ***Die Diversität von Sprache und Kultur soll anerkannt und geschützt werden und Bedingungen für ihre Förderung sollen unterstützt werden .***

Mit diesem Prinzip anerkennt Südafrika, daß die Sprachenfrage eine der schwierigsten ist, mit denen sich das Land konfrontiert sieht. Das Prinzip bestätigt die Wichtigkeit, die einer demokratischen Sprachenverbreitung und dem Schutz der Grundrechte zugemessen wird.

4.2 Sprachrechte
Wie viele Staaten anerkennt Südafrika das Recht auf Sprache als eines der Grundrechte des einzelnen. Fundamentale Sprachrechte, auf die in der Verfassung eingegangen werden, können in drei Gruppen zusammengefaßt werden:

Das Recht, deine Sprache zu verwenden, das Recht, deine Sprache weiterentwickelt zu sehen und das Recht mit SprecherInnen anderer Sprachen zu kommunizieren.

Das Recht, deine Sprache zu verwenden bezieht sich auf alle Arten der Kommunikation – private und öffentliche *„Menschen dürfen nicht das Gefühl bekommen, Fremde im eigenen Land zu sein"*. In bezug auf Bildung bedeutet das, daß jeder Mensch das Recht hat, *„Bildung in der Sprache ihrer/seiner Wahl zu bekommen, wo dies unter zumutbaren Umständen leistbar ist."*

Das Recht, deine Sprache weiterentwickelt zu sehen, bezieht sich auf das Wachsen einer Sprache durch die Angleichung von Wörtern aus anderen Sprachen und die Kreation neuer Bezeichnungen aufbauend auf den Notwendigkeiten des alltäglichen Sprachgebrauchs.

Das Recht, mit SprecherInnen anderer Sprachen zu kommunizieren ist eine Grundvoraussetzung für das Überleben jeder Sprache in unserer heutigen Welt. Dies wird erreicht durch die Mehrsprachigkeit von Individuen und durch das Zurverfügungstellen von Übersetzungs- und Dolmetschdiensten.

„Du denkst, sprichst in deiner Sprache und entwickelst sie. Zur

selben Zeit kommunizierst du in ihr, verstehst andere in ihr und du teilst das Vergnügen des sich Ausdrückens in anderen Sprachen. Sprache hört auf ein Schild zu sein, sie wird einfach zu Sprache."[13]

4.3 Offizielle Sprachen

Die Verfassung nennt elf offizielle Sprache auf der nationalen Ebene: **Afrikaans, Englisch, Ndebele, Pedi, Sotho, Swazi, Tsonga, Tswana, Venda, Xhosa und Zulu.** Diese Sprachen werden gemeinsam von mehr als 98% der SüdafrikanerInnen verwendet. Die Entscheidung, die Sprachen in einen offiziellen Status zu erheben, war daher ein klarer demokratischer Schritt, mit der Absicht, die Inklusivität und die nationale Einheit zu fördern. Weil wir *„11 offizielle Sprachen* [haben], *müssen wir genauer definieren, was Sprachenrechte wirklich bedeuten. Wenn es uns gelingt, diese Frage zu beantworten und wir geeignete Spachstrategien entwickeln, werden wir es vermeiden, dieses Thema zu trivialisieren".*

4.4 LANTAG, PanSALB und die Nationale Kommission zum Schutz der sprachlichen, religiösen und kulturellen Gemeinschaften.

Die Verfassung erklärt ausdrücklich die Notwendigkeit der Einrichtung eines Sprachenkontrollorganes [language watchdog] **PanSALB,** dessen Hauptaufgaben die folgenden sind:

- Für die Einhaltung der Prinzipien, auf denen die Sprachenpolitik des Landes beruht, zu sorgen.
- Die 11 offiziellen Sprachen des Landes weiter zu entwickeln.
- Die nationale Regierung und die Provinzregierungen in allen Fragen der auf Sprachen bezogenen Gesetzgebung zu beraten.
- Die nicht offiziellen Sprachen des Landes zu fördern.

Das Parlament hat eine Nationale Kommission zum Schutz der sprachlichen, religiösen und kulturellen Gemeinschaften geschaffen. Die Errichtung dieser Kommission bei gleichzeitigem Existieren von PanSALB hat Verwirrung gestiftet. Fragen, die hier beantwortet werden müssen, sind unter anderem die folgenden:

- Wer kontrolliert jetzt Sprachpolitik/-planung/-rechte?
- Wer koordiniert zwischen den einzelnen Regierungsabteilungen?
- Wer koordiniert zwischen nationaler und provinzieller Ebene?
- Wie ist PanSALB mit der Nationalen Kommission zum Schutz der sprachlichen, religiösen und kulturellen Gemeinschaften und par-

lamentarischen Unterkomitees für Kunst, Sprache und Kultur verbunden?
- Wem ist PanSALB berichtspflichtig, da es dem Senat untersteht?
- Werden wir nun ZeugInnen der Wiedereinrichtung der regionalen Sprachkommissionen?

Die Antworten auf diese Fragen werden uns helfen, die Probleme, mit denen PanSALB derzeit konfrontiert ist, zu lösen. Zwänge, die aus dem offensichtlichen Mangel und politischen Willen seitens der Regierung entstehen, haben zum Rücktritt des Vorsitzenden der Kommission, Dr. Neville Alexander, geführt.

4.5 Mehrsprachigkeit
- Die Sprachpolitik Südafrikas neu gestalten, von der Zweisprachigkeit zur Mehrsprachigkeit zu gelangen, braucht drei Änderungen des Zugangs:
- von der Ungleichheit der Sprachen zur Gleichheit
- vom Betonen der Vorschriften des Staates zur Ausübung der Rechte der Individuen und der communities
- von einem einfachen und totalistischen Ansatz zu einem graduelleren und offenen.
- Mehrsprachigkeit fördert Einstellung der Toleranz und des gegenseitigen Respekts.[14]

4.6 Daß der Absatz 3 der Verfassung nicht nur *nicht elegant* ist, wie es Albie Sachs nennt, sondern in sich selbst widersprüchlich, läßt die Annahme zu, daß sich eine Implementierung auch bei genügend politischem Willen schwierig gestalten würde. Weiters zeigt die heftige Debatte um PanSALB, daß die Interessensgruppen, die unter der Apartheid entstanden, besser organisiert sind als die Strukturen, die Gemeinschaften von SprecherInnen afrikanischer Sprachen im Umfeld praktischer Fragen wie Zugang und Gleichberechtigung vor Gericht und in Krankenhäusern mobilisieren konnten.

Es gibt noch keine zusammenhängende Lobby, die in der laufenden Sprachpolitikdebatte die marginalisierten Menschen vertritt. Das Ergebnis davon ist ein Mangel an erkennbarem Druck auf die Regierung, die in der Verfassung angeführten Maßnahmen auch umzusetzen und außerdem um die Prinzipien um die Faktoren Gleichberechtigung und Zugang zu erweitern.

Letztlich benötigt auch die Beziehung zwischen dem Staat und der Zivilgesellschaft mehr Klarheit. Nach vielen Jahren der Geheimhaltung und der rigiden Hierarchien, fühlt sich die Südafrikanische Bürokratie unbehaglich dabei, sich in der Öffentlichkeit zu zeigen und noch mehr damit, kreativ zu sein. Dieser Mangel an Transparenz muß von der neuen Regierung angesprochen werden, bevor effiziente Partnerschaften gebildet werden können[13].

Um eine demokratische Sprachenplanung zu erreichen, ist es notwendig, daß NGOs versuchen, Einfluß auf den Staat zu bekommen und, wo möglich, Verantwortung für Sprachpolitik und -planung übernehmen.

Agnihotri vertritt vehement die Ansicht, daß dort, wo Sprachenpolitik und -planung transparent sind, Konflikte vermieden werden können. Indem er indische und südafrikanische Erfahrungen gegenüberstellt, sagt Agnihotri:

Das Gebäude der sozialen Entwicklung in Indien ist nicht auf rassistischer Diskriminierung errichtet worden, sondern auf dem Vorhandensein und der weiterführenden Verbesserung von leicht zugänglichen, sozialen, politischen, administrativen und juristischen Strukturen, die eine partizipatorische Demokratie möglich machen. Sogar in der Formulierung unserer nationalen Sprachpolitik und beim Bestimmen der Rolle von Sprache in der Bildung, sind es diese demokratischen Strukturen, die uns halfen, Politik zu formulieren, in einem gehörigen Ausmaß, um die konfligierenden Interessen verschiedener Interessensgruppen zu berücksichtigen. (Agnihotri, 1992:46)

Agnihotri führt zu diesem Thema über die Einbeziehung der Basis in die Sprachenplanung fort:

Die indische Erfahrung hat gegen jeden Zweifel gezeigt, daß freiwillige Gruppen sich oft in mächtige Interessensgruppen verwandeln können und die Gestaltung von Politik beeinflussen und gleichzeitig ein integraler Bestandteil des Demokratisierungsprozesses werden ... Sie dienten als Plattformen für Rekrutierung und Handeln, bildeten Koalitionen mit ähnlichen Interessensgruppen, entwickelten die Kunst der Verhandlung von Forderungen, lernten im Prozeß, daß es keine monolithischen und homogenen Lösungen für die komplexen Probleme des Gestaltens eines mehrsprachigen Landes wie Indien gibt. Sie trugen dazu bei, die enge Loyalität von Individuen und kleineren

Gruppen zu umfassenden Netzwerken zu erweitern ... kurz, sie organisierten politische Affirmation von Sprachloyalität und orchestrierten den politischen Ausdruck von Sprachkonkurrenz.
(Agnihotri, 1992:49)

Agnihotris Warnung an die NGOs in Südafrika lautet, daß der Prozeß der Demokratisierung extrem wichtig für das Ergebnis ist. Es gibt keine demokratische und starkmachende Sprachpolitik, die von oben verordnet wurde.

Der PanSALB-Prozess hat gezeigt, daß diejenigen, die eine funktionierende multikulturelle Sprachenpolitik am meisten benötigen, die sind, die am weitesten vom Prozeß entfernt sind. Die Regierung hat in dieser Phase keine Kapazitäten, um Beratungsgespräche mit der Basis zu initiieren, da dies einige wichtige Zwischenschritte erfordert. Daher liegt es an den NGOs, die Basis eher zu beraten und zu mobilisieren als für sie zu sprechen.

Die Interaktion von ALASAs mit afrikanischen SprachenlehrerInnen in Grundschulen am Western Cape ist eine sehr inspirierende Entwicklung. Die Herausforderung wird sein, ob die Wissenschafter die Unterstützung mit Forschung und Weiterbildung leisten werden können, die die LehrerInnen benötigen.

Die Implikationen dieser Herausforderungen werden in der Post-Apartheid Phase des Aufbaus und der Entwicklung von NLP bearbeitet. Aber eine zweite Lektion, die wir aus Indien und Australien lernen können, ist, daß isolierte Unternehmen vereinzelt bleiben. Nur mit breiten Netzen von Ressourcen und Agenturen kann eine breite Welle der Aktivität geschaffen werden.

5. NLPs laufende Programme

Mit dem Erlangen der Demokratie in Südafrika hat NLP seinen Schwerpunkt von einem breiten Spektrum an sprachbezogener Arbeit auf spezialisierte Aus- und Weiterbildungs- sowie Forschungsprogramme verlagert.

1995 begann NLP ein Programm zur Veränderung der Grundschulen in Richtung auf Mehrsprachigkeit, Multilingual Primary Schools Transformation Programme (MPSTP) und ein Übersetzerprogramm für den Gesundheitsdienst, Community Health Interpreter Training und Employment Programme (CHITEP).

In beiden Programmen werden bestimmte Zielgruppen ausgebildet, die in staatlichen Institutionen arbeiten, um die ausschließende Sprachpraxis, die während der Apartheid herausgebildet wurde, zu verändern, so daß neue Wege der Erleichterung des Zugangs zu den Ressourcen geschaffen werden, in diesem Falle zu Bildung und Gesundheitsversorgung.

Das dritte Programm von NLP, das Democratic Language Policy Programme (DLPP) bildet die Basis für alle Aktivitäten von NLP.

Das Democratic Language Policy Programme (DLPP)

Das DLPP beinhaltet direkte Beeinflussung von MeinungsbilderInnen, die Ausbildung von Menschen in offiziellen, politischen Beratungsfunktionen und die Stärkung der Basis der Zivilgesellschaft, um die Inhalte, die Verantwortlichkeiten und die Transparenz der staatlichen Sprachpolitik und -planung in Südafrika zu beeinflussen.

Durch dieses Programm werden Informationen verbreitet. Die Diskussion über den Zugang zu Sprache und die Förderung von Druck durch die zivile Gesellschaft wird hauptsächlich durch die Publikation BUA!, Workshops und Seminare angeregt.

DLPP liegt allen NLP-Aktivitäten zugrunde. Seine Ziele beinhalten:
- eine Verbesserung des öffentlichen Bewußtseins über Sprachregelungen in der Verfassung und der darauf bezogenen Gesetzgebung und politischen Initiativen,
- die Förderung des öffentlichen Engagements in der Gestaltung von Sprachpolitik und deren konkrete Umsetzung und
- die Verbesserung der Möglichkeiten der Zielgruppen, die Sprachpolitik der Regierung zu beeinflussen, um mehr und bessere Zugänge zu staatlichen Serviceeinrichtungen zu erreichen und mehr Transparenz und Verantwortlichkeit zu erlangen.

BUA!

ist eine zweimal jährlich erscheinende Zeitschrift, die von SprachlehrerInnen, Alphabetisierungs-LehrerInnen, VerlegerInnen, WissenschaftlerInnen weltweit und PolitikerInnen in ganz Südafrika gelesen wird. BUA, ein Wort der Sprache Sotho, bedeutet, „erhebe deine Stimme" und wird bei politischen Veranstaltungen verwendet, um die Menschen aufzufordern, für ihre Rechte zu kämpfen. Der Druck von BUA! mußte aufgrund finanzieller Schwierigkeiten eingestellt werden.

5.1 Community-, Gesundheits-, Dolmetsch-, Ausbildungs- und Beschäftigungsprogramm – Community Health Interpreter Training und Employment Programme (CHITEP)

CHITEP ist ein einzigartiges auf drei Jahre ausgelegtes Pilotprojekt und Handlungsforschungsprogramm zur Rekrutierung und Ausbildung von Xhosa sprechenden Gemeinschafts-Gesundheits- DolmetscherInnen, die in ausgewählten Krankenhäusern in der Western Cape Provinz eingesetzt werden. Es soll ein nachhaltiges und ökonomisch tragbares Modell des Dolmetschdienstes im Gesundheitswesen etablieren, das im gesamten Gebiet Südafrikas nachvollziehbar ist und die Kommunikation zwischen den Anbietern des Gesundheitssystems und den Patienten, die meist keine gemeinsame Sprache oder Kultur haben, verbessern.

Bis dato haben 21 DolmetscherInnen die Grundausbildung absolviert und sind in 10 Spitälern in Cape Town eingesetzt. Eine berufsbegleitende Weiterbildung findet im Rahmen von wöchentlichen Seminaren vor Ort statt.

Die Ziele von CHITEP sind:
- Das Bewußtsein über die Wichtigkeit von funktionierender Kommunikation im Gesundheitssystem zu fördern;
- das Bewußtsein über die Marginalisierung von SprecherInnen afrikanischer Sprachen und ihren daraus resultierenden Schwierigkeiten in der Interaktion mit öffentlichen Institutionen zu entwickeln;
- die Entwicklung eines Curriculums für community-DolmetscherInnen und die Implementierung konkreter Ausbildungsprogramme;
- das Einsetzen von community-DolmetscherInnen in einem breiten Spektrum von Spitälern
- Arbeitsplätze für schwarze AfrikanerInnen mit grundlegender Gesundheitsausbildung zu schaffen;

- die Möglichkeiten für nachhaltige und leistbare community-Dol-metscherInnen-Serviceleistungen innerhalb des öffentlichen Gesundheitsbudgets auszuloten.

5.2 Das Multilingual Primary Schools Transformation Programm (MPSTP)

- Das MPSTP ist ein ambitioniertes LehrerInnen Weiterbildungs-, Forschungs-, Politikbildungs-, und Curriculum-Erstellungsprogramm, das von NLP an drei Grundschulen in der Provinz Western Cape als Pilotversuch geführt wird: Good Hope Seminary Junior, Zerilda Park und Zimasa Community Primary Schools. Diese Schulen repräsentieren die drei früheren rassistischen Bildungsabteilungen, da jede eine andere Unterrichtssprache hat.
- MPSTP zielt darauf ab, gleichen sprachlichen und kulturellen Zugang zu qualitativer Bildung herzustellen und
- Respekt und Toleranz für sprachliche und kulturelle Diversität zu erzeugen.
- Das Programm zielt auf die Hauptherausforderung Südafrikas ab: Wie können gleichwertiges Bildungsservice und -möglichkeiten in einer so diversifizierten Gesellschaft mit einer Geschichte der Ungleichheit und Diskriminierung geboten werden. Die Förderung von „Zugang der Lernenden zu akademisch ausgebildeter Sprache innerhalb eines mehrsprachigen Bezugsrahmens" bleibt das Ziel von MPSTP.
- NLP ist sich bewußt, daß Sprache andere soziale Ungerechtigkeiten widerspiegelt. Fragen des Zugangs, der Gleichberechtigung und der Stärkung sind kritische Elemente, die dringend angesprochen werden müssen. Dies bedeutet notwendigerweise Beteiligung am Demokratisierungsprozeß von Regierung, Entwicklung der Humanressourcen und Institutionen, Curriculum-Erstellung, Lehrplan und Kursplanung, die Entwicklung von Sprachunterricht und Evaluationsmechanismen.
- Die Rolle der Sprache im Lernprozeß und die Funktion unterschiedlicher Sprachen innerhalb der Bildungseinrichtungen beziehen sich direkt auf die Funktion von Bildung und die dominierenden Ansätze von Lehren und Lernen.

Die Ziele von MPSTP im Detail sind:

1. Die Implementierung von Schulveränderungsstrategien zu fördern und forschend zu begleiten

2. Evaluationsmechanismen für die Leistungen von Unterrichtenden und LernerInnen von Sprachbeherrschung und -kompetenz und für die Implementierung von Bildungsprogrammen zu entwickeln
3. Unterrichtende in kinderzentriertem, mehrsprachigem, multikulturellem Unterricht und Curriculum-Entwicklung, in grundlegenden Prinzipien der kognitiven Entwicklung von Kindern als auch Methoden des Erst- und Zweitsprachenunterrichts auszubilden.
4. Lernende mit gleichwertigem Zugang zu „akademischen Sprachen" und Lehrinhalten zu ermöglichen
5. Die Beteiligung der Eltern und der communities an den Schulen zu erhöhen
6. eine nationale Bedeutung in der Schulpolitik und Praxis zu erlangen.

MPSTP unterstützt die Schulen bei der Umstellung der Sprachanwendung und des kulturellen Zugangs, um sie zu Schulen zu transformieren, die Sprachen in das Zentrum der Lernaktivitäten und der konzeptionellen Entwicklung stellen, die Sprache als eine Ressource und nicht als ein Problem sehen und die Mehrsprachigkeit als eine Möglichkeit für Zugang, Einbeziehung und Gleichberechtigung (Möglichkeiten, die von einer Einsprachigkeit erstickt werden) betrachten – ein Modell, das Schulgemeinden in ihrem Streben praktisch hilft.

Schlüsselkomponenten der MPSTP sind das **Creative Arts Project (CAP)** und das **Teacher Development und Empowerment Project (TDEP).**

CAP ist ein ***kinderzentrierter, auf Aktivitäten und Konzepten aufbauender mehrsprachiger, multikultureller Unterrichts- und Lern-Ansatz***, der unterschiedliche Lehr- und Lernmethoden mit Drama, traditioneller und moderner Musik, Tanz und Geschichten-Erzählen kombiniert.

- CAP fördert mehrsprachige und multikulturelle Lehr- und Lernansätze, die Entwicklung mehrsprachiger Lernmaterialien und die Schaffung eines Umfelds der kulturellen Bestätigung und Interaktion.
- CAP-Aktivitäten versuchen, die „Sprachenkluft" zwischen „home language" und „Bildungssprache" zu überbrücken und Unterrich-

tenden eine kinderzentrierte Pädagogik nahezubringen, die auf fundierten Prinzipien der kognitiven Entwicklung und der Multikulturalität beruhen.
- Unterrichtende beobachten Unterricht, werden ermutigt, wichtige Elemente der Methodik in ihren Klassen einzusetzen und die Auswirkungen methodischer Variationen auf die Mitarbeit und die Leistungen ihrer SchülerInnen zu evaluieren.

TDEP wendet sich an Anliegen und den professionellen Bedarf von Unterrichtenden sowie an Fragen, die Einstellungsänderungen und die grundlegende Änderung des Paradigmas, die von LehrerInnen mit der Einführung des Curriculum 2005 erwartet werden. MPSTP bemüht sich im Moment um die Einführung von TDEP in der Eastern Cape Provinz.

Die Aktivitäten von MPSTP basieren auf den Resultaten und Empfehlungen von zwei Studien, die NLP durchgeführt hat: die **Language Needs Analysis** und der **Language Audit**[16].

Die Language Needs Analysis zeigte die Ansichten der LehrerInnen und Eltern Schulsprachpolitik, Sprachpolitik, Sprachverwendung und Unterricht betreffend.

Die Studie führte zum Ergebnis, daß ***„Kinder kein ausreichendes Verständnis oder die Fähigkeit haben, „akademische“ Bildungssprache zu verwenden“.***

Dies gilt für alle drei Sprachen des Western Cape (Xhosa, Englisch und Afrikaans) in L1, L2 und L3 Kontexten. Dieser Umstand wird dann verstärkt, wenn die Kinder aus benachteiligenden sozialen Schichten kommen.

Der Plan des **Language Audit**
NLP führt in Zusammenarbeit mit ***Steunpunt Nederlands als Tweede Taal*** (der Dutch Second Language Support Unit, ***SNT2***), der Katholischen Universität Leuven in Belgien, einen Language Audit in Grundschulen durch.
Die Aktivitäten des Language Audit beinhalten:
- Aufnahmen von Sprache der Unterrichtenden/Lernenden über eine Woche im Unterricht auf allen Stufen
- Transkription der Aufnahmen

- Sammlung aller Unterrichts/Lernmaterialien, die auf jeder Stufe verwendet werden, Lehrpläne, Schulbücher, Tests, Arbeitsblätter
- Analyse der Daten unter Verwendung eines Systems, das von SNT2 entwickelt wurde, mit Computer Software zur Analyse von Wortschatz und Sprachverwendung
- Interpretation der Ergebnisse und Analyse für die allgemeine Sprachverwendung.

Die Ergebnisse dieser Arbeit werden die „wahre“ Sprachsituation in jeder Schule aufzeigen. Diese Information wird die Schulentwicklungsprozesse beeinflussen, besonders im Hinblick auf die Sprach-, Lehr- und Lernmethoden, Materialentwicklung und LehrerInnen-Weiterbildung. Von diesen Ergebnissen ausgehend sollen Schulen und das MPSTP gemeinsam in der Lage sein:

Grundlagen und Evaluierungsmechanismen für die Leistungen von Lehrerinnen und SchülerInnen im Sprachbereich bereitzustellen und Leistungsstufen der erlernten Sprachen festzulegen.

6. Unterricht in mehrsprachigen Klassen – Probleme, Schwierigkeiten und effiziente Strategien.

Die auf Unterricht basierende Forschung, die in 3 Klassen an acht Grundschulen in Kapstadt durchgeführt wird, versucht, pädagogische Strategien, die in multikulturellen Klassen verwendet werden, zu untersuchen, unter der Annahme, daß damit LehrerInnen ein optimales Lernumfeld schaffen können, die Unterrichtsstrategien zu den Lernstilen der beteiligten Lernenden passen müssen. Daher baut die Studie auf der Hypothese auf, daß

optimales Lernen dann stattfinden kann, wenn Unterricht und Lernen übereinstimmen. (Null-Hypothese: Lernen findet nicht statt, wenn Unterricht und Lernen nicht übereinstimmen)

7. Zusammenfassung

Mit seinen drei Programmen beteiligt sich NLP laufend an den Debatten über Sprachpolitik und schafft Bewußtsein über die Zusammenhänge von Sprache und Macht, ermöglicht Menschen Teilhabe an Mitbestimmung durch gleichberechtigten Zugang zu nationalen Ressourcen und fördert Mehrsprachigkeit und Multikulturalität als

Werkzeuge für Demokratie und die Entwicklung der menschlichen Ressourcen.

Wir beabsichtigen, weiterhin an der Basis zu arbeiten, um die Sprachbedürfnisse der verschiedenen communities und Bereiche anzusprechen, und Strategien für effiziente Kommunikation, für Multikulturalität und Toleranz anderen Kulturen und Sprachen gegenüber zu schaffen. Strategien, die sicherstellen, daß alle Menschen Zugang zu nationalen Ressourcen haben. Diese Strategien werden national und international zur Verbreitung zur Verfügung stehen.

Anmerkungen

1 Vic Webb: „Language Planning and Politics in South Africa", in: The Politics of Language in South Africa – selected papers.

2 Vor dem 27. April 1994, als Südafrikas Übergangsverfassung in Kraft trat, waren Afrikaans und Englisch die einzigen offiziellen Sprachen auf nationaler Ebene, Ndebele, Pedi, Sotho, Swazi, Tsonga, Tswana, Venda, Xhosa und Zulu hatten einen offiziellen Status in den sogenannten nationalen Staaten („Bantustans") und Selbstverwaltungsgebieten. Heute hat Südafrika elf national anerkannte offizielle Sprachen.

3 Albie Sachs (1994): Language Rights in the New Constitution.

4 Vgl. Alexander, N. (1990) Language Planning from Below in R. K. Herbert (ed.) Language and Society in Africa.

5 1994 begann die Reaktion auf die Harmonisierung positiver zu werden. Msimang untersucht diese Fragen erneut in seinem Referat in Kwaluseni.

[6] Akademiker von der Linguistics Association of SADCC Universities (LASU) nahmen teil. Die Southern Africa Development Co-operation bestand aus Namibia, Botswana, Zimbabwe, Zambia, Swaziland, Lesotho, Mozambique, Malawi und Tanzania.

[7] Heritage languages ist ein Kanadischer Begriff, der verwendet wird, um MigrantInnen- und Religionsgruppensprachen zu bezeichnen. In Südafrika würden diese die Sprachen aus Europa, Asien und den Nachbarländern inkludieren.

[8] Vgl. NLP Conference Report

[9] Vgl. Prinsloo, K. et. al. (Hg.) (1993) Language, Law and Equality. Pretoria: UNISA.

[10] Vgl. LPR 5,4 pg. 15.

[11] Heugh, SATI

[12] Heugh stellte Gleichberechtigung und Zugang in mehreren Foren vor und entwickelte diese Konzepte in Kwaluseni weiter.

[13] Es gibt immer noch eine Debatte, ob der Staat eine Sprachpolitik des Übergangs ohne die Zustimmung der wirtschaftlich dominierenden Klasse implementieren kann. Dies ist besonders im Südafrikanischen Kontext wichtig, wo das Verhältnis zwischen Staat und der herrschenden Klasse fließend und komplex ist.

Literatur

Crawhall, Nigel (1994): *„Tracing the South African Language Policy Debate: the role of the National Language Project (1984-1994)*

Department of National Education (SA): South Africa's New Language Policy.

Webb, V. N.: The Politics of Language in South Africa – Selected Papers.

Sachs, Albie (1994): Language Rights in the New Constitution (SACSC).

Menschenrechte, Politik, Geschichte

Peter Glanninger

MENSCHENRECHTE UND POLIZEILICHES HANDELN

Bewusstsein schaffen durch Auseinandersetzung

1. Allgemeines

Menschenrechtsausbildung in der Exekutive hat sowohl in den Bereichen der Grundausbildung, als auch in den weiterführenden Ausbildungsbereichen ihren Schwerpunkt meist auf einer rein legistischen Betrachtungsweise. Das liegt hauptsächlich darin begründet, dass die Europäische Menschenrechtskonvention (EMRK) als Teil der Österreichischen Bundesverfassung Eingang in das österreichische Rechtssystem gefunden hat.

Seit Einführung des Sicherheitspolizeigesetzes – Anfang der 90er-Jahre – wurden durch eine Reihe von Seminaren den Beamten vermehrt soziale Kompetenzen vermittelt. Trotzdem blieb aber Menschenrechtsausbildung als solches weiterhin ein Bereich, der weniger auf Bewusstseinsbildung abzielte als auf Vermittlung legistischer Inhalte.

Auf das Beziehungsfeld Menschenrechte und Exekutive wirkt auch die Tatsache überaus negativ, dass Exekutive in Verbindung mit Menschenrechten meist in negativem Zusammenhang an das Bewusstsein der Öffentlichkeit tritt. Dies wiederum verstärkt in vielen Exekutivbeamten ein Bild, nach dem die Menschenrechte das polizeiliche Handeln mehr behindern würden als ihm zu nützen. Als Folge dieses Zusammenhanges werden auch immer wieder Vorurteile gegenüber nichtstaatlichen Menschenrechtsorganisationen wie amnesty international aufgebaut und verstärkt.

Grundsätzlich gilt es, sowohl dem Mangel an der Vermittlung von Idee, Philosophie, Sinn und Bewusstsein für Menschenrechte als auch den negativen Bildern und Vorurteilen entgegenzuwirken und zu zeigen, dass das Verhältnis Menschenrechte und Exekutive ein durchaus unbelastetes und positives sein kann. In diesem Sinne zielte auch das Seminar darauf ab, ein erweitertes Bewusstsein für das Verhältnis Menschenrechte und Exekutive zu schaffen.

2. Organisation

Es wäre sicherlich möglich gewesen, ein entsprechendes Seminar im Rahmen von Ausbildungsmaßnahmen für Exekutivbeamte einzurichten, ein Menschenrechtsseminar über das ISZ anzubieten erschien jedoch aus mehreren Gründen sinnvoll.

Der externe Veranstaltungsort erlaubte zum einen nicht nur die Herauslösung der Beamten aus dem normalen Dienstbetrieb, sondern auch aus der üblichen Seminarstruktur – wie sie z.B. in der Polizeischule Wien angesiedelt ist – und förderte damit die Bereitschaft der Beamten, sich auf das Thema Menschenrechte intensiver einzulassen. Darüber hinaus gewährleistete die externe Durchführung eines Menschenrechtsseminares eine größtmögliche Unabhängigkeit. Auch die geschlossene Zielgruppe – ausschließlich Exekutivbeamte – war für dieses Seminar von Vorteil. Da das Thema ein sehr heikles ist und die Beamten sich ihm nur mit der entsprechenden Sensibilität annähern, vermittelte die geschlossene Gruppe das Gefühl „unter sich zu sein" und förderte so das gegenseitige Vertrauen und damit den notwendigen Prozess der Öffnung.

Als besonders fruchtbar erwies sich auch die Kombination der Trainer. Mit der gewählten Zusammensetzung – ein Menschenrechtsexperte, ein Beamter aus dem Innenministerium und ein Polizeibeamter aus der Praxis als Gast – konnte auf polizeiinterne Gegebenheiten eingegangen werden, andererseits gelang es aber auch, den Teilnehmern eine Sichtweise von Menschenrechten zu vermitteln, die nicht von der alltäglichen Polizeiroutine geprägt war. Und gerade diese Außenperspektive war der Bewusstseinsbildung außerordentlich förderlich.

3. Gestaltung

Bei der didaktischen Ausrichtung wurde dem inhaltlichen Grundsatz Rechnung getragen, dass der Schwerpunkt nicht auf der Vermittlung von legistischem Faktenwissen liegen sollte. Da das Seminar auf Bewusstseinsbildung und ein allgemeines Verständnis für Menschenrechte abzielte, wurden auch methodische Formen gewählt, die einen Prozess der Auseinandersetzung mit dem Thema fördern sollten. So stand also hier nicht der frontale Vortrag zur Informationsvermittlung im Vordergrund, sondern das selbständige Erarbeiten von Inhalten in Kleingruppen anhand bestimmter Fragestellungen, die sich wiederum an Schwerpunktthemen orientierten.

Die inhaltliche Gestaltung richtete sich dabei nach dem Prinzip, von einer allgemeinen Betrachtungsweise der Menschenrechte hin zu speziellen, am polizeilichen Handeln ausgerichteten Problemstellungen zu gelangen. Dieser grobe inhaltliche Rahmen diente als Orientierungshilfe und wurde nach den Bedürfnissen der Teilnehmer entsprechend flexibel gestaltet.

4. Erwartungshaltungen

Diese Bedürfnisse waren vorwiegend vom polizeilichen Alltag, dem jeweiligen Arbeitsumfeld, von den Tätigkeits- und Aufgabenbereichen der Teilnehmer geprägt. Die Gruppen waren sehr durchmischt und die Teilnehmer kamen praktisch aus allen Verwendungsbereichen der Exekutive, daher entwickelten sich auch sehr differente Erwartungshaltungen.

Ganz allgemein ließ sich ein besonderes Bedürfnis nach Schärfung des theoretischen Verständnisses feststellen, sowie nach Hinweisen für den Umgang mit Menschenrechten in der praktischen Polizeiarbeit.

Als Einzelthemen ergaben sich dabei folgende grobe Interessensbündel:

Die Dimension von Menschenrechten und von Menschenrechtsverletzungen.

Die Rolle der Polizei im Spannungsfeld von Effizienz und Legalität.

Ursachen für Menschenrechtsverletzungen durch Exekutivbeamte.

Die gesetzliche Verankerung und Bedeutung von Menschenrechten und der EMRK im Rechtsstaat.

Die konkrete Umsetzung von Menschenrechten auch innerhalb der Exekutive.

Der Themenkreis Ausländer, Abschiebung, Schubhäftlinge, kulturelle Differenzen, Menschenrechte im Kontext multikultureller Gesellschaftsformen (z.B. Religionsfreiheit, unterschiedliches Menschenrechtsverständnis in verschiedenen Kulturen etc.).

Bemerkenswert erscheint das besondere Interesse der Teilnehmer am Themenfeld Ausländer, das sich zum einen sicherlich aus den vielfältigen Berührungs- und Konfliktpunkten zwischen Exekutive und Ausländern erklären lässt, andererseits aber auch aus dem Bewusstsein, dass hier Diskriminierung, Ungleichbehandlung und menschenunwürdige Behandlung – beispielsweise im Zusammenhang mit der Schubhaftangelegenheiten – besonders augenfällig zu Tage treten.

5. Allgemeiner Teil

Der allgemeine Teil wurde mit der Frage nach der Universalität von Menschenrechten, nach ihrem Umfang und nach ihren historischen Dimensionen eingeleitet. In diesem ersten Schritt galt es, eine möglichst transparente Darstellung der thematischen Breite von Menschenrechten zu erarbeiten und zu zeigen, dass ein Menschenrechtsbegriff sich nicht auf ewig festschreiben lässt, sondern sich im Laufe der Jahrhunderte beständig entwickelte und sich auch gegenwärtig immer wieder erweitert.

Der nächste Schritt war die Beschreibung der wichtigsten Menschenrechte nach den persönlichen Vorstellungen und dem jeweiligen Erfahrungshorizont der Teilnehmer. Die Ergebnisse wurden anschließend mit der Allgemeinen Erklärung der Menschenrechte der Vereinten Nationen – als einer allgemeinen internationalen Grundnorm für die moderne Menschenrechtsentwicklung – verglichen.

Bereits in dieser Phase zeigte sich, dass das Wissen und die Zugänge – trotz der zum Teil sehr großen juristischen Vorbildung im Menschenrechtsbereich – durchaus verschieden waren und sehr interessante Aspekte umfassten. Die Arbeit in den Kleingruppen war dabei von unterschiedlichen Ansätzen geprägt, die von einer rein legistischen Sichtweise bis hin zu stark philosophisch orientierten Auffassungen reichten.

In einer abschließenden Diskussion wurden die Ergebnisse vertieft, abgerundet und zu einer Kernthese zusammengefasst: Menschenrechte sind ein Bereich, der sich nicht endgültig ausformulieren lässt, sondern der abhängig von gesellschaftlichen Zusammenhängen und politischen Bedingungen entsprechenden Veränderungen unterworfen ist, wobei der Übergang vom persönlichen moralischen Empfinden hin zu einer fest umrissenen Regel ein fließender ist.

6. Spezieller Teil

Der spezielle Teil begann mit einer Auslotung der menschenrechtssensiblen Felder polizeilichen Handelns. Dabei ging es darum, den Teilnehmern bewusst zu machen, in welchen Bereichen ihres beruflichen Alltags besondere Gefahrenmomente liegen, wo bestimmte Situationen leicht eskalieren und zu Menschenrechtsverletzungen führen können.

Auch hier offenbarten sich wieder die unterschiedlichen Zugänge der einzelnen Gruppen -- von sehr allgemein gehaltenen, ins Philosophische gehenden Betrachtungen bis hin zur Analyse von konkreten Handlungsmustern polizeilicher Alltagspraxis.

Trotz der unterschiedlichen Ansätze ließen sich die Ergebnisse der Kleingruppen zu vier Kernfeldern zusammenfassen, in denen ein hohes Risiko besteht, dass es zu Menschenrechtsverletzung kommen kann:

Bei Situationen, die im Zusammenhang mit der Festnahme, der Arretierung und dem Verhör stehen oder die ganz allgemein den Vollzug von Zwangsmitteln betreffen.

Beim Einsatz von Polizeikräften in Form von geschlossenen Einheiten vor allem beim polizeilichen Ordnungsdienst im Rahmen von Großveranstaltungen, bei Fußballspielen, Demonstrationen oder ähnlichen Ereignissen.

Im Umgang mit gesellschaftlichen Randgruppen wie Obdachlosen und Drogenabhängigen oder gegenüber Ausländern.

Bei Amtshandlungen, die außerhalb des normalen Routinbereiches liegen und die mit einer erhöhten emotionalen Beteiligung der handelnden Beamten verbunden sind, zum Beispiel, sexueller Missbrauch von Kindern, bei einem tätlichen Angriff oder bei Verletzung eines Beamten.

Die von den Gruppen herausgearbeiteten kritischen Bereiche entsprechen im wesentlichen auch dem empirischen Befund sozialwissenschaftlicher Erhebungen (vgl. dazu die im Auftrag des Bundesministeriums für Inneres erstellte Studie des Instituts für Konfliktforschung: Haller, B./König, I. 1992: Polizeigewalt in Österreich. Endbericht. Wien).

Verbunden mit der Frage nach den sensiblen Bereichen polizeilichen Handelns war auch die Frage nach möglichen Ursachen für Menschenrechtsverletzungen durch Exekutivbeamte. Auch die zu dieser Fragestellung erarbeiteten Antworten ließen sich zu mehreren Kernbereichen verdichten, die als Grundlage für eine Ursachenanalyse dienten.

Als mögliche Ursachen für Menschenrechtsverletzungen ließen sich folgende Punkte herausarbeiten (die Aufzählung erhebt keinen Anspruch auf Vollständigkeit und beinhaltet keine Wertigkeit der einzelnen Bereiche):

Mangelhaftes oder falsches Berufs- und Selbstbild.

Mangelnde fachliche und soziale Kompetenz.

Ausbildungsmängel.

Aggressionen und/oder persönliche Charakterdefizite (z.B. mangelnder Selbstwert).

Falscher Umgang mit Machtbefugnissen.

Psychische und/oder physische Überforderung.

Gruppendynamische Prozesse der Eskalation.

Strukturelle und organisatorische Mängel im System der Exekutive.

Oftmalige gesellschaftliche Akzeptanz von Menschenrechtsverletzung – sowohl innerhalb (falsch verstandener „Korpsgeist") als auch außerhalb der Exekutive.

Die Aufarbeitung dieser Ergebnisse erfolgte wiederum in Form einer breiten Diskussion unter Beteiligung eines Gastreferenten, von dem auch bewusst ein Schwerpunkt auf moralphilosphische Fragen und auf Aspekte der Polizeiethik gelegt wurde.

Den Abschluss bildete wie beim allgemeinen Teil eine Zusammenfassung der Arbeitsergebnisse zu Kernthesen bezüglich der menschenrechtssensiblen Felder und der Ursachen, die im wesentlichen mit den oben genannten Ausführungen übereinstimmten.

7. Resümee

Die Vermittlung des Themas „Menschenrechte" ist grundsätzlich eine schwierige Aufgabe, da immer wieder die Gefahr besteht, in rein juristische Betrachtungsweisen abzugleiten. Dass dies nicht passiert, ist vor allem auch eine Frage der Methoden, der didaktischen Umsetzung und der Gewichtung der einzelnen Vermittlungsformen. Eine effiziente Abstimmung dieser Einzelfaktoren aufeinander kann in diesem Sinne als Grundlage für ein gewinnbringendes Seminar nur als Ergebnis eines dynamischen (Entwicklungs)-Prozesses – sozusagen in ständiger Reaktion auf die Bedürfnisse der Teilnehmer – und während der Veranstaltung selbst erfolgen. Dennoch scheint die Gratwanderung zwischen Informationsvermittlung und Sensibilisierung gelungen zu sein.

Unabhängig von diesen Voraussetzungen lässt sich ganz allgemein ein starkes Interesse von Exekutivbeamten an der Auseinandersetzung mit Menschenrechten erkennen. Dies findet allein schon in der ständig steigenden Interessentenzahl Bestätigung. Andererseits zeigt sich das Bedürfnis nach derartigen Veranstaltungen auch in der weitgehend positiven Rezeption des Seminares, bis hin zur Vorstellung in einem polizeiinternen Medium verbunden mit der Empfehlung an „alle Kollegen“ dieses Seminar zu besuchen (Bundespolizeidirektion Wien, Generalinspektorat der Sicherheitswache (Hg.); Informationsbrief, Ausgabe 5/98; S 6f).

Nicht nur um diesem Bedürfnis entgegenzukommen wäre es wünschenswert, das Seminar fortzusetzen, sondern auch im Hinblick auf den kollektiven Gewinn, der sich für eine demokratische Gesellschaft durch Exekutivbeamte ergibt, die ernsthaft bereit sind, sich mit dem Schutz von Menschenrechten – im Grunde ihre ureigenste Aufgabe – auseinanderzusetzen.

Walter Suntinger

DAS KONZEPT DER MENSCHENRECHTE

„Diese moralische Gemeinschaft konstituiert sich allein über die negative Idee der Abschaffung von Diskriminierung und Leid sowie der Einbeziehung der – und des – Marginalisierten in eine wechselseitige Rücksichtnahme.“
Jürgen Habermas

Die Idee und ihre Konkretisierung

1. Die zentralen der Menschenrechtsidee zugrundeliegenden Werte, Menschenwürde, Gleichheit, Freiheit, Solidarität, finden sich in allen Kulturen, wenn auch in unterschiedlichsten Formen und Ausprägungen. Dies legt jedenfalls eine Zusammenstellung von entsprechenden Texten aus aller Welt, herausgegeben von Jeanne Hersch unter dem Titel *Das Recht, ein Mensch zu sein*, nahe. Die Goldene Regel ist in allen großen religiösen und ethischen Systemen feststellbar und kann als die wesentliche Grundlage der Menschenrechte betracht werden.
2. Die Menschenrechte in ihrer heutigen Form sind in der europäischen Aufklärung entstanden. Sie sind mit der Auffassung des Menschen als sittlich freies und mit Würde ausgestattetes Wesen verbunden und sind die rechtliche Ausformung des Prinzips gleicher Freiheit für alle unter den Bedingungen eines modernen Verfassungsstaates.
3. Die Menschenrechte stellen Antworten auf konkrete und elementare Unrechtserfahrungen dar. Waren es im 18. Jahrhundert Absolutismus und Feudalismus, zu deren Bekämpfung die erste Generation, die bürgerlichen und politischen Rechte, formuliert wurden, so waren es im 19. Jahrhundert die vielfältigen Formen kapitalistischer Ausbeutung, die als Reaktion die zweite Generation der wirtschaftlichen, sozialen und kulturellen Rechte hervorbrachten. Im 20. Jahrhundert sind es Kolonialisierung, das Massenelend in der sogenannten Dritten Welt, die Bedrohungen der Umwelt und des Friedens, die die dritte Generation von Menschenrechten entstehen ließen.

INTERNATIONALISIERUNG

4. Auch die Internationalisierung der Menschenrechte ist als Reaktion auf Leiderfahrung, die unfaßbaren Greuel der Nazizeit, zu sehen. Mit der Aufnahme der Menschenrechte in den Zielkatalog der UNO 1945 und der Verabschiedung der Allgemeinen Erklärung der Menschenrechte 1948 wurden erstmals in der Menschheitsgeschichte ethische Prinzipien – in rechtliche Formen gegossen – auf die universelle Ebene gehoben. Damit wurde der Staatengemeinschaft und auch allen Menschen – zumindest moralisch – der Auftrag erteilt, sich für die Verwirklichung „aller Menschenrechte für alle“ (NGO-Motto bei der Wiener Weltmenschenrechtskonferenz 1993 und der UNO für das Menschenrechtsjahr 1998) einzusetzen. Rechtlich kann der internationale Schutz der Menschenrechte nun nicht mehr als unzulässiger Eingriff in die innerstaatlichen Angelegenheiten abgelehnt werden.
5. Seit dem zweiten Weltkrieg wurde eine Vielzahl von internationalen Menschenrechtsverträgen und Mechanismen und Verfahren zur Durchsetzung der Menschenrechte auf universeller und auf regionaler Ebene geschaffen. Die rechtlich nicht verbindliche Allgemeine Erklärung der Menschenrechte wurde durch den Internationalen Pakt über wirtschaftliche, soziale und kulturelle Rechte und den Internationalen Pakt über bürgerliche und politische Rechte ergänzt. Weitere Konventionen dienen dem Schutz von Personengruppen (z.B. Kinder) oder richten sich gegen bestimmte Formen von Menschenrechtsverletzungen (z.B. Diskriminierung, Folter). Diese internationalen Verträge wurden von einer immer größer werdenden Staatengemeinschaft geschaffen und angenommen. Die jüngste dieser Konventionen, die Kinderrechtskonvention aus 1989, wurde von 191 Staaten der Welt ratifiziert. Das Netz menschenrechtlicher Verpflichtungen der Staaten ist dicht geworden.
6. Neben den Menschenrechtsnormen wurde auch eine Reihe von Mechanismen und Verfahren zur Durchsetzung der Menschenrechte geschaffen. In den internationalen Beziehungen sind die Menschenrechte – zumindest rhetorisch – zu einem wichtigen Faktor geworden, und die politischen Organe der internationalen Organisationen, einschließlich des UNO-Sicherheitsrats, befassen sich stärker mit menschenrechtlichen Fragen. Daneben

haben sich unzählige nichtstaatliche Organisationen mit menschenrechtlichen Zielsetzungen gebildet, die zunehmende Bedeutung erlangt haben und den eigentlichen Motor der Menschenrechtsbewegung bilden.

Wesensmerkmale

7. Die Menschenrechte gehen von der (negativen) Erfahrung verursachten und vermeidbaren Leidens (Folter, willkürliche Haft, Hunger etc.) aus, das bekämpft und beseitigt werden soll. Darüber hinaus wird dann gefragt, wie rechtliche, staatliche und gesellschaftliche Strukturen beschaffen sein müssen, um Leid zu verhindern. Die Menschenrechte halten daher kein fertiges Weltbild bereit, wie dies im allgemeinen Ideologien und Religionen tun, sondern stellen kritische Fragen an Staat und (internationale) Gesellschaft vom Standpunkt der menschlichen Würde. Als Mindestregeln eignet ihnen damit gewissermaßen ein bescheidener Anspruch.
8. Die international anerkannten Menschenrechte bieten zumeist keine fertigen Antworten, sondern vielmehr ein Verfahren, in dem konkrete Antworten gefunden werden können. Die allermeisten Menschenrechte gelten nicht absolut, sondern können zum Schutze der Rechte anderer und der Gemeinschaft beschränkt werden. Dabei müssen die verschiedensten Interessen, die in einer Gesellschaft bestehen, gegeneinander abgewogen werden. Die Meinungsfreiheit etwa findet ihre Grenze im Schutz des guten Rufes anderer. Wichtig in diesem Abwägungsprozeß ist allerdings, daß alle Interessen berücksichtigt werden, daß das Problem nicht nur aus der Sicht eines einzelnen, sondern auch aus der anderer betrachtet wird, wobei im Zweifelsfall der Würde und der Freiheit des Individuums der Vorrang gegenüber staatlichen Interessen zukommt.
9. Der Schutz und die Förderung der Menschenrechte sind die vorrangigste Pflicht der Staaten (Erklärung der Weltmenschenrechtskonferenz 1993). Ausgehend von einem dynamischen Konzept verpflichten die internationalen Verträge die Staaten, Maßnahmen verschiedenster Art zu treffen, um die Verwirklichung der Menschenrechte zu erreichen. Den Staaten und der Staatengemeinschaft ist damit völkerrechtlich ein Ziel aufgegeben, an

dem sich staatliches Handeln zu orientieren hat, das schrittweise durch geeignete Maßnahmen anzustreben ist und dem andere staatliche Interessen unterzuordnen sind. Die Verwirklichung der Menschenrechte wird damit gewissermaßen auch zu einer Frage des Managements.

10. Die menschenrechtlichen Verpflichtungen betreffen nicht nur das Verhältnis von Staat und Individuum. Zunehmend wird auch deren Relevanz für die Rechtsbeziehung unter Privaten anerkannt.

11. Jenseits des Rechtlichen können menschenrechtliche Grundsätze auch als ethische Prinzipien für die Gestaltung der zwischenmenschlichen Beziehungen verstanden werden. Nochmals ist auf die Goldene Regel hinzuweisen.

Herausforderungen

12. Ein Blick auf unsere Welt zeigt jedoch, daß zwischen hehrem Anspruch und der Realität ein tiefes Loch klafft. Weiterhin verhungern Millionen von Menschen, sind Menschen obdachlos, werden Opfer ethnischer Säuberungen, werden gefoltert und willkürlich ihrer Freiheit beraubt, sind Frauen Opfer systematischer Diskriminierung, um nur einige Beispiele zu erwähnen. Die Menschenrechte harren in weiten Bereichen der innerstaatlichen Umsetzung.

13. Trotz gegenteiliger Rhetorik findet der Schutz der Menschenrechte weiterhin seine Grenze in der vorrangigen Orientierung an staatlichen und wirtschaftlichen Interessen, denen das menschenrechtliche Ziel untergeordnet wird. Dies und das Prinzip der Souveränität der Staaten verhindern einen effektiven präventiven Menschenrechtsansatz, dessen Fehlen in den tragischen Ereignissen im Kosovo in den Jahren 1998 und 1999 nur allzu deutlich wurde. Eine konsequente und konsistente Menschenrechtspolitik etwa der USA oder der EU ist nicht zu sehen. Zu sehr bestimmen andere Erwägungen die Außenpolitik. Auch in der Innenpolitik werden die westlichen Staaten ihren menschenrechtlichen Versprechungen nicht gerecht. Deutlich wird dies zum Beispiel in der zunehmend restriktiven Flüchtlingspolitik, die durch die Verengung des Flüchtlingsbegriffs und die Aushöhlung menschenrechtlicher Garantien immer mehr (potenti-

elle) Opfer von Menschenrechtsverletzungen von der Schutzgewährung ausschließt.

14. Mit der Internationalisierung der Menschenrechte stellt sich die Frage der Universalität. Wie erwähnt, sind die Menschenrechte in ihrer heutigen Ausformung ein Produkt der westlichen Kultur. Dies führt zu Problemen hinsichtlich der kulturellen Legitimität der Menschenrechte in anderen Kulturen. Es bedarf daher der „Übersetzung" der international anerkannten Menschenrechte in das jeweilige kulturelle, soziale und religiöse Umfeld. Dies ist eine Grundbedingung für die effektive Umsetzung der Menschenrechte. Andererseits werden kulturelle Unterschiede von besonders menschenrechtsverachtenden Staaten als Vorwand mißbraucht, um die Legitimität des internationalen Menschenrechtsschutzes in Frage zu stellen. Und hinter kulturspezifischen Argumenten verbergen sich häufig massive Machtinteressen, die an einem bestimmten gesellschaftlichen Status quo festhalten wollen, der menschenrechtlich herausgefordert wird. Zwischen den Kulturen sollte ein transkultureller Dialog („cross-cultural dialogue", Abdullah An-Naim) stattfinden, der zur Erweiterung und Vertiefung des internationalen Konsenses über Menschenrechte führt.

15. Eng mit der Frage der Universalität verknüpft ist die Interdependenz und Unteilbarkeit aller Menschenrechte. Dies bedeutet einerseits: Ohne die Beachtung der wesentlichen bürgerlichen und politischen Rechte können wirtschaftliche, soziale und kulturelle Rechte nicht verwirklicht werden. Ein Mitarbeiter von Rapporteur sans Frontières hat dies auf den Satz zugespitzt: „Es gibt keine Hungersnot, wo es Pressefreiheit gibt." Andererseits heißt Interdependenz: Ohne die Garantie der wesentlichen wirtschaftlichen, sozialen und kulturellen Rechte bleiben die bürgerlichen und politischen Rechte für große Teile der Bevölkerung bedeutungslos: Was nützt einem Obdachlosen der Schutz des Hausrechts? Gerade der Westen, der die Universalität der Menschenrechte vehement vertritt, hat die gegenseitige Abhängigkeit der Menschenrechte nicht ernst genommen, obwohl die Allgemeine Erklärung der Menschenrechte und die beiden Menschenrechtspakte beide Kategorien explizit enthalten. Weiterhin werden die bürgerlichen und politischen Rechte als die eigentlichen Menschenrechte gesehen, wenn nicht in der Theo-

rie, so doch in der Praxis. Dies zeigt sich etwa daran, daß die internationalen Mechanismen für die Durchsetzung der wirtschaftlichen, sozialen und kulturellen Menschenrechte weitgehend zahnlos sind und daß diese Rechte in den Verfassungen nur weniger Staaten verankert sind.

16. Eine wesentliche Herausforderung stellt zudem die mit der Globalisierung verbundene Ökonomisierung der Welt, die Zurückdrängung des Staates und die Abgabe staatlicher Aufgaben an Private dar. Der traditionelle Menschenrechtsschutz, der in der Praxis konzeptuell verengt ist und weiterhin zu stark an staatlichen Parametern ansetzt, muß erweitert werden. Einerseits müssen auch multinationale Konzerne menschenrechtlichen Bindungen unterworfen werden, andererseits müssen die wirtschaftlichen und sozialen Menschenrechte ernster genommen werden, um die Absicherung gewisser Mindeststandards weltweit zu gewährleisten.
17. Die Menschenrechte sind ein umfassendes Konzept, das alle Lebensbereiche betrifft. Daher muß die Befassung damit über die juristische Disziplin und über die Menschenrechtsorganisationen im engeren Sinn hinausgetragen werden. In den letzten Jahren finden wir zwar eine zunehmende Beschäftigung mit menschenrechtlichen Fragestellungen in den verschiedensten wissenschaftlichen Disziplinen, wie in der Politikwissenschaft, in der Sprachwissenschaft und in der Ethik. Auch sehen wir, daß immer mehr gesellschaftliche Gruppen, einschließlich der anfangs der Idee der Menschenrechte ablehnend gegenüberstehenden Kirchen, die Menschenrechte als Thema aufgreifen. Diese Entwicklungen müssen verstärkt werden, um mit einem besseren Verständnis der Menschenrechte breitenwirksamer werden zu können.
18. „Some men see things as they are and ask why. Others see things that never were and ask why not.“ (Bernard Shaw). Let's do both! Der menschenrechtliche Ansatz besteht in der Verbindung von Realismus und Idealismus.

Karl Fallend

UNBEWUSSTE ZEITGESCHICHTE – ODER: WAS HAT DER NATIONALSOZIALISMUS MIT MIR ZU TUN?

Der Ausdruck ‚unbewußte Zeitgeschichte' nährt unbedacht ein Mißverständnis, weil er sich auf den deskriptiven Gehalt des Terminus zu beschränken scheint; d.h. auf alle im aktuellen Bewußtseinsfeld nicht gegenwärtigen Inhalte, ohne Unterscheidung zwischen vorbewußt und unbewußt. Im topischen Sinne ist der adjektivisch gebrauchte Terminus, der alle verdrängten Inhalte bezeichnet, die dem System Vorbewußt-Bewußt verwehrt sind, in diesem Zusammenhang nicht zu verwenden. Die schon in die Umgangssprache eingedrungenen Formulierungen von ‚den verdrängten Jahren' des Nationalsozialismus, einer ‚verdrängten Geschichte' sind Bestandteil dieser Irreführung. In Österreich ist der Nationalsozialismus jedoch keine verdrängte Geschichte. Sie war und ist eine mit großem emotionalen Aufwand unterdrückte Geschichte, ständig latent und kontinuierlich präsent. Beobachtet man aufmerksam öffentlichen Diskurs und Berichterstattung, so bezeugt das Ergebnis keine Verdrängung: nach mehr als 50 Jahren vergeht buchstäblich kein Tag, an dem der Nationalsozialismus nicht in irgendeiner Form thema-tisiert wird. Diese alltägliche intellektuelle Konfrontation mit unserer Geschichte im Nationalsozialismus provoziert gleichzeitig eine Kultivierung von psychischen Abwehrmechanismen, um dieser Auseinandersetzung nicht ständig emotional begegnen zu müssen.

Es ist erstaunlich, daß die Situation in der Wissenschaft nicht anders ist. Mit der vermeintlich objektiven Darstellung des Nationalsozialismus, der historischen und soziologischen Aufarbeitung lassen sich schon Bücherregale füllen; zig Symposien, Ausstellungen und Gedenkveranstaltungen stehen jährlich auf dem Programm.

Versucht man in Österreich hingegen auf psychologische Fragen Antworten zu finden, ist die Anzahl der Publikationen bis Anfang der 90er Jahre gleich Null. Lediglich drei psychologische Dissertationen beschäftigen sich mit den Folgewirkungen des Nationalsozialismus; und die stammen bezeichnenderweise aus den frühen Jahren 1948 und 1950. Dies ist schon ein beredtes Schweigen, wenn man bedenkt, daß von diesem historischen Einschnitt des Nationalsozialismus, von Unterdrückung, Krieg, Verfolgung und Massenmord, jede Österreicherin/jeder Österreicher in irgendeiner Form betroffen ist. Österreich, das Land von Hitler, Eichmann und Stangl, Österreich, das einen Großteil der KZ-Wachmannschaften stellte, das Land, in dem proportional mehr Nationalsozialisten organisiert waren als in Deutschland. Ein Land von Eltern und Großeltern, unsere Eltern und Großeltern, die in irgendeiner Form beteiligt waren, mitgejubelt, mitmarschiert, weggeschaut haben, in den seltensten Fällen Widerstand leisteten und zumeist Jahrzehnte darüber schwiegen.

Schon allein aus diesem Grund scheint es mir in Österreich unumgänglich, die – und ich meine nicht nur die wissenschaftliche – Auseinandersetzung mit dem Nationalsozialismus in erster Person - in ‚Ich' – zu betreiben. Ergänzend möchte ich hinzufügen und empfehlen, sich an die Literatur zu halten. SchriftstellerInnen waren meistens die besseren PsychologInnen, sensibler und kompetenter, die eigene Betroffenheit als Wegweiser des Erkenntnisgewinns zu begreifen; durch ihre entwickelte und erarbeitete Fähigkeit, die angstauslösenden Momente einer solchen Auseinandersetzung in Worte zu fassen, und durch Mittel der Symbolik, Metaphorik, Fiktion in erträglichem Abstand zu halten.

Gesellschaftlich produziertes Unbewußtes (Mario Erdheim) führte auch in Österreich zu Sprachlosigkeit, die seit dem Zusammenbruch der nationalsozialistischen Herrschaft eine Erinnerungsarbeit verhinderte. Das offizielle Geschichtsbild Österreichs als Opfer des Nationalsozialismus (Moskauer Deklaration) erschwerte noch zusätzlich diesen Prozeß. Angehörige der Kriegsgeneration versuchten, die fluchbeladene Vergangenheit durch Wiederherstellung von Rechtsstaatlichkeit und Demokratie ungeschehen zu machen. Manche Nazi-Täter wurden abgeurteilt, während viele andere erst nach Jahren und Jahrzehnten des Zögerns und auch dann nur halbherzig zur Rechenschaft gezogen wurden. Es wurden Entnazifizierungsverfahren organisiert, in denen ein Nichtbetroffensein nachzuweisen war. Anstatt heilsamer Selbstreflexion und Einsicht wurde Selbstrechtfertigung gefordert und man stellte Unbedenklichkeitsbescheinigungen aus, die von weiterer Auseinandersetzung enthoben. In kürzester Zeit schien es, als ob es eine Idealisierung des Nationalsozialismus nicht gegeben hätte. Bald zählte sie offiziell zum Bereich der psychopathologischen Verirrung einer kriminellen Minderheit, die mit der Mehrheit nichts zu tun hatte. Die Thesen von Befehl, Gehorsam und ‚Pflichterfüllung' traten anstelle von innerem Einverständnis. Und wenn die Kinder die lebenserhaltende, emotionale Zuwendung der Eltern nicht gefährden, die Eltern und sich nicht überfordern wollten, mußten sie zum Schweigen der Eltern ebenfalls schweigen; oder rebellieren.

So forderte die Protestbewegung der späten sechziger Jahre erst-mals öffentliche Aufklärung über die verdrängten Jahre des Nationalsozialismus. Die 68er-Generation brach zwar das Schweigen, verdeckte jedoch die eigenen familiären Verstrickungen und es folgte bloß einfühlungslose Anklage. Die Heftigkeit der Auseinandersetzung verriet nicht nur die schmerzhafte Aufhebung der Verdrängung, sondern auch das unbegriffene Erbe. Ob sie wollten oder nicht, sie waren Kinder ihrer Eltern und mit ihnen identifiziert, sei es in Zuwendung oder auch in Ablehnung. Väter, Mütter, Lehrer wurden zur Rede gestellt ohne gleichzeitig die eigenen identifikatorischen Verknüpfungen mitzureflektieren; so geriet die Revolte zumeist zum Tribunal. Der Haß auf die Elterngeneration stabilisierte großteils das Gefühl anders zu sein als diese und machte unfähig, die unbewußten Verbindungen und Ähnlichkeiten zu entdecken.

Obwohl jünger, erinnere ich mich selbst dieses Verdrängungsvorgangs in meinem antifaschistischen Engagement. Die geworfenen braunen Farbbeutel auf den damaligen rechtsradikalen Präsidentschaftskandidaten Norbert Burger waren nicht nur lautstarker Protest, sondern auch der gewaltige Versuch, die eigenen braunen Farbanteile nicht erkennen zu müssen. Es ist ein leichtes zu übersehen, daß der eine Finger – wie es Bernd Nitzschke formulierte – der auf den „Täter" deutet, stets von drei Fingern begleitet wird, die auf die eigene Brust zurückweisen.

Inzwischen sind mehr als 20 Jahre vergangen und die Art des Generationendialogs hat sich auf Grund der unterschiedlichen Erlebniswelten verändert. War für die 68er-Generation der NS – über die aktiven Eltern – noch gemeinsamer Erlebnis- und Erfahrungszusammenhang, waren die Eltern der heute 35-40jährigen die

‚jungen Soldaten' von HJ und BDM, gehören die Eltern der heute 20-jährigen zu den ‚Kriegs-' und ‚Nachkriegskindern'.

Doch jede chronologische Metrik bleibt willkürlich, um die sich das einzelne Seelenleben wenig kümmert. Traumatische Fixierungen, Phantasiewelten, Wunschvorstellungen haben je unterschiedliche temporäre Wertigkeit, die sich über Generationen ausbreiten. Das Unbewußte ist zeitlos.

Aus dieser individualpsychologischen Sichtweise erscheinen Sammel-Begriffe wie „Zeitzeugen" oder „Kriegsgeneration" etc. willkürlich gesetzt. Gerne wird das Jahr 1945 als Grenzziehung herangezogen, um in der physischen Präsenz einer zeitgeschichtlichen Epoche die Generation 1 zu definieren; Menschen, die nach 1945 geboren sind, als 2. Generation usw. Aber das sind statistische Größen, die mit den je individuellen psychischen Erlebnisweisen wenig zu tun haben.

Drei Jahre leitete ich am Institut für Psychologie der Universität Wien ein Seminar zum Thema: „Zur Psychologie der Folter". Die intensive Auseinandersetzung mit Fragen der Menschenrechtsverletzungen führte uns zur Diskussion über die eigene persönliche Motivation, sich solch schwierigen Themen zu stellen – zur Analyse der eigenen Betroffenheit. Dabei fiel mir auf, daß der Nationalsozialismus als Teil der persönlichen Geschichten ausgespart blieb. Ein Semester lang wollte ich daher den Student/innen (fast alle Ende der 60er, Anfang der 70er Jahre geboren) das Seminar dafür überlassen, zu versuchen, dem eigenen Familienroman nachzugehen. Gespräche mit Großeltern, Eltern, Verwandten, Nachbarn etc. zu führen, wie sie den Nationalsozialismus erlebt, was sie gefühlt, was sie gedacht haben, um im Kontext der biographischen Überschneidungen die subjektive Distanz von 50 Jahren gegenüber den Gesprächspartner/innen zu relativieren. Die Student/innen sollten v.a. ihre Empfindungen festhalten, was ein solcher Dialog in ihnen auslöst.

Manch erste Reaktion der Seminarteilnehmer/innen war bezeichnend, jedoch nur von kurzer Dauer:

„Was hat das mit mir zu tun?",

„Das ist die Angelegenheit der Großeltern-Generation",

„Das ist mehr als fünfzig Jahre her" etc.

Doch bereits die Gesprächsvorbereitungen waren von einer eigentümlichen Nervosität geprägt. Unbewußte Ängste machten sich breit, als es daran ging, sich den Schattenseiten des Mikrokosmos Familie als bevorzugtem Ort der Abwehr, Scheinsicherheit und auch Selbstgerechtigkeit zu nähern.

Im Versuch, der eigenen Familiengeschichte Worte zu verleihen, sahen sich die Student/innen alsbald mit einer psychodynamischen Wucht konfrontiert, die – auch bei mir – bis zum Rande der Überforderung reichte.

Es war eine Stimmung im Raum, die sich am besten mit Freud als eine ‚unheimliche' beschreiben läßt: ‚unheimlich sei alles, was ein Geheimnis betrifft, das im Verborgenen bleiben sollte und hervorgetreten ist.'

So kostete es allen große Überwindung, das Gespräch mit älteren Familienangehörigen aufzunehmen.

Die Gesprächsmuster, geprägt von Aggression, Anklage und Abwehr waren über lange Jahre eingeübt und man erkannte sodann die Labilität des Familiengleichgewichts. Dunkle Flecken der Familiengeschichte wurden erhellt, kollektive Biographien korrigiert, andere Nähen gefunden, mit schmerzhaften Erfahrungen und enormem Kraftaufwand sich den Entidealisierungen zu stellen. Verbalisieren und Reflektieren schienen phasenweise zu wenig; auch Sprachlosigkeit stellte sich ein.

Im Seminar und auch in anderen ähnlichen Diskussionszusammenhängen erkannte ich ein paradoxes Phänomen: das Gefühl gleichzeitig Opfer und Täter bzw. Komplize zu sein. Eine Identifizierung mit Nicht-selbst-Getanem, das nicht zu orten und festzumachen, aber gleichzeitig als schattenhaftes Erbe vorhanden war. Die Unmöglichkeit, etwas zu bekennen oder wiedergutzumachen, was man nicht selbst getan hatte, erzeugte keine Erleichterung, sondern Hilflosigkeit und Verwirrung. Es ging um Aneignung von Geschichte, die über Generationen in Erinnerungsspuren in jedem einzelnen zu Bewußtsein kam.

Wir waren uns einig in der Notwendigkeit, sich dieser Erinnerungsarbeit zu stellen; die unbewußte Intergenerativität – d.h. über Generationen hinweg – unseres Denkens, Fühlens und Handelns aufzuspüren, bis hin zur Aufdeckung unbewußter Reste nationalsozialistischer Begrifflichkeiten in unserer Alltagssprache.

Die Sprache als Container der Geschichte.

Der Romanist Victor Klemperer, der als Jude in Deutschland überlebte, hat uns mit dem Kürzel LTI viele Spuren gesichert. LTI – Lingua Tertii Imperii, die Sprache als Ausdruck einer Epoche, die weiter fortwirkt: Sprache ist – schreibt Klemperer – wie ‚Gift, das du unbewußt eintrinkst'. Sprache ‚steuert mein ganzes seelisches Wesen, je selbstverständlicher, je unbewußter ich mich ihr überlasse ... Worte können sein wie winzige Arsendosen: sie werden unbemerkt verschluckt, sie scheinen keine Wirkung zu tun, und nach einiger Zeit ist die Giftwirkung doch da.'

Beispiele aus der Tagespolitik sind sicherlich schnell in Erinnerung; ebenso Ausdrücke wie ‚bis zur Vergasung' oder ‚durch den Rost fallen'. Aber auch in subtileren Formen bleibt Geschichte aufbewahrt.

Ich komme aus Oberösterreich, wo man bis heute oft kleinen Kindern, die tollpatschig etwas fallen lassen, nicht mit Hoppala, sondern mit einem zärtlichen ‚Bummstinazi' versucht, den Schrekken zu nehmen. Einmal nachgefragt, erfuhr ich, daß dieses liebliche ‚Bummstinazi' aus den Dreißiger Jahren in Erinnerung ist, als man so Sprengstoffattentate der illegalen Nationalsozialisten leicht verschlüsselt, zustimmend kommentierte. Eine Zustimmung, die sich so in kindlicher Sprache konserviert und anlaßentfremdet erhalten konnte.

Mit ähnlicher Bedeutung ist mir ein Kinderreim in Erinnerung, mit dem auf Schullandwochen nächtliche Ruhestörer scherzhaft bedacht wurden:

Wos is do los, wos wird do gspüt,
im gaunzen Haus ka Hitler-Büd.
des is jo gor net woa
im Keller hängan zwoa.

Als eine der ersten Psychoanalytikerinnen war es Anita Eckstaedt, die mehr als 40 Jahre nach Kriegsende, Bombardierung, Flucht, Vertreibung, Verlust von Angehörigen damit begann, auch den seelischen Untergrund von nationalsozialistisch gesinnten Familien in der nächsten Generation zu untersuchen. Sie wies darauf hin, wie schwierig es sei – als Therapeutin – sich mit Schuldigen, oder mit Kindern von Schuldiggewordenen zu identifizieren und stellte fest, daß das NS-Erbe weniger in den Worten der Erinnerung, als vielmehr in den Formen der zwischenmenschlichen Beziehungen sich äußerte. Eckstaedt spricht von Hörigkeitsverhältnissen in den Familien, indem die Kinder als Behälter unbewußter Wünsche gebraucht werden. Die Kinder dürfen nur insofern wachsen, als sie die Trägerfunktion für diesen Wunsch erfüllen. Der Weg zur Selbständigkeit ist damit verstellt. Die dominierende Vaterlosigkeit nach dem Krieg hat dieses Hörigkeitsverhältnis noch verstärkt. Eckstaedt meint, daß sich dieses Hörigkeitsverhältnis bei Töchtern eher in der Tendenz zum Büßen und Wiedergutmachen äußere, bei Söhnen als Wahl zu frühen Ersatzpartnern, Helden und Rächern.

Dabei wird ein interessantes Phänomen in der Fachliteratur als „Brückenobjekt" bezeichnet. „Brückenobjekte" sind nach außen versetzte Repräsentanzen pathologischer – also nicht erledigter – Trauer, die von einer Generation zur anderen übermittelt werden, weil das Schweigen als lebensnotwendig internalisiert wurde.

So erfuhr ich von einem Fall, der von einem Verstorbenen eine Uhr geschenkt bekam und später eine panische Angst entwickelte, daß die Uhr stehen bleiben könnte. Das Ticken der Uhr war zum Herzschlag phantasiert.

Die israelische Psychologin Dina Wardi sprach in diesem Zusammenhang von ‚Kindern als Gedenkkerzen'. Kinder gelten als ‚Brückenobjekte' unerledigter Trauer.

Eine Studentin erfuhr während meines Seminars, warum in ihrer Familie sämtliche Vornamen mit A beginnen. Anton, Albert, Alfred, Anna, Angelika usw. Aus Tradition wurde in dieser Form dem Führer Adolf gedacht.

Also nicht nur Verwandte oder nahestehende Personen, auch das untergegangene Dritte Reich in Führer und Idee, konnte bis heute nicht durch Trauer bearbeitet werden.

Die Psychoanalytiker Alexander und Margarete Mitscherlich sprachen in ihrem Buch von „der Unfähigkeit zu trauern". Und manche Kritiker sind ernst zu nehmen, die meinen, ob nicht angesichts des Ausmaßes der Katastrophe treffender von der ‚Unmöglichkeit zu trauern' zu sprechen sei.

Die Mitscherlichs beschrieben, wie im Dritten Reich der „Führer" für die meisten Deutschen zum kollektiven Ich-Ideal wurde. Die Aussagen des „Führers" traten anstelle des individuellen Gewissens. Mit dem Zusammenbruch des Dritten Reiches wurde eben dieses Ich-Ideal – personifiziert durch den „Führer“ – zerstört, wodurch eine Selbst-Entwertung, eine vernichtende Erniedrigung drohte. Die damit aufkommende Macht- und Wertlosigkeit mußte abgewehrt werden durch ein Ungeschehenmachen, durch eine Derealisierung des Geschehenen.

Statt selbstkritischer Erinnerung wurde die emotionale Brücke zur unmittelbaren Vergangenheit und zur eigenen Beteiligung abgebrochen. Dieser Selbstschutz vor Entwertung verhinderte auch die notwendigen Trauerprozesse, die nur gelingen können, wenn das Verlorene emotional wieder lebendig und die Ambivalenz gegenüber dem Verlorenen zugelassen werden kann.

Nach Mitscherlich suchten die Menschen zur Stabilisierung eines solch lädierten Selbstbewußtseins nach neuen Identifizierungen, wiesen Schuldvorwürfe zurück und projezierten und bekämpften diese in anderen Menschen. Diese psychologische Dynamik bestimmte in vielen Variationen die familiären Verhältnisse nach dem Krieg, in denen die sogenannte zweite Generation aufwuchs.

In den letzten Jahrzehnten haben vor allem nichtösterreichische und nichtdeutsche Psychoanalytiker sowohl die Folgen des Holocaust, als auch die generationsübergreifende Weitergabe der traumatischen Geschichte der KZ-Opfer an ihre Kinder erforscht. Die umfangreichen Arbeiten und therapeutischen Berichte belegen, daß es für die überlebenden Opfer unmöglich war, sich durch Abwehrstrategien von der Vergangenheit zu befreien. Das unvorstellbare Grauen der KZ-Haft blieb quälende Realität. Bleibende Persönlichkeitsstörungen waren oft die Folge, wobei die nach dem Krieg geborenen Kinder vielfach in das Verfolgungsschicksal der Eltern miteinbezogen wurden. Die psychologische Untersuchung dieser Störungen führte zur Formulierung eines „survivor-child-syndroms“.

Zur Psychologie der Täter, Mitläufer oder deren Nachkommen ist wenig bekannt geworden. Es scheint, als ob sich der allgemeine Mantel des Schweigens auch über die psychologische Forschung gelegt hätte.

Die Analyse der familären Nachkriegs-Verhältnisse ist eine schwierige Aufgabe. Es geht darum, einer Einfühlungsverweigerung entgegenzuarbeiten; zu erkennen, daß der Nationalsozialismus eine österreichische Geschichte, eine Geschichte unserer Eltern und eben unsere eigene ist. Es geht auf keinen Fall darum, die Opfer des Holocaust zu relativieren, oder das Grauen der Judenverfolgung in irgend einen Vergleich zu setzen. Es geht um ein Verstehen der Verwirrungen der Nachkriegsgeneration; um eine Möglichkeit der Untersuchung unbewußter Seelenlandschaften von nationalsozialistisch gesinnten Familien in der nächsten Generation. Es ist an uns, diese schmerzhafte Aufgabe zu unternehmen, ansonsten bleibt Ralph Giordanos Vorwurf von der ‚zweiten Schuld' aufrecht.

Die österreichische Schriftstellerin Ingrid Strobl – 1952 in Tirol geboren – hat sich dieser schmerzhaften Aufgabe gestellt und in ihrem Buch „Anna und das Anderle" beschrieben: „Ich habe aber endlich begriffen, daß es zwar möglich ist, seine Wurzeln aus der Erde zu reißen, in der sie wuchsen, daß man sie aber nicht von sich selbst abreißen kann, sie bleiben an einem hängen, man kann entwurzelt, aber, so man je Wurzeln hatte, nicht wurzellos sein, und so entgeht man, auch wenn man sich noch so sehr von den eigenen Wurzeln entfernt hat, nicht der Mühe und der Pein, sich mit diesen Wurzeln und dem, was an ihnen hängt, auseinanderzusetzen. Solange man meint, sich diese Arbeit ersparen zu können, wirkt jedes Gift, das in den Wurzeln steckt oder an ihnen klebt, weiter, und weil nicht erkannt, vielleicht um so nachhaltiger."

Literatur

Eckstaedt, Anita: Nationalsozialismus in der „zweiten Generation". Psychoanalyse von Hörigkeitsverhältnissen. Frankfurt/M., 1989.
Erdheim, Mario: Die gesellschaftliche Produktion von Unbewußtheit. Eine Einführung in den ethnopsychoanalytischen Prozeß. Frankfurt/M., 1982.
Fallend, Karl: Unbewußte Zeitgeschichte in Österreich. Psychoanalytische Betrachtungen über das Fortwirken des Nationalsozialismus. In: Werkblatt. Zeitschrift für Psychoanalyse und Gesellschaftskritik. Nr. 39/1997, 5-31.
Freud, Sigmund (1919): Das Unheimliche. GW, XII, 229-268.
Giordano, Ralph: Die zweite Schuld oder Von der Last Deutscher zu sein. Hamburg, Zürich, 1987.
Klemperer, Victor: „LTI". Die unbewältigte Sprache. Aus dem Notizbuch eines Philologen. München, 1969.
Mitscherlich, Alexander/Mitscherlich, Margarete: Die Unfähigkeit zu trauern. Grundlagen kollektiven Verhaltens. München, 1990.
Strobl, Ingrid: Anna und das Anderle. Eine Recherche. Frankfurt/M., 1995.
Wardi, Dina: The Memorial Candles. Children of the Holocaust. London, 1992.

Susanne Zoller, Julia Fraunlob

FRAUENLEBEN IN AFRIKA

Einführend soll deutlich gemacht werden, daß Chancengleichheit für Frauen in Afrika noch weniger gilt als beispielsweise für Frauen in Österreich. So haben Frauen in ganz Afrika eher wenig Möglichkeiten, in ein Angestelltenverhältnis zu gelangen (manche als Lehrerinnen oder als Beamtinnen etc.); die Zahlen sind sogar wieder rückläufig (im Vergleich zu z.B. Anfang der 60er und 70er Jahre). Je höher die Bildung (also Gymnasial- oder Universitätsausbildung), desto eher können Frauen unabhängig leben und arbeiten. Die meisten Frauen erlangen eine gewisse ökonomische Unabhängigkeit am ehesten im informellen Sektor (z.B. Marktfrauen, Kleinhandel, Subsistenzwirtschaft).

Folgende Themen sollen in diesem Artikel herausgegriffen und grob behandelt werden: Familie, Frauen und Bildung, Traditionen, Feminismus in Ghana, Frauen und Abtreibung, Frauen und Psychiatrie, Frauen und traditionelle Heilung, Polygamie in Afrika, weibliche Beschneidung in Afrika.

Familie

Die Familie hat sich in Afrika nicht erst seit dem Eindringen der Europäer verändert. Es gab Veränderungen durch Hunger, Kriege, Dürre etc. Allerdings waren die Auswirkungen durch das Eindringen der Europäer am gravierendsten (Sklaverei, Besteuerungen, Verbot von Polygamie etc.). Ein vorher an und für sich funktionierendes Familiensystem veränderte sich von der Groß- zur äußerst defizitären Nuklearfamilie, in der die Frauen mehr oder weniger alles sein sollten: Mutter, Großmutter, Vater, Tante etc.

Auch heute wird die Frau als die Stütze der Familie angesehen, ohne die das Gefüge leicht zusammenbrechen könnte. Es ist immer noch „u.a. aufgrund der hohen Kindersterblichkeit (1987: 90/1000 Lebendgeburten)“ wichtig, viele Kinder zu haben. Die Frauen bekommen nach wie vor früher und mehr Kinder als dies z.B. in Österreich der Fall ist. Die Polygamie ist noch immer Realität in vielen Ländern Afrikas, auch in Ghana.

Frauen sind weitgehend für die Verhütung zuständig, wobei sich die Männer dann sehr oft in ihrem Stolz gekränkt fühlen; so ist in manchen Gebieten die 3-Monatsspritze immer noch in Verwendung, obwohl sie erwiesenermaßen schädigend sein kann. Es werden aus oben genannten Gründen kaum Kondome verwendet, was die Verbreitung von HIV begünstigt.

In Ghana wird seit Jahrzehnten versucht, durch das Heben des Bildungsstandards der Frauen, die Geburtenrate zu senken. Diese Strategie ist teilweise erfolgreich; allerdings ist damit noch nicht das Problem der fehlenden Altersversorgung oder Krankenversicherung gelöst.

Frauen und Bildung

Es kommen weitaus mehr Männer in den Genuß formaler Schulbildung als Frauen. Dies gilt in besonderem Maße für höhere Schulen (in Grundschulen ist das Verhältnis der Geschlechter ausgeglichen). Gründe dafür sind u.a.: Relikte aus der Kolonialzeit, in der, ganz nach viktorianischem Weltbild, Männer den Frauen in z.B. Positionen als Beamte vorgezogen wurden. Frauen sollten weiterhin zu Hause bleiben und sich um die Kinder kümmern, Frauen waren einfach weniger wichtig.

Die Einsicht, daß den Frauen mehr Möglichkeiten zu Bildung eröffnet werden sollten, kommt m.E. eher aus Zwang als aus Einsicht: der Druck, Frauen mehr Bildung zu gewähren, kommt z.B. von internationalen Geldgebern. So hat es sich beispielsweise herausgestellt, daß die Geburtenzahlen mit steigender Bildung sinken; zudem will man als progressiv gelten. Viele GhanaerInnen (vor allem Männer) sind jedoch nach wie vor der Meinung, daß Frauen Kinder bekommen sollen. Kinder stellen nach wie vor die Altersversorgung für die Eltern dar, besonders für die Frauen, die selten über ein „geregeltes“ Einkommen verfügen. Sie hätten außerdem für das leibliche Wohl der Familie zu sorgen, aber an der Universität bzw. generell in höheren Schulen nichts verloren. Es wird also traditionell kaum ein Nutzen in der Bildung von Mädchen gesehen, da diese „wegheiraten“ und die Eltern sehr viel seltener unterstützen als die Söhne.

20% der StudentInnen der 4 Universitäten in Ghana sind Frauen. Diese Zahl stagniert seit zwei Jahrzehnten. Jetzt werden, im Sinne einer Quotenregelung, auch Frauen mit schlechteren Gymnasialabschlüssen aufgenommen, was zu einer Verschlechterung des Klimas zwischen den Geschlechtern geführt hat. Zudem finden sich Frauen meist in sogenannten weichen Studienrichtungen: sie studieren vorwiegend hauswirtschaftliche Fächer, Pädagogik und Sprachen, aber kaum technische Berufe, auch kaum Medizin oder Physik etc.

Auch sonst wird den Studentinnen einiges abverlangt: sie sind oft für die Versorgung (Essen kochen, einkaufen, Zimmer aufräumen) der Kommilitonen verantwortlich. Das kostet einerseits viel Zeit und Energie, andererseits werden die Frauen in der akademischen Welt kaum ernst genommen. Als Lehrende verdienen sie bedeutend weniger als ihre männlichen Kollegen. 1992 gab es in Ghana 4 Professorinnen.

Traditionen

Es kann natürlich nicht im allgemeinen von Traditionen gesprochen werden, die verschiedenen Ethnien in Ghana pflegen auch verschiedene Traditionen. Die Frauen werden oft als die Hüterinnen der Traditionen bezeichnet, was sich gut mit ihrer Funktion als Stütze der Familie in Einklang bringen läßt.

Gerade in Ghana werden Traditionen, wie auch die traditionelle „Regierungsform“ (jedes Dorf hat einen Chief, eine Queenmother etc.), sehr hoch gehalten. Wobei es allerdings sehr frauenfeindliche Bräuche gibt: z.B. die Frauenbeschneidung, „Trokosi“ (ein Brauch, wobei eine Jungfrau einem Priester geopfert wird, um eine Verfehlung in der Familie zu sühnen; der Priester kann mit der Jungfrau machen, was er möchte), Witwenrituale etc. Gerade diese Traditionen werden oft kritisch innerhalb der Bevölkerung angesehen und bisweilen sogar verboten, wobei es sehr oft die Frauen sind, die an diesen Traditionen festhalten wollen.

Frauen werden zudem von der Tradition her dazu angehalten, viele Kinder zu gebären, dies erhöht ihr Ansehen; ein Widerspruch zur Familienplanungspolitik der Regierung.

Im folgenden die wichtigsten Aussagen, die StudentInnen an der University of Cape Coast/Ghana im Studienjahr 1994/95 zu Feminismus in Ghana getroffen haben:

FEMINISMUS IN GHANA

Nach Meinung der StudentInnen hat Feminismus in der Geschichte Ghanas keine Bedeutung; wobei hier die Diskussion entbrannt ist, ob die euro-amerikanische Definition von Feminismus gelten kann oder ob die „Macht der Mammies" (Marktfrauen in Ghana, immer wieder als sehr mächtig beschrieben) hier mehr Bedeutung hat; wir stoßen auf ein kontroversielles Thema unter den GhanaerInnen: vor allem die Männer meinen, daß die Frauen sehr viel Macht in der Gesellschaft – vor allem im traditionellen Umfeld – hätten andererseits sind die Frauen eher der Meinung, daß diese Macht nur „pro forma" und mit vielen Verpflichtungen verbunden sei: die Frauen kommen meist für die Kinder auf, während die Männer oft das Weite suchen, die Frauen erziehen die Kinder und leisten gleichzeitig noch Schwerstarbeit z.B. am Feld.

Die StudentInnen stellten weiters fest, daß die Geburt eines Sohnes in den meisten Familien eher willkommen ist als die eines Mädchens: der Sohn kann die Eltern im Alter versorgen, während das Mädchen „nur" heiratet; ein Mädchen ist oft höchstens als Erstgeborene willkommen, da sie dann die Erziehung der jüngeren Geschwister und den größeren Teil der Hausarbeit übernehmen kann.

Meine StudentInnen waren der Meinung, daß vor allem Frauen zu dieser Diskriminierung beitragen (sie seien auch die vehementesten VerfechterInnen der Beschneidung von Frauen).

Frauen sind immer im Besitz eines Mannes (Brautpreis etc.), des Vaters, des Ehemannes etc.

Frauen arbeiten länger (mehr Stunden), bekommen weniger Lohn, haben weniger Zugang zu Bildung, sind schlechter ernährt, haben mehr Verantwortung (sind für alte und kranke Familienmitglieder zuständig ...)

Zusammenfassung von 127 Arbeiten zum Thema „Status der Frau in Ghana und für und wider von Feminismus in Ghana":

* Alle waren sich einig, daß die ghanaische Gesellschaft von Männern dominiert ist („when a woman buys a sheep, it is the man who sells it").
* Das Leben einer ghanaischen Frau (vor allem auf dem Land, wo es die StudentInnen selbst kaum betrifft) ist sehr hart. Gerade hier sollten Veränderungen passieren (s.o. Frauen haben weniger Zugang zu Bildung, arbeiten zu hart, sind Riten ausgeliefert, machen die Feldarbeit alleine ...).

* „Frauen sind nicht weise.“
* Es wurde meist die Unterscheidung zwischen „radikalem“ und „moderatem“ Feminismus getroffen, ersterer wurde von allen abgelehnt; zweiterer wurde vor allem von den Frauen befürwortet.
* Die größten Ängste gegenüber dem Feminismus bestanden darin, daß dieser die Familie gefährde und Chaos und Anarchie fördere.

Frauen und Abtreibung in Ghana

Viele Frauen sterben an illegalen, unhygienisch durchgeführten Abtreibungen (Gründe für eine Abtreibung: u.a. teenage pregnancy und Anzahl der Kinder wird zu groß und sie können nicht mehr ernährt werden), v.a. die Mittel- bis Oberschicht sieht die Abtreibung als Mord (Einfluß auch von Christentum und Islam).

Abtreibung ist in Ghana nur unter folgenden Voraussetzungen erlaubt:
1. Die Mutter ist psychisch oder physisch gefährdet.
2. Der Fötus ist mißgebildet bzw. es besteht die Möglichkeit einer Mißbildung.
3. Die Schwangerschaft ist eine Folge von Vergewaltigung oder Inzest.

Abtreibung wird sonst mit 5 Jahren Haft bestraft, Vergewaltigung mit 3 Jahren.

Nach der Einschätzung meiner StudentInnen wird die Abtreibung als notwendiges Übel in Ghana von vielen akzeptiert, allerdings von sehr gläubigen ChristInnen auf das Schärfste verurteilt.

Frauen und Psychiatrie

Frauen sind in der Schulmedizin (Psychiatrie) – wie wohl weltweit – in Ghana eher im Pflegepersonal als im ärztlichen Dienst zu finden.

In Ghana gibt es drei psychiatrische Krankenhäuser, die alle im Süden des Landes gelegen sind.

In der psychiatrischen Versorgung in Ghana gibt es einige generelle, geschlechtsunabhängige Probleme; zum einen kommen die Methoden der westlichen Psychiatrie den sozio-kulturellen Gegebenheiten der GhanaerInnen nicht entgegen. Das Dogma des „Sprechen wir über Ihr Problem und lösen es dann", ist vom soziokulturellen Hintergrund her nicht passend. Zum Zweiten wird die traditionelle Heilkunde aber verdrängt und verleugnet (auch von vielen Betroffenen selbst), weil sie als primitiv angesehen wird. Zum Dritten ist für die psychiatrische Versorgung kaum Geld vorhanden.

63% der Männer und 37% der Frauen sind in Ghana – bezugnehmend auf die von der Autorin in Ankaful gemachte Stichprobe – in psychiatrischer Behandlung.

Ein Beispiel: Diagnosen der PatientInnen von Ankaful (psychiatrisches Krankenhaus in der Zentral Region Ghanas) im März 1995

Schizophrenie	60,1%	(N = 119)
Drogenmißbrauch	15,7%	(N = 31)
senile Demenz	1,5%	(N = 3)
Epilepsie	3 %	(N = 6)
Drogenpsychosen	2,5%	(N = 5)
Tumor	0,5%	(N = 1)
affektive Störungen	2,5%	(N = 5)
keine Diagnose	11,6%	(N = 23)
andere	1,5%	(N = 3)

Bei den Frauen ist vor allem aufgefallen, daß sie eher nach familiären Krisenfällen in psychiatrische Behandlung kamen: nach der Geburt eines Kindes (postnatale Depression), Todesfall oder Totgeburt eines Kindes, Scheidung, nicht eingehaltenes Eheversprechen, Mann nimmt sich eine zweite Ehefrau etc. (siehe dazu auch weiter unten der Beitrag von Julia Fraunlob zur Polygynie).

Dagegen ging es bei den Männern vorwiegend um Überforderung (beruflich, familiär, in der Schule). Männer sind auch im sogenannten Drogenmißbrauch führend (hierzu gehören Alkohol, Haschisch, Tabletten, aber kaum harte Drogen).

Bei Männern und Frauen sind fast immer „übernatürliche Kräfte" im Spiel, die aber in der Therapie kaum eine Rolle spielen (dürfen).

Ein generelles Problem, das auch Frauen mehr trifft als Männer ist die Tatsache, daß Medikamente nur in der Klinik kostenlos verabreicht werden und bald nach der Entlassung selbst zu kaufen sind, gerade Frauen haben so keinen Zugang zu den besonders teuren Psychopharmaka.

Frauen und traditionelle Heilung

Frauen sind oft traditionelle Heilerinnen. Es herrscht auch die Meinung, daß Frauen eher die „guten“ und die Männer eher die „bösen“ HexerInnen/HeilerInnen sind (die Begriffe HeilerIn und HexerIn sind kaum trennbar, da sich auch HeilerInnen oft der Hilfe von Göttern bedienen).

Hier soll nun die Häufigkeit, mit der PatientInnen von Ankaful (psychiatrisches Krankenhaus) „traditionelle HeilerInnen“ aufgesucht haben, dargestellt werden; es kann davon ausgegangen werden, daß die wirkliche Zahl noch höher ist, da die Tatsache, eine/n traditionelle/n HeilerIn aufzusuchen, nicht immer gerne zugegeben wird (s.o., gilt als primitiv):

Herbalist (=HeilerIn) o.Ä.	22,3%	(N = 12)
andere	2,5%	(N = 5)
nur Ankaful	24,5%	(N = 48)

In etwa 60% der Menschen in Ghana dürften zumindest einmal im Leben eine/n traditionelle/n Heiler/n konsultiert haben; es handelt sich hier um ein Thema, zu dem niemand gerne steht: die Menschen in der Stadt, vor allem aus der Mittel- und Oberschicht Zugehörige bzw. auch orthodoxen Kirchen Zugehörige (= in Ghana sicher fast die Hälfte der Bevölkerung), wollen nicht als „primitiv“ gelten bzw. fürchten Strafe bei derart „heidnischen“ Verhaltensweisen.

Generell sind allerdings Zahlen über die traditionelle Heilkunde sehr fragwürdig, da diese nicht amtlich erfaßt werden kann.

Weit mehr als 50% der KlientInnen von traditionellen HeilerInnen sind Frauen. Oft wird bei diesen ein Gemeinschaftsgefühl gestärkt und gepflegt, das durch Urbanisierung, Industrialisierung und Modernisierung verloren gehen kann. Dies ist besonders für die Frauen wichtig, da sie einerseits dazu erzogen und angehalten werden, die Traditionen zu wahren, die Familie zusammen zu halten etc. und sie andererseits merken, daß sich die Gesellschaft verändert, die Familien zerfallen, die Jungen nichts mehr auf die Traditionen geben etc.

Polygamie in Afrika

Die in Afrika weit verbreitete Vielehe wird meistens mit dem Namen Polygamie betitelt. Dieser Begriff bezeichnet die Vielehe eines Mannes mit mehreren Frauen oder einer Frau mit mehreren Männern. Wesentlich genauer beschreibt jedoch der Begriff Polygynie die in Afrika übliche Vielehe. Polygynie bedeutet, daß es Männern in einer Gesellschaft erlaubt ist, mehrere Frauen gleichzeitig zu heiraten. Polyandrie heißt, daß es Frauen gestattet wird, mehrere Männer zu heiraten. In meinem Beitrag behandle ich ausschließlich die weitaus mehr verbreitete Form der Vielehe in Afrika, die Polygynie.

Die Polygynie ist auf dem ganzen afrikanischem Kontinent verbreitet und wird bei sehr vielen Völkern praktiziert, und zwar unabhängig davon, ob sie islamisiert sind. Der Islam erlaubt den Männern mit vier Frauen verheiratet zu sein, aber auch in islamisierten afrikanischen Gesellschaften ist es keine Seltenheit, daß Männer, mehr als vier Frauen heiraten, weil die Tradition der jeweiligen Gesellschaft oft noch viel mehr Frauen erlaubt. Auch bei christianisierten Ethnien ehelichen Männer oft mehr als eine Frau. Es wird dann eben eine Frau in der Kirche geheiratet und die anderen Frauen nach einem traditionellen Ritual.

Es wäre zu wenig, die Polygynie als bloßes Recht des Mannes auf mehrere Ehefrauen zu beschreiben, denn sie ist wohl mehr als nur ein Recht. Sie erhöht das Ansehen und die Anerkennung seiner Männlichkeit, sie bedeutet Kinderreichtum und eine höhere Zahl an Arbeitskräften innerhalb einer Familie. Es ist jedoch Bedingung, daß der Mann allen seinen Frauen Platz zum Wohnen gibt, alle mit Kleidung, Essen und allem anderen, was zum Leben wichtig ist, ausstattet und gleichzeitig die Kinder aller seiner Frauen ausreichend versorgen kann. Jede Frau hat ihren eigenen Wohnbereich, im günstigsten Fall ihre eigene Hütte oder in der Stadt ihr eigenes Haus.

In einem vorher festgelegten Turnus, z.B. alle zwei Tage, verbringt der Mann mit einer Frau die Nächte. Die Frau, die jeweils die Nächte mit dem Mann verbringt, muß während dieser Zeit für ihn kochen.

Es gibt eine bestimmte Hierarchie zwischen den Frauen. Die erste Frau, also die, die am längsten im Haushalt ist, bestimmt über die Arbeitsaufteilung im Haushalt, darf den anderen Frauen gewisse

Arbeiten anschaffen, und der Mann muß seine erste Frau bei gewissen Entscheidungen mitbestimmen lassen.

Wichtig ist, daß der Mann alle seine Gattinnen gleich behandelt, er muß alle gleich gut versorgen, das heißt kauft er einer ein Geschenk, dann muß er allen Frauen ein Gleichwertiges kaufen. Aber auch die Liebe muß der Mann gerecht unter seinen Frauen aufteilen. Falls er eine mehr liebt als die anderen, darf er das nicht offen zeigen. Es kommt aber leider nur zu oft vor, daß all diese Dinge nicht eingehalten werden, daß der Mann zuwenig Geld hat und seine Frauen noch etwas dazu verdienen müssen. Meistens ist es auch so, daß der Mann eine Lieblingsfrau hat und daß er seine Gefühle gar nicht verbergen kann.

Es gibt in Afrika von Afrikanern und Afrikanerinnen viele Argumente für die Polygynie und sicher noch sehr viel mehr dagegen. In diesem Beitrag möchte ich kurz die verschiedenen Argumente, die am häufigsten vorkommen, von beiden Seiten, von Frauen und Männern wiedergeben. Ich beziehe mich dabei auf Gespräche, die ich selbst immer wieder zu diesem Thema mit Afrikanerinnen und Afrikanern geführt habe.

Es stellt sich überhaupt einmal die Frage, welche Gründe es für Männer gibt, eine zweite oder mehrere Frauen zu heiraten. Dabei werden folgende Motive von Männern und Frauen am häufigsten erwähnt:

- Kinderreichtum (mehr Frauen bringen mehr Kinder zur Welt)
- um mehr Arbeitskräfte zu haben (besonders am Land für das Bewirtschaften von Feldern wichtig)
- um Reichtum zu demonstrieren (jemand, der viele Frauen hat, muß sie alle finanziell versorgen können)
- um ein höheres Ansehen in der Gesellschaft zu erreichen
- wenn eine Frau unfruchtbar ist
- wenn eine Frau nur Mädchen oder nur Buben zur Welt bringt
- wenn eine Frau streitsüchtig ist
- wenn eine Frau ihren Pflichten nicht oder nur ungenügend nachkommt (im Haushalt und bei der Kindererziehung)
- wenn eine Frau alleine das sexuelle Verlangen ihres Mannes nicht stillen kann
- wenn die erste Frau zu alt geworden ist
- wenn ein Mann sich einfach in eine andere Frau verliebt

Argumente von Männern für die Polygynie:
- die Frauen haben weniger Arbeit, weil sie sie untereinander aufteilen können
- Frauen, die unfruchtbar sind, kommen mit einer Mitfrau, die Kinder zur Welt bringt, so zu Kindern
- Es gibt mehr Frauen als Männer in Afrika, durch das System der Polygynie können alle Frauen einen Mann ehelichen
- Polygynie ist männlich (Männer können sich nicht mit nur einer Frau zufrieden geben)

Argumente von Männern gegen die Polygynie:
- Frauen sind zu teuer (sie wollen immer nur Geld von den Männern)
- Polygynie ist kraft- und zeitaufwendig
- Es gibt immer Streit und Probleme zwischen mehreren Frauen
- Es gibt viel Haß und Zwietracht zwischen den Kindern der Frauen, oft bis in das Erwachsenenalter hinein (denn die Frauen tragen oft ihre Streitigkeiten auf dem Rücken ihrer Kinder aus)

Probleme in polygynen Haushalten und Argumente gegen Polygynie von Frauen:
- wenn ein Mann mehr als eine Ehefrau hat, gibt es immer Eifersucht (Eifersucht und Rivalität zwischen Frauen und darauffolgende Streitigkeiten werden fast durchwegs als das größte Problem genannt)
- ungerechte Behandlung durch den Mann und die Streitigkeiten, die dadurch zwischen den Frauen entstehen
- die Erstfrau kommandiert die anderen herum
- die Kinder werden von den anderen Frauen schlecht behandelt
- die Streitigkeiten werden auf den Rücken der Kinder ausgetragen
- manchmal kommt es zu Gewalt und regelrechtem Psychoterror zwischen den Frauen
- die Polygynie ist in der Stadt noch unerträglicher als auf dem Land, weil oft Raummangel herrscht und so die Frauen mit ansehen und mitzuhören müssen, wenn der Mann die Nacht gerade mit einer der Mitehefrauen verbringt
- in der Stadt haben die Frauen oft nicht mehr ihren eigenen Bereich im Haushalt, was dann zu noch mehr Streitigkeiten zwischen den Frauen führt

Positive Aspekte, die Frauen in der Polygynie sehen:

- Arbeitsteilung (die Frauen können sich die Arbeit im Haushalt und in der Kindererziehung aufteilen)
- Die Frauen sind nie alleine, auch wenn die Kinder und der Mann nicht zu Hause sind, ist immer noch die Mitehefrau im Haus
- Im besten Fall kann sich zwischen den Frauen eine richtige Freundschaft entwickeln
- Zwischen einer älteren und jüngeren Frau kann sich ein Verhältnis wie zwischen Mutter und Tochter entwickeln

Allerdings ist es insgesamt eher selten, daß es zu gut funktionierenden Beziehungen zwischen den Mitfrauen kommt. In der Regel sind die Verhältnisse zwischen den Frauen bestenfalls neutral, wenn nicht offen feindselig, und meist ist das Zusammenleben durch ständige Streitigkeiten überschattet.

Polygynie wird heute von vielen Frauen als ausbeuterisch und diskriminierend abgelehnt, allen voran von afrikanischen Feministinnen.

Afrikanerinnen in den Städten, und besonders berufstätige und gebildete Frauen sind immer weniger bereit, polygyne Familienverhältnisse zu akzeptieren.

Weibliche Beschneidung in Afrika

Die weibliche Beschneidung ist ein sehr riskantes Thema in Afrika und unter Afrikanern überhaupt. Afrikanerinnen sprechen nicht gerne über das Thema „weibliche Beschneidung“, schon gar nicht Frauen, die selbst davon betroffen sind. In der Dikussion mit europäischen und amerikanischen Frauen wird dieses Thema sehr oft als eine Einmischung des Westens in afrikanische Traditionen empfunden.

Insgesamt gibt es nur wenige fundierte Werke von WissenschafterInnen zu dieser Thematik. Deshalb werde ich mich im folgenden hauptsächlich auf die Forschungsergebnisse von Hanny Lightfoot-Klein beziehen, weil ihr Werk, „Das grausame Ritual“ (Lightfoot-Klein, H. 1992: Das grausame Ritual: sexuelle Verstümmelung afrikanischer Frauen. Fischer Taschenbuch Verlag: Frankfurt a.M.) meiner Ansicht nach eines der ausführlichsten und vollständigsten auf diesem Gebiet ist. Sie hat insgesamt sechs Jahre lang im Sudan geforscht, beobachtet und Frauen wie Männer über Beschneidungspraktiken befragt.

Was genau ist weibliche Beschneidung?

Die weibliche Beschneidung ist in keinster Weise mit der männlichen Beschneidung vergleichbar, denn alle Formen weiblicher Beschneidung sind sexuelle Verstümmlungen.

Es gibt drei Arten von Beschneidungen:
1. teilweise oder vollständige Entfernung der Klitoris.
2. Entfernung der Klitoris und teilweise oder ganze Entfernung der inneren Schamlippen.
3. Infibulation oder auch pharaonische Beschneidung: vollständige Entfernung der Klitoris, der inneren Schamlippen und die Entfernung der inneren Schicht der äußeren Schamlippen, anschließendes Zusammennähen der Vagina bis auf eine kleine Öffnung. Diese Art von Beschneidung ist die schlimmste Form sexueller Verstümmelung.

Diese eben aufgezählten Beschneidungspraktiken werden regional unterschiedlich angewandt. Verbreitet sind sie in weiten Teilen West-, Zentral und Ostafrikas. Unterhalb der Äquatorgrenze und im südlichen Afrika wird die weibliche Beschneidung gar nicht oder nur vereinzelt angewandt.

Die pharaonische Beschneidung wird im Sudan, in Somalia, Kenia und teilweise auch in Ägypten praktiziert. In Mali kommen alle drei Beschneidungsarten zur Anwendung. In allen übrigen Ländern, die sich auf der nördlichen Seite des Äquators befinden, kommen nur die ersten beiden erwähnten Arten vor.

Insgesamt sind zwischen 80 und 100 Millionen afrikanische Frauen beschnitten.

Ende der 70er Jahre schätzte man die Zahl der betroffenen Frauen noch auf 30 Millionen. Aber je mehr Informationen über diese Thematik zusammengetragen wurden, desto mehr mußte man die Schätzungen nach oben hin korrigieren.

Die Mädchen werden in den meisten afrikanischen Gesellschaften recht früh beschnitten, meist im Kleinkindesalter. Aber es kommt durchaus vor, daß Mädchen im Alter von 9, 10 Jahren und manchmal erst kurz vor dem Einsetzen der Pubertät beschnitten werden.

Warum werden afrikanische Mädchen beschnitten?

Es gibt in den betroffenen Gesellschaften zahlreiche Begründungen dafür:
- Sauberkeit
- mehr Fruchtbarkeit
- Ästhetik
- schützt Jungfräulichkeit und Keuschheit
- verhindert Promiskuität
- schützt vor Totgeburten

Es gibt die verschiedensten Mythen und Erklärungen, die als Begründungen und gleichzeitig als Rechtfertigungen der Aufrechterhaltung dieser Praktiken dienen.

Es wurde teilweise fälschlich angenommen, daß die weibliche Beschneidung nur in moslemischen Gesellschaften angewandt wird. Bei vielen afrikanischen Völkern ist diese Praxis schon eine sehr alte Tradition und wurde bereits durchgeführt, noch bevor Afrika vom Islam beeinflußt wurde. Auch in der Gegenwart gibt es noch immer nicht-islamisierte Völker, die die Beschneidung durchführen.

Der Brauch der weiblichen Beschneidung hat also keineswegs im Islam seine Ursprünge, wurde jedoch weitgehend von Moslems akzeptiert. Es ist anzunehmen, daß die strenge Betonung des Islam auf Keuschheit und die allgemeine Unterdrückung der weiblichen Sexualität den Boden für die Entwicklung extremer Beschneidungsformen bereitet hat. In 80% der heutigen islamischen Welt ist jedoch die Praxis relativ unbekannt, bemerkenswerterweise auch in Saudi-Arabien und im Iran.

Nirgendwo im Koran wird die weibliche Beschneidung auch nur erwähnt, aber die Bevölkerung z.B. im Sudan glaubt paradoxerweise, daß die Beschneidung der Frauen aus religiösen Gründen von ihr verlangt wird.

Es gibt für die Menschen der betroffenen Völker zahlreiche gesellschaftliche Rechtfertigungen, warum Mädchen beschnitten werden müssen. Z.B. Frauen, die nicht beschnitten sind, finden keinen Mann, werden zu Außenseiterinnen oder gelten sogar oftmals als Prostituierte.

So tief der Glaube an die positiven Aspekte der weiblichen Beschneidung bei den Betroffenen auch verankert ist, so sehr bringt diese Praxis aber in Wirklichkeit schwere physische und psychische Folgeerscheinungen mit sich.

Gesundheitliche Probleme

1. Es gibt sehr viele Mädchen und Frauen, die an den unmittelbaren Folgen der Beschneidung sterben, wie z.B. durch zu hohen Blutverlust, durch Blutvergiftung, die meist durch verunreinigte Beschneidungsinstrumente hervorgerufen wird, oder durch Tetanus.
2. Unmittelbare Folgen sind: Schmerzen, Blutungen, Schock, Harnverhalten, Entzündungen, Zysten und Abszesse des Beckens, Infektionen der Harnwege bis teilweise zu den Nieren.
3. Spätere Leiden: Scheidenverschluß, erschwerte Entbindungen und Kindestod, chronischer Gebärmuttervorfall und Entzündungen, Frigidität und Sterilität.

Manche Frauen leiden ihr ganzes Leben lang an den Folgeerscheinungen, z.B. Entzündungen im Schambereich, ständigen Schmerzen bei der Menstruation und beim Urinieren.

Von all diesen körperlichen Folgen sind am meisten die Frauen mit einer pharaonischen Beschneidung betroffen. Die Öffnung der Vagina ist bei diesen Frauen sehr klein, das bedeutet, daß das Menstruationsblut nur erschwert abfließen kann, und dies geht dann meist mit sehr viel Schmerzen und Entzündungen einher. Oft zieht sich die Menstruation bis zu 14 Tage in die Länge. Pharaonisch beschnittene Frauen müssen bei der Geburt oft aufgeschnitten werden, was manchmal zu enormen Komplikationen führt, nicht selten zu Todesfällen durch Verbluten. Nach der überstandenen Geburt werden die Frauen wieder zugenäht.

AIDS bildet heute eine zusätzliche Gefahr, einerseits bei der Operation selbst durch unsaubere Messer und Klingen, andererseits wegen der leichten Verletzbarkeit der verhärteten Narben im Genitalbereich beschnittener Frauen.

Durchgeführt wird die Beschneidung von einer alten Frau und

von drei bis vier anderen Frauen, die das Mädchen festhalten. Der Eingriff erfolgt fast immer ohne Betäubungsmittel. Es werden meist mehrere Mädchen gleichzeitig beschnitten, oft im Zuge eines großen Festes.

Psychische Folgen

Psychische Probleme bei den betroffenen Frauen treten nach Lightfoot-Klein vor allem unmittelbar vor und unmittelbar nach dem Eingriff auf und später in den verschiedensten streßreichen Lebenssituationen (Erste Menstruation, Eheschließung, Geburten). Tendeziell gehen diese Probleme zurück, wenn die Krisenzeitpunkte vorüber sind.

Vor der Beschneidung leiden viele Mädchen unter Ängstlichkeit und unter verstärkter emotionaler Verletzbarkeit.

Nach der Beschneidung kommt es bei den Mädchen zu einem emotionalen Rückzug, der aber bald wieder in eine relative „Normalität" übergeht. Bei der ersten Menstruation werden dann sehr häufig Depressionen bei den Mädchen beobachtet. Lightfoot-Klein hat oftmals richtiggehende Persönlichkeitsveränderungen beobachten können, z.B. daß fröhliche und lebhafte Kinder nach der Beschneidung extrem zurückgezogen und schüchtern wurden. Lightfoot-Klein hat aber auch festgestellt, daß es in der Regel, trotz unvorstellbarer Schmerzen und großem Schock, nach der Beschneidung zu keinen schweren psychischen Zusammenbrüchen kommt. Seelische und körperliche Reaktionen werden im gesellschaftlichen Kontext, durch die soziale Unterstützung und durch die besondere Fürsorge der Familien für das Kind, gemildert.

Bei der Befragung von beschnittenen Frauen, gaben diese oft an, bei dem Vorgang der Beschneidung keinen Schmerz gespürt zu haben. Lightfoot-Klein führt dies auf eine Verdrängung dieses Ereignisses zurück.

Die Sexualität von beschnittenen Frauen

In der Hochzeitsnacht gibt es meist große Probleme, weil die vaginale Öffnung oftmals zu klein ist und der Mann deshalb nicht eindringen kann. Der Geschlechtsakt wird dadurch oft sehr schmerzhaft für die betroffenen Frauen, häufig ist auch eine chirurgische

Öffnung notwendig. Bei der Befragung durch Lightfoot-Klein klagen alle Frauen, ohne Ausnahme, während der Penetration sehr gelitten zu haben. Bis normaler Geschlechtsverkehr vollzogen werden kann, dauert es im Durchschnitt 2 bis 3 Monate. Blutungen und Infektionen sind häufig, viele berichten von psychischen Traumata.

Können Frauen trotz Beschneidung sexuelle Befriedigung erlangen?

Es ist nicht möglich, Orgasmusfähigkeit objektiv zu messen, daher ist eine Untersuchung darüber sehr schwierig. Erschwerend kommt hinzu, daß in vielen Gesellschaften Sexualität für Frauen ein Tabuthema ist.

Viele Frauen im Sudan (hier beziehe ich mich wiederum auf Lightfoot-Kleins Untersuchungen) behaupteten, zu manchen Zeitpunkten ihres Lebens oder sogar regelmäßig Orgasmen gehabt zu haben – eine auffällig hohe Zahl von Frauen hat dies gegenüber Lightfoot-Klein erwähnt. Die Autorin meint, daß dies durchaus aus einer Übertreibung von sexuellen Gefühlen herrühren kann. Außerdem ist möglich, daß die Frauen, die mit ihrer Sexualität nicht zufrieden waren, sich von vornherein selbst aus den Untersuchungen ausschlossen und deshalb Interviews verweigerten. Lightfoot-Klein besteht aber gleichzeitig darauf, daß selbst drastisch verstümmelte Frauen Orgasmen bekommen können. Sie hat im Zuge ihrer Recherche herausgefunden, daß sich bei beschnittenen Frauen die erogenen Zonen oftmals verlagern. Viele der interviewten Frauen gaben an, große Befriedigung beim Gebärmutterhals oder an der Brust zu verspüren. Bei ihren Befragungen fiel ihr auf, daß die Frauen oft wenig über ihre eigenen Gefühle sprachen, sondern hauptsächlich ging es ihnen darum, im Sexualleben ihren Männern zu gefallen und diese zu befriedigen.

Insgesamt faßt Lightfoot-Klein die Ergebnisse ihrer Interviews folgendermaßen zusammen: je schwerwiegender die Beschneidungsformen desto schwächer die Lustgefühle und die Orgasmusfähigkeit.

Wie Lightfoot-Klein aber deutlich hervorhebt, liegen die Einschränkungen der Sexualität von Sudanesinnen sicherlich nicht alleine an den Beschneidungspraktiken, sondern auch an vielen anderen Umständen. Eine Frau darf nie selbst den Geschlechtsverkehr initiieren, höchstens nur indirekt z.B. durch Parfümieren der

Haut mit Sandelholz. Die Bräuche im Sudan schreiben vor, daß eine Frau während des Geschlechtsakts vollkommen passiv bleibt. Sexuelle Lust gilt im Sudan als ausschließlich männliches Vorrecht.

Sudanesische Männer sind mit der passiven Rolle der Frauen in der Sexualität nicht immer zufrieden, oft leiden sie selbst sehr darunter, wenn ihre Frauen Schmerzen haben und den Geschlechtsakt nicht genießen können. Männer, die Erfahrungen sowohl mit beschnittenen als auch unbeschnittenen Frauen haben, bevorzugen Geschlechtsverkehr mit nicht beschnittenen Frauen. Es ist keineswegs so, daß es nur Männer sind, die auf einer Aufrechterhaltung dieser Tradition beharren.

Warum wird die Tradition der Beschneidung noch immer aufrechterhalten?

Es ist eine äußerst paradoxe Situation, daß in vielen afrikanischen Staaten die weibliche Beschneidung verboten ist und sie trotzdem vehement weiterhin illegal durchgeführt wird. Oftmals verschärft das staatliche Verbot sogar die Probleme der Beschneidung. Wenn zum Beispiel gesundheitliche Probleme auftreten, dann trauen sich die Betroffenen nicht ins Spital zu gehen, aus Angst vor einer Anzeige.

Im Sudan verabschiedete die britische Regierung 1946 ein Gesetz gegen sexuelle Verstümmlung. Bald darauf kam es zu politischen Gegenbewegungen gegen die koloniale Bevormundung. Daraufhin wurden drastische Beschneidungsformen sogar verstärkt durchgeführt. 1956 wurde der Sudan unabhängig und damit die Durchführung der weiblichen Beschneidung wieder erlaubt.

1974 wurde die pharaonische Beschneidung von der Regierung im Sudan verboten, die Klitorisbeschneidung ist jedoch weiterhin erlaubt.

In Kenia verhängte Präsident Arap Moi 1982 ein Verbot über alle Formen von Beschneidungspraktiken, jedoch ohne eine Eindämmung damit erzielt zu haben.

Besonders die älteren Generationen und da wiederum besonders die Großmütter wehren sich gegen die Abschaffung der Beschneidung. Die Beschneidung wird fast immer von alten, heilkundigen Frauen ausgeführt, die meistens Hebammen, Heilerinnen oder Wahrsagerinnen sind. Sie haben Angst, daß ihnen mit der Abschaffung der Beschneidung ihre wirtschaftliche Grundlage entzogen wird.

Die jungen Frauen haben Angst, daß sie als Außenseiterinnen in ihrer Gesellschaft behandelt werden und daß ihnen kein Respekt gezollt wird, wenn sie nicht beschnitten sind. Nachdem Frauen als unrein und nicht sauber gelten, wenn sie nicht beschnitten sind, haben sie Angst, dann keinen Mann zu finden.

Selbst wenn sich Eltern gegen die Beschneidung ihrer Töchter wehren, so kommt es oft vor, daß die Großeltern die Beschneidung während der Abwesenheit der Eltern durchführen lassen.

Tatsächlich sind die größten Befürworter der Beschneidung die Frauen selbst, und wie schon erwähnt, besonders die alten Frauen.

Gegenstimmen?

In den letzen Jahren wurde von verschiedenen afrikanischen Frauenorganisationen die Aufmerksamkeit auf die sexuelle Verstümmelung von Frauen gelenkt.

Es gibt zahlreiche Projekte der UNICEF, die gegen die Beschneidungspraktiken arbeiten. Es sind nicht nur „aufklärerische" Projekte, sondern die Mitarbeiter sind bemüht, den alten Frauen, die als Beschneiderinnen tätig sind, andere Beschäftigungen zu vermitteln. Solange die älteren Generationen für die Beschneidung eintreten, wird sich wahrscheinlich in dieser Hinsicht nicht viel ändern, weil die Alten in den meisten afrikanischen Gesellschaften sehr viel Macht haben.

Einmischung von den westlichen Ländern wird oft als Bevormundung gesehen, und es wird häufig von den Betroffenen darauf hingewiesen, daß die Beschneidung eine Tradition ist, bei der Europäer und Amerikaner nicht mitzureden hätten.

Als wichtige Faktoren für die Bekämpfung der weiblichen Beschneidung erachtet Lightfoot-Klein Bildung, Informationen über die gesundheitlichen Risiken und allgemein mehr Rechte für Frauen. Sie meint, daß die Medien, allen voran das Fernsehen, für Aufklärungskampagnen genützt werden sollten.

Literatur

Ackermann I. (1987) Frauen in Afrika. Dtv, München

Aidoo AA (1982) The Dilemma of a Ghost. Longman group limited, GB

Amoah Elisabeth (1992) Women, Culture and Change. In: Gender Analysis Workshop 1992, Accra, Ghana

Arbeitsgruppe Ethnologie Wien (Hrsg.) (1989) Von fremden Frauen. Suhrkamp, Frankfurt

Ardayfio-Schandorf E., Kwafo-Akolo K. (1990) Women in Ghana. United Nations Population Fund.

Ba Mariama (1992) Der scharlachrote Gesang. Fischer TB, Frankfurt a.M.

Broetz Gabriele (1992) „Uns bleibt nur der Hunger" – Zur Handlungsrationalität von Frauen in Mali, Lebens- und Arbeitsverhältnisse von Songhay-Bäuerinnen im Vallée du Niger. Institut für Afrika-Kunde, Bremen

Dangarembga Tsitsi (1991) Der Preis der Freiheit. rororo „neue frau", Hamburg

Development and Women's Studies Programme (DAWS) (1992) Gender analysis workshop report. Institute of African Studies, Ghana, Legon

Dolphyne Florence Abena (1991) The emancipation of women – an African perspective. Ghana University Press, Accra

Emecheta Buchi (1997) Sklavenmädchen. Peter Hammer Verlag, Wuppertal

Folson Rose Baaba (1988) Eine Frauenbewegung im Sinne der bundesrepublikanischen gibt es in Ghana nicht. Argument-Sonderband 170: Frauenbewegungen in der Welt/Band 2

Gollock GA (1969) Daughters of Africa. Negro University Press, New York

Greenstreet Miranda (1972) Social change and Ghanaian women. In: Canadian Journal of African Studies, Vol 6, Nr. 3, p. 351-355

Head Bessie (1993) Die Schatzsammlerin, Erzählungen. dtv, München

Hervé Florence (Hg.) (1993) Namibia – Frauen mischen sich ein. Orlanda Frauen Verlag, Berlin

Ki-Zerbo Joseph (1979) Die Geschichte Schwarzafrikas. Peter Hammer Verlag, Wuppertal

Klingshirn Agnes (1973) The social position of women in Ghana. In: Verfassung und Recht in Übersee, Vol 6, No. 3, p. 289-297
Köhler Ricarda (1986) Frauenorganisationen in Ghana. KAS-Auslandsinformation
Knudsen Oware Christiana (1994) The Falling Dawadawa Tree – Female Circumcision in Developing Ghana. Intervention Press, Denmark
Kouoh Koyo, Ehling Holger (Hg.) (1994) Töchter Afrikas – Schwarze Frauen erzählen. Verlag Piper München, Zürich
Little Kenneth (1973) African women in towns. Cambridge University Press, Cambridge/London/New York/Melbourne
Mamozai Martha (1989) Schwarze Frau, weiße Herrin. Frauenleben in den deutschen Kolonien. rororo, Reinbek bei Hamburg
Masemann Vandra (1974) The „Hidden Curriculum" of a West African Girls' Boarding School. In: Canadian Journal of African Studies, Vol 8, No. 3, p. 479-494
Obbo Christine (1980) African Women – their struggle for economic independence. Zed Press, London
Oppong Christine (1970) Conjugal power and ressources: An urban African example. In: Journal of marriage and the family, Vol 32, No. 4
Oppong Christine, Okali Christine, Houghton Beverly (1975) Woman power: Retrograde steps in Ghana. In: African Studies Review, Vol 18, No. 3, p. 71-84
Oppong Christine, Abu Katherine (1987) Seven roles of women: Impact of education, migration and employment on Ghanaian mothers. Women work and development, International Labour Office, Geneva, Nr. 13
Oppong Christine (Hrsg.) (1987) Sex roles, population and development in West Africa. Heinemann Verlag, Portsmouth
Paulme Denise (ed.) (1960) Women of tropical Africa. Routledge & Kegan Paul, London
Prah Mansah (1995) Women's Studies with a Focus on Ghana: Selected Readings. Books on African Studies, Schriesheim/Deutschland
Prodolliet Simone (1987) Wider die Schamlosigkeit und das Elend der heidnischen Weiber. Die Basler Frauenmission und der Export des europäischen Frauenideals in die Kolonien. Limmat Verlag

Rocksloh-Papendieck Barbara (1988) Frauenarbeit am Straßenrand: Kenkeyküchen in Ghana. Institut für Afrika-Kunde. Hamburg

Roth Heinrich (1986) Die Frau im Alten Afrika. Fourier Verlag, Wiesbaden

Sarpong P. (1977) Girls' Nubility Rites in Ashanti. Ghana Publishing Corporation, Tema/Ghana

Taiwo O. (1984) Female Novelists of Modern Africa. MacMillan Publishers, London and Basingstoke

Thiam Ava (1990) Die Stimme der schwarzen Frau. rororo, Reinbek bei Hamburg

Weis Lois (1981) Schooling and patterns of access in Ghana. In: Canadian Journal of African Studies, Vol 15, No.2, p. 311-322

Zanzig H., Weiss M. (1984) Die Rolle der Frau in Afrika – Auswahlbibliographie. Institut für Afrika-Kunde im Verbund mit der Stiftung Deutsches Übersee-Institut, Dokumentations-Leitstelle Afrika, Hamburg

Angaben zu den AutorInnen

Klaus-Börge Boeckmann, Jahrgang 1964, Studium der Pädagogik und Sprachwissenschaft in Klagenfurt und Wien, Dissertation zum Thema „Zweisprachigkeit und Schule", zunächst freiberuflicher Erwachsenenbildner, dann Pädagogischer Assistent im Verband Wiener Volksbildung. Universitätsassistent für Deutsch als Fremdsprache an der Universität Wien, derzeit freigestellt für einen mehrjährigen Lehr- und Forschungsaufenthalt in Japan. Interessensschwerpunkte: Zweisprachigkeit, Erst- und Zweitspracherwerb, Kulturbedingte Lehr- und Lernformen im Fremdsprachenunterricht.

Brigitta Busch, Mag. Dr., Leiterin der interdisziplinären Arbeitsstelle für interkulturelle Studien an der Universität Klagenfurt

Karl Fallend, Univ.Doz. Dr., Psychologe. Freiberuflich wissenschaftlich tätig. Mitarbeiter des Ludwig Boltzmann-Instituts für Geschichte und Gesellschaft (Wien). Derzeit Gastprofessor am Institut für Psychologie der Universität Innsbruck. Mitherausgeber „Werkblatt. Zeitschrift für Psychoanalyse und Gesellschaftskritik." Publikationen u.a.: „Sonderlinge, Träumer, Sensitive. Psychoanalyse auf dem Weg zur Institution und Profession (Wien: Jugend & Volk); gemeinsam mit Bernd Nitzschke (Hg.): Der ‚Fall' Wilhelm Reich. Beiträge zum Verhältnis von Psychoanalyse und Politik. (Frankfurt/M.: Suhrkamp).

Martin Luksan, Dr., Jahrgang 1947, freier Mitarbeiter bei ORF Fernsehen und Ö1 Wissenschaft, Drehbuchautor, Buchautor, zeitweise Universitätslektor in Theaterwissenschaft, (Publikumsforschung/österreichischer Film), Erwachsenenbildner in der Wiener Volksbildung, Spezialgebiet: Politische Bildung, Zeitgeschichte, Wissenschaftgeschichte.

Wiseman Ngwata, Direktor des National Language Project, Südafrika. 28 Jahre Erfahrung im Bildungs- und Entwicklungsbereich. Lehrer, Weiterbildner, Bildungsmanager im Bereich Forschung und Planung (Simbabwe), Stellvertretender Direktor des Save the Children Fund (UK) in Simbabwe und im Sudan.

Andreas Paula, Lehramtstudium für Französisch und Geschichte. Langjährige Tätigkeit in der Erwachsenenbildung und in der LehrerInnenfortbildung. 1990 bis 1999 Pädagogischer Assistent an der Volkshochschule Brigittenau (Wien) – Leiter der Sprachenabteilung, ab 1999 Direktor der Volkshochschule Donaustadt (Wien). Arbeitsschwerpunkte: Theorie und Praxis der Spracherwerbs, Interkulturelle Kommunikation, Sprachenpolitik, Lehr- und Lernformen, Bildungsmanagement, Management und Marketing im NPO-Bereich. Publikationen: in den Bereichen Interkulturelle Kommunikation, Spracherwerb, Sprachenpolitik, Bildungsmanagement.

Verena Plutzar, Studium Kunstgeschichte, Germanistik mit Schwerpunkt Deutsch als Fremdsprache. Seit 1991 Kursleiterin für Deutsch als Zweitsprache (Volkshochschulen, Wiener Integrationsfonds, Landesverteidigungsakademie). Im Wintersemester 96/97 Auslandspraktikum des Lehrstuhls Deutsch als Fremdsprache der Universität Wien an der Peking-Universität China. Seit 1998 im „Verein Projekt Integrationshaus" tätig. Dort seit 1999 für die Koordination und fachliche Betreuung von Deutschkursen für anerkannte Flüchtlinge des Bundesministeriums für Inneres verantwortlich.

Mag. Barbara Rainer, Politikwissenschafterin, Gesellschaft für bedrohte Völker, Projekt zur Prävention von fremdenfeindlich und rassistisch motivierter Gewalt.

Andreas Rasp, geboren 1946, Journalist, Archiv-Mitarbeiter einer Pressestelle der KPÖ, Anfang der 90er Jahre Parteiaustritt, Erwachsenenbildner in der Wiener Volksbildung, viele Zeitungsartikel. Spezialgebiet: Esoterik-Kritik, Geschichte des Marxismus. Verstarb im Juni 1999 an einem Herzleiden.

Reif Elisabeth, Mag. Dr. phil., geb. 1962 in Wien, Studium der Ethnologie und Psychologie, freie Wissenschafterin. Projektarbeit zu den Arbeitsschwerpunkten: Gender und Kultur, Rassismus, Islam, Ethnopsychoanalyse. Vorstandsmitglied der Gesellschaft für bedrohte Völker, Redaktionsmitglied des „Störfaktor – Zeitschrift kritischer Psychologinnen und Psychologen".

Bettina Rohrauer, Dr., geb. 1966. Studium der Sprachwissenschaft in Graz, Unterrichts- und Referentinnentätigkeit (Musik, Sprache

& Medien, Lernen), Bildungsberaterin im Oberen Waldviertel; Tätigkeit im Ausbildungszentrum eines österreichischen Unternehmens; derz. Lehrerin für Deutsch als Fremdsprache in Wien.

Heribert Schiedel, geb. 1967, studiert Politikwissenschaft in Wien, Autor und freier Mitarbeiter im Dokumentationsarchiv des österreichischen Widerstandes, seit mehreren Jahren in der politischen und Erwachsenenbildung tätig. Arbeitsschwerpunkte: Universität und Rechtsextremismus, Antisemitismus- und Rassismustheorie

Thomas Schweinschwaller, Mag., Psychologe, theaterpädagogische Projekte, sozialpädagogische Arbeit mit verhaltensauffälligen Erwachsenen.

Susanna Slivensky, Dr. phil., geboren 1963. Studium des Deutschen als Fremdsprache, der Japanologie und Psychologie (M.A.) und der Sprachlehrforschung an den Universitäten München und Hamburg. 1991-1992 Forschungsaufenthalt an der Universität Hokkaido mit einem Stipendium des Japanisch-Deutschen Zentrums Berlin. 1994-1995 Wissenschaftliche Mitarbeiterin am Institut für Interkulturelle Germanistik (Deutsch als Fremdsprache) der Universität Bayreuth. Seit 1995 Dozentin am Institut für Sprache und Kultur der Doshisha-Universität Kyoto, seit 1999 Assistenzprofessorin. Forschungsschwerpunkte: Interkulturelle Kommunikation, Gesellschaftliche Aspekte des Fremdsprachenunterrichts, Japanforschung.

David Trallori, Mag. phil., geb. 1970. Studium der Psychologie in Wien, Hamburg und Klagenfurt; Klinischer und Gesundheitspsychologe; Psychotherapieausbildung (Psychodrama); Tätigkeit beim Verein LOK (Leben ohne Krankenhaus) in der ambulanten PatientInnenbetreuung; derz. Therapien mit Kindern und Jugendlichen und geschlechtsspezifische Bubenarbeit an Schulen; Publikationen zu Männeridentität und Männer-Gewalt.

Susanne Zoller, Mag., geb. 1966 in Innsbruck, Abschluß des Psychologiestudiums 1993 in Innsbruck; Forschungsaufenthalte in Westafrika, bes. Ghana; Lektorin an den Universitäten Wien, Innsbruck und in Cape Coast/Ghana; klinische und Gesundheitspsychologin; Forschungsschwerpunkte: klinische Ethnopsychologie, Frauenforschung im Kulturvergleich, derz. Arbeitsschwerpunkt: Sucht.